# Aventuriers du Monde

# AVENTURIERS

*Préface de Dominique de Villepin*

*Avant-propos de Jean-Christophe Rufin*

# DU MONDE

## Les grands explorateurs français au temps des premiers photographes

## 1866-1914

Sous la direction scientifique de Pierre Fournié
et la direction éditoriale de Sophie de Sivry

Avec la collaboration
des Archives du ministère des Affaires étrangères,
des Archives de France
et du Centre des archives d'outre-mer

L'ICONOCLASTE

Coordination éditoriale
Jean-Baptiste Bourrat

Révision des textes
Christian de Montella

Rédaction des légendes
Laurent Beccaria

Documentation
Édith Saint-Germain

Correction
Michèle Aguignier
Valérie Millet
Laurence Abrault
Sandrine Duvillier

Cartographie
Jean-Pierre Pirat

Conception artistique des cartes
Paul Coulbois

Conception graphique
Alain Meylan

Mise en page
Laurent Seminel

Prises de vue
Christelle Rousseau
Philippe Fuzeau
Edmond Fernandez
Pierre Barthe

Photogravure
Patrizia Tardito, Arciel



33, rue Linné
75005 Paris
Tél. : 01 43 31 89 85
Fax : 01 43 31 77 97
E-mail : iconoclaste@easynet.fr

ISBN 2-913366-07-4

À bord de l'*Astrée*, épreuve prise par Leclerc.

*« Quand j'étais petit garçon j'avais une passion pour les cartes.*
*Je passais des heures à regarder l'Amérique du Sud,*
*ou l'Afrique, ou l'Australie,*
*et je me perdais dans toute la gloire de l'exploration.*
*En ce temps-là il restait beaucoup d'espaces blancs sur la terre,*
*et quand j'en voyais un d'aspect assez prometteur sur la carte,*
*je mettais le doigt dessus et je disais :*
*"Quand je serai grand j'irai là". »*

Joseph Conrad

# Une épopée française

*« Je rêvais croisades, voyages de découvertes dont on n'a pas de relations, républiques sans histoires, guerres de religion étouffées, révolutions de mœurs, déplacements de races et de continents : je croyais à tous les enchantements. »*

Arthur Rimbaud, *Une saison en enfer*, 1873

Dominique de Villepin

Le *Français*, expédition Charcot.

À droite, en haut : sur la mer Rouge, mission Duchesne-Fournet, 1901-1903.

En bas : mission Brazza, 1880.

Pages suivantes : la reine de Xieng-Thounq en radeau, mission Pavie.

Le commandant Marchand, Auguste Pavie, Charcot ou Savorgnan de Brazza : autant de noms illustres, autant d'aventures exceptionnelles. Alors que l'Europe dominait le monde, la France tentait d'oublier la blessure de 1870 et se jetait à la découverte d'espaces inconnus. Elle posait les jalons d'un nouvel empire, entraînée par le discours civilisateur d'un Jules Ferry dans la lignée du fameux tableau de Condorcet.

Explorateurs, savants, officiers et missionnaires partent pour ces expéditions lointaines hantées d'imprévus, pétries de joie et d'amitiés, mais aussi lourdes de pertes et de souffrances. Du cap Horn au pôle Sud, du Tibet à la cordillère des Andes en passant par Samarkand, Tombouctou, le fleuve Niger, le Nil et le Mékong, ces déchiffreurs d'espace tentent l'impossible pour réduire l'inconnu, creuser le sillon de l'avenir ou exhumer les vestiges des civilisations défuntes.

Leur engagement ne doit rien au hasard. Nourris des souvenirs de l'épopée napoléonienne, enfants des romantiques, tous ont vibré à la lecture des récits de voyage de leurs devanciers ou en dévorant les romans de Jules Verne, tels Lyautey et Rimbaud. En dépit de leurs destins contraires, l'auteur du *Rôle social de l'officier* et le « voleur de feu » partagent une même volonté d'échapper aux convenances de l'Occident pour puiser à la source de l'exotisme et à la découverte de l'ailleurs. Au croisement du risque et de l'esprit de service, nombre d'anonymes partent eux aussi à l'aventure, heureux de participer à une épopée dont ils ont la certitude qu'elle donnera enfin un sens à leur vie.

Si les noms des chefs de file nous demeurent familiers, la nature exacte de leurs périples tombait inévitablement dans les oubliettes de la mémoire collective. Conçu en étroite collaboration avec la direction des Archives du ministère des Affaires étrangères, cet ouvrage ressuscite leur histoire et découvre leur quotidien par un dialogue permanent entre l'illustration et les textes. Plusieurs centaines de photographies,

souvent inédites, restituent la vérité visuelle des expéditions, expliquées en regard par des cartes originales. Elles servent de support aux textes rédigés par des écrivains, porteurs et héritiers d'un rêve français, d'une volonté de transcender leur propre existence au service de l'universel.

De Chateaubriand à Romain Gary, on connaissait déjà la lignée des grands écrivains diplomates. Ces *Aventuriers du monde* explorent une autre filiation originale de passeurs, issus pour nombre d'entre eux d'une administration qui a toujours su conjuguer la tradition et l'ouverture, la courtoisie et la conviction, l'engagement et la passion du voyage.

# Des héros modernes

Jean-Christophe Rufin

Portrait de Brazza par Nadar, 1880.

Marchands d'ivoire, mission Brazza.

Ce livre nous ouvre, souvent pour la première fois, les archives des explorateurs français. Il nous donne à voir ces êtres dans leur extrême jeunesse, leur idéalisme, leur naïveté, leur indicible courage. Eux qui fondent des empires sont d'abord des marginaux, quelquefois des parias ; les gens sérieux les traitent en hurluberlus. Instrument de l'impérialisme européen, ils n'ont souvent pour moteur que des rêves de fraternité et de libération.

Quand ceux qui suivront, la cohorte des profiteurs et des affairistes, seront mus par l'esprit de lucre, les pionniers, eux, se dépouillent de tout, quittent tout, acceptent la déréliction, la maladie, se résignent à la mort, pourvu qu'elle les rapproche de leurs songes.

Les images étonnement fraîches qui sortent de ces documents sont celles de gamins qui abhorrent l'esclavage, veulent abolir la frontière entre le Nord et le Sud, cherchent un ailleurs dans les galaxies mystérieuses du désert ou de la forêt vierge. En un mot, ce sont des personnages résolument modernes. On les imaginerait aujourd'hui militants humanitaires ou altermondialistes, passionnés par les mondes inconnus de la science-fiction…

Chacun de ces aventuriers a son destin. Plusieurs meurent tragiquement ; d'autres se retrouvent couverts de reconnaissance et d'honneurs ; certains, comme Brazza, prennent conscience du monstre qu'ils ont enfanté. Les premiers anticolonialistes se recrutent parmi ces découvreurs.

Regardez ces visages juvéniles, ces yeux perdus de rêve. Ils permettent de revoir ces êtres tels qu'ils étaient. Des fous, peut-être ; des mystiques, souvent. Des aventuriers, toujours.

# Les auteurs

## ISABELLE AUTISSIER

Bien qu'elle ait passé son enfance dans la banlieue parisienne, Isabelle Autissier découvre la voile à six ans en Bretagne à bord du petit croiseur familial et cette passion ne la quittera pas. Ingénieur agronome, elle quitte l'enseignement pour la course au large après avoir été la première femme à courir autour du monde en solitaire. En 1994, elle pulvérise, à la tête de son équipage, le record New-York - San Fransisco par le cap Horn.

Pour sa seconde course en solitaire autour du monde, son bateau démâte alors qu'elle est en tête. Elle parvient à rejoindre les îles Kerguélen sous un gréement de fortune avant de faire définitivement naufrage au sud de Sydney et doit attendre quatre jours avant d'être récupérée par hélicoptère. Elle fait partie des membres fondateurs du projet d'expédition en Antarctique « Pourquoi pas l'Antarctique ? » et continue à courir en équipage.

## JEAN-LUC COATALEM

D'origine bretonne, Jean-Luc Coatalem a vécu son enfance en Polynésie et son adolescence à Madagascar parmi les cantines et les malles d'un père officier. Éditeur puis journaliste, il a collaboré à différents magazines, dont *Grands Reportages*, pendant cinq ans, et au *Figaro-Magazine*. Il est aujourd'hui attaché à la rédaction de *Géo*, magazine pour lequel il continue de sillonner le monde. Fasciné par tous les extrêmes et les « finistères », il a navigué au Chili, dans la région de l'île de Chiloé, et au nord du Québec. Il est notamment l'auteur de *Suite indochinoise* (Le Dilettante, 1999), *Mission au Paraguay* (Payot-Voyageurs, 1998), et *Je suis dans les mers du Sud* (Grasset, 2001), une enquête sur Paul Gauguin couronnée par de nombreux prix et traduite en anglais et en chinois.

## ÉRIC FOTTORINO

Né à Nice, rédacteur en chef au journal *Le Monde*, chargé de la chronique quotidienne de la dernière page, Éric Fottorino a effectué de nombreux reportages en Afrique. Ce cycliste émérite, qui a partagé la peine des coureurs du Midi Libre pour les besoins de la cause, aime éprouver les lieux et saisir le détail essentiel. Auteur de plusieurs romans, dont *Un territoire fragile* (Stock), prix Europe 1, il est également l'auteur du best-seller *Besoin d'Afrique* (Fayard), en collaboration avec Christophe Guillemin et Érik Orsenna.

## PIERRE FOURNIÉ

Conservateur en chef du patrimoine aux Archives du ministère des Affaires étrangères, responsable des collections iconographiques, Pierre Fournié est l'auteur d'une thèse d'école des Chartes sur l'administration française dans les États du Levant (1918-1930). Il a publié, seul ou en collaboration, plusieurs ouvrages sur le Moyen-Orient. Il allie la précision de l'archiviste à l'œil toujours curieux de l'amoureux des images. Il a signé le catalogue de l'exposition *Regards sur le monde, trésors photographiques du Quai d'Orsay, 1860-1914* (Somogy), présentée à l'hôtel des Invalides au cours de l'automne 2000.

## LOUIS GARDEL

Né en Afrique du Nord, Louis Gardel travaille et vit « dans une petite province », le sixième arrondissement. Éditeur au Seuil et romancier (il est membre du jury du prix Renaudot), il est notamment l'auteur de *Fort Saganne*, grand prix du roman de l'Académie française. Il a coécrit des scénarios pour de nombreux films, dont la plupart sont marqués du sceau de l'aventure, notamment *Nocturne Indien* et *Afghanistan, le pays interdit*, d'Alain Corneau, *Indochine* et *Est-Ouest*, de Régis Wargnier, oscar du meilleur film étranger, *Himalaya, l'enfance d'un chef*, d'Éric Valli, et *Un homme sans l'Occident*, de Raymond Depardon. Il est membre du Conseil supérieur de la langue française.

## JEAN-CLAUDE GUILLEBAUD

Jean-Claude Guillebaud a longtemps été grand reporter et correspondant de guerre pour *Le Monde*. Du Viêt Nam aux révolutions iranienne ou éthiopienne, de la guerre du Kippour au conflit libanais ou aux guerres de l'ex-Yougoslavie, il a longuement voyagé en Asie, en Afrique, au Proche-Orient, dans le Pacifique et dans les pays de l'ex-URSS. Il a reçu le prix Albert-Londres en 1972 et a été président de Reporters sans frontières de 1987 à 1993. Romancier, éditeur, grand reporter et chroniqueur, il cherche à saisir la vie dans son ensemble. Auteur d'une trentaine d'ouvrages, parmi lesquels sept livres de voyage qui ont été regroupés en un volume sous le titre *La Traversée du monde* (Éditions Arléa, 1999), il a obtenu en 1993 le prix de l'Astrolabe du festival Étonnants voyageurs de Saint-Malo pour l'album *La Colline des anges, retour au Vietnam*, avec des photos de Raymond Depardon, aux éditions du Seuil.

## AHMADOU KOUROUMA

Il est né dans la petite ville de Boundiali, devenue une préfecture de la Côte d'Ivoire. Sa langue originelle est le malinké. Selon la tradition, il est arraché à sa mère à sept ans pour être confié à un oncle. Celui-ci est infirmier et descendant d'un grand général de Samory. Étudiant contestataire et anticolonialiste, il regagne la Côte d'Ivoire au lendemain de l'indépendance. Mais il connaît rapidement la prison pour avoir refusé le parti unique et prend finalement le chemin de l'exil. Tout en menant une carrière dans les assurances, il a écrit plusieurs romans, publiés par les éditions du Seuil. *En attendant le vote des bêtes sauvages a été* consacré par le prix du livre Inter et *Allah n'est pas obligé* par le prix Renaudot.

## JEAN LACOUTURE

Bordelais d'origine, ce port mythique des années coloniales, avec sa part d'ombre et de légendes, Jean Lacouture a découvert le Mékong il y a cinquante-sept ans comme attaché de presse du général Leclerc. Durant ces mois clés de la décolonisation, il a suivi des opérations militaires dans le delta et au nord de Ventiane et rencontré les premiers chefs du Viêt-minh. Journaliste pendant trente ans à *Combat*, au *Monde* et au *Nouvel Observateur*, apôtre de l'histoire immédiate (dont il a fait une collection de référence au Seuil), il a consacré sept livres à l'Indochine, au Viêt Nam et au Cambodge notamment. Sa première biographie – genre dont il est devenu le maître français – a d'ailleurs été consacrée à Hô Chi Minh. La plupart de ses ouvrages sont publiés aux éditions du Seuil. Il a revu le Mékong pour la dernière fois en l'an 2000.

## CLAUDE B. LEVENSON

Parisienne de naissance, orientaliste de formation, écrivain, traductrice d'une vingtaine d'ouvrages, elle a effectué des nombreux voyages, au Tibet, dans et autour de l'Himalaya, en Indochine et en Chine méridionale. Elle a collaboré au *Monde sans visa* et au supplément voyages du *Monde*, à *Grands Reportages* ou à *Géo*. Ses livres sont pour la plupart consacrés au Tibet, à sa culture et à son peuple. Elle est l'auteur d'une biographie du dalaï-lama (Balland) qui l'a fait connaître en France. Dans son dernier livre, *Tibet, otage de la Chine* (Philippe Picquier), elle consacre justement un chapitre aux régions parcourues par Charles-Eudes Bonin et Auguste François.

## ELIKIA M'BOKOLO

Historien, né à Kinshasa, Elikia M'Bokolo est un homme de la forêt. Il l'a connue au Congo et redécouverte au Gabon et en Côte d'Ivoire. Plusieurs de ses publications traitent de la rencontre entre l'Afrique et l'Europe : *Noirs et Blancs en Afrique centrale: les sociétés côtières et la pénétration française* (Éditions de l'EHESS) ; *Afrique noire: histoire et civilisations* (Hatier) ; *Afrique : une histoire sonore, 1960-2000* (avec Philippe Sainteny, Frémeaux) ; *Le Livre noir du colonialisme* (Laffont).

### ISABELLE MERLE DES ISLES

Journaliste, Isabelle Merle des Isles est la petite-nièce par alliance de Gustave et Louis Gain. Elle se passionne pour l'histoire de cette famille, dont elle détient des archives exceptionnelles et totalement inédites. Elle fait partie d'une famille d'aventuriers explorateurs, les plus célèbres étant Gustave Gain pour l'exploration du Turkestan, Louis Gain pour le Turkestan et son épopée à bord du *Pourquoi-Pas ?* avec le commandant Charcot, André Gain pour son voyage à Tahiti, et le cinéaste Jean Rouch pour son exploration de l'Afrique.

### MARC MICHEL

Il a passé son enfance au Sénégal et au Bénin, alors appelé le Dahomey. Normalien, agrégé d'histoire, il a sillonné l'Afrique de l'Ouest, enseigné à Brazzaville et à Yaoundé avant de revenir en France. Il est professeur émérite de l'université de Provence. Spécialiste de la mission Marchand, à laquelle il a consacré un ouvrage de référence, il est l'auteur des *Africains et la Grande Guerre* et d'une biographie de Gallieni chez Fayard.

### ANNIE-FRANCE RENAUDIN

Archiviste-paléographe, conservateur à la direction des Archives du ministère des Affaires étrangères, Annie-France Renaudin est, depuis 2000, responsable du Centre des archives diplomatiques de Nantes, où sont conservées les archives rapatriées des missions diplomatiques et consulaires françaises à l'étranger de l'Ancien Régime à nos jours, postes africains compris. Elle prépare l'édition du *Journal de marche de l'explorateur Clozel*, membre de la mission Maistre en Afrique centrale (1892-1893), document inédit, dont un passage est reproduit dans ce livre.

### JEAN-CHRISTOPHE RUFIN

Docteur en médecine, chef de clinique à la faculté de médecine de Paris, diplômé de l'Institut d'études politiques de Paris, Jean-Christophe Rufin a une longue expérience de volontaire de l'action humanitaire.

De nombreuses missions l'on conduit dans la Corne de l'Afrique, en Amérique latine et en Extrême-Orient pour le compte de Médecins sans frontières, d'Action contre la faim ou de la Croix-Rouge française. En janvier 2003, il est élu président d'Action contre la faim

En tant qu'écrivain, il a d'abord publié des essais consacrés aux relations Nord-Sud et au tiers-monde. Ses romans, nourris de ses expériences à l'étranger, reprennent souvent la problématique de la rencontre des civilisations dans un contexte historique : *L'Abyssin* a reçu le prix Méditerranée et le Goncourt du premier roman ; *Les Causes perdues*, récit romancé de sa mission pour Action contre la faim en Éthiopie, ont été couronnées par le prix Interallié. Enfin, le prix Goncourt lui a été décerné en 2001 pour *Rouge Brésil*.

### MARIE SEURAT

Marie Seurat est née aux « portes de la Mésopotamie », à Alep, en 1949. La branche de sa famille paternelle vient d'Anatolie et la branche maternelle de Silésie. Lors de sa scolarité chez les missionnaires jusqu'en 1965, date à laquelle sa famille a émigré au Liban, Marie Seurat accompagnait très souvent son père lors de ses innombrables séjours en Haute-Djézireh, sur les bords de l'Euphrate, et à Moussel. Imprégnée très tôt de ces paysages, elle a écrit quelques essais et romans, *Les Corbeaux d'Alep* (Gallimard), *Une étoile filante* (Grasset), *Un si proche Orient* (Grasset), dont les thèmes principaux tournent inlassablement autour des rapports Orient-Occident.

### MARC TRILLARD

Marc Trillard vit à Toulouse, son port d'attache entre deux voyages. Écrivain, il est l'auteur de plusieurs romans et récits d'aventures. Il publie ses reportages dans différents journaux et magazines (*L'Humanité*, *La Dépêche du Midi*, *Grands Reportages*) et produit des documentaires pour la radio et la télévision. En 1983, il découvre l'Amérique latine à travers le Paraguay et l'Argentine, qui lui inspireront son roman *Eldorado 51* (Phébus), prix Interallié 1994. L'an dernier, il a publié dans *L'Express* le récit d'une navigation sur l'Amazone entre Santarém et Belém. Son nouveau roman, *Le Maître et la Mort* (Gallimard), raconte la dictature de l'actuel président haïtien Aristide.

### ABDOURAHMAN A. WABERI

Né à Djibouti, Abdourahman A. Waberi a fait ses études en France. Professeur d'anglais, il alterne l'écriture, les voyages à travers le monde et l'enseignement. Son œuvre comprend quatre recueils de nouvelles, deux romans, un conte pour enfants, un recueil de poèmes et un livre de photographies sur les thèmes du voyage et du nomadisme, thèmes chers aux pâtres de la Corne de l'Afrique.

### KENNETH WHITE

Kenneth White a passé son enfance et son adolescence sur la côte ouest de l'Écosse. Étudiant à Glasgow, à Munich, puis à Paris, il y a soutenu sa thèse de doctorat d'État sur le nomadisme intellectuel. Il est l'auteur d'une œuvre importante, faite d'essais, de prose narrative et de poésie – dont *L'Esprit nomade*, *Les Cygnes sauvages*, *Le Grand Rivage*, où la traversée des territoires et la connaissance de l'espace géographique jouent un rôle important. Trois de ses livres sont consacrés à Segalen : *Segalen, théorie et pratique du voyage*, *Les Finisterres de l'esprit* et *Victor Segalen et la Bretagne*. Cette œuvre s'est notamment vu décerner le prix Médicis étranger et le prix Roger-Caillois, entre autres. Il dirige également les *Cahiers de géopoétique*.

## CONVENTIONS D'ÉDITION

Concernant les cartes, les limites des entités et des zones d'influence coloniales, très fluctuantes, n'ont pas été indiquées. Pour une meilleure lisibilité, les frontières actuelles sont tracées et les termes géographiques (pays et localités) qui n'existaient pas à l'époque des missions d'exploration sont indiquées entre crochets ou parenthèses.

La forme et l'orthographe des noms d'États et de capitales figurant sur les cartes suivent la liste des formes françaises recommandées, proposées par la commission de terminologie du ministère de Affaires étrangères (dernière édition publiée en juin 1995).

Concernant la transcription des textes reproduits en fac-similé dans l'ouvrage, l'orthographe a été unifiée avec l'ensemble des textes du livre et modernisée.

En annexes, figurent les transcriptions partielles ou intégrales de ces textes.

Pour les photographies et les documents, les titres, les auteurs, les techniques, les lieux de conversation, les dates et les cotes figurent en annexe de l'ouvrage.

Photographie de Dieulefils, un tourneur en Indochine.

# Remerciements

Ce livre doit beaucoup à la direction des Archives du ministère des Affaires étrangères et au soutien sans faille d'Yvon Roé d'Albert. Il a ouvert ses archives, su mobiliser une équipe de travail et soutient ce projet avec confiance et dynamisme depuis plus de deux ans. Sans son adhésion, cet ouvrage ne serait pas ce qu'il est.

Nos remerciements vont aussi à Martine de Boisdeffre, directrice des Archives de France, à Françoise Durand-Évrard, directrice du Centre des archives d'outre-mer, à Jean-Noël Jeanneney, président de la Bibliothèque nationale de France, au général Jean-Jacques Senant, chef du service historique de l'Armée de terre, à l'amiral Alain Bellot, chef du service historique de la Marine, au professeur Jean Bastié et à Michel Florin, respectivement président et secrétaire général de la Société de géographie. Tous ont soutenu ce projet et apporté leur indispensable pierre à l'édifice.

Sylvie Pélissier, déléguée générale de la fondation d'entreprise La Poste, a d'emblée soutenu cette entreprise. Son intervention et son enthousiasme ont été décisifs au démarrage du projet. Qu'elle soit particulièrement remerciée ici.

Les recherches documentaires n'auraient pu se faire sans l'aide précieuse et les conseils de Sylvie Aubenas, conservateur en chef au département des estampes et de la photographie à la Bibliothèque nationale de France, de Christine Barthe, chargée des collections photographiques à la photothèque du musée de l'Homme, de Sandrine Bulla, conservateur du Patrimoine aux Archives nationales, du commandant Antoine Champeaux, conservateur du Centre militaire d'information et de documentation sur l'outre-mer et du musée des Troupes de marine de Fréjus, de Nicole Chevalier, ingénieur d'études au département des antiquités orientales du musée du Louvre, de Marie-Hélène Degroise, conservateur en chef au Centre des archives d'outre-mer d'Aix-en-Provence, et de Frédéric Gilly, chargé d'études documentaires, de Jérôme Ghesquière, responsable des archives photographiques au musée Guimet, de Jérôme Legrand, documentaliste, chargé des collections photographiques au musée national de la Marine, de Jean-Marie Linsolas, responsable du cabinet des dessins, des estampes et de la photographie du service historique de l'Armée de terre, d'Olivier Loiseau, conservateur en chef au département des cartes et plans de la Bibliothèque nationale de France, d'Alain Morgat, conservateur en chef au service historique de la Marine, du père Gérard Moussay, archiviste des Missions étrangères de Paris, d'Anthony Petiteau, documentaliste au cabinet des estampes, des dessins et de la photographie du musée de l'Armée, de Dominique Prince, conservateur à la bibliothèque de l'Académie des sciences d'outre-mer, et de Marie-Sophie Corcy, du musée des Arts et Métiers, pour les légendes des appareils de photographie.

Aux documents provenant de fonds publics s'ajoutent de nombreuses et précieuses photographies, conservées dans des collections privées, dont beaucoup sont publiées pour la première fois. Nous tenons à remercier particulièrement les propriétaires de ces archives de nous avoir ouvert leurs trésors : Isabelle Merle des Isles, François Julien, Pierre et Bernard Seydoux, pour les photographies et les légendes d'Auguste François, Madame Lelong-Segalen, Madame Vallin, Madame Gouraud et Olivier Gouraud pour leurs renseignements et leur éclairage concernant « l'oncle Henri », Régis, de *Photo Verdeau*, et Jean-Pierre Guéno, pour sa précieuse collection.

Dans ce travail de longue haleine, nous avons pu compter sur une équipe de premier plan : Alain Meylan a apporté son œil et son élégance, Christian de Montella, sa plume, Laurent Seminel, son efficacité, Patrizia Tardito, son professionnalisme et son goût très sûr. Michèle Aguignier, Laurence Abrault, Sandrine Duvillier et Valérie Millet ont assuré le minutieux travail de correction et d'intégration des corrections, Pierrette Crouzet-Daurat et Marie-Hélène Martin, celui de relecture des textes. Sans oublier Édith Saint-Germain, pour le difficile et laborieux travail de recherche documentaire complémentaire, Alain Scheibli, pour ses connaissances et ses essais sur les autochromes, Anne Lagarrigue, pour ses précieux conseils graphiques, et Christelle Rousseau, pour les prises de vue.

Il est impossible de finir ces remerciements sans souligner le rôle de tous ceux qui, par leur accueil, leur gentillesse ou leur disponibilité, ont contribué à la réalisation de cet ouvrage : Nathalie Cadot, Audrey Sciboz, Vanessa Bullock, Eric Deroo, Philippe et Marie Fournié, et Dimitri Sarris.

# Itinéraires des grandes expéditions françaises, 1866-1914

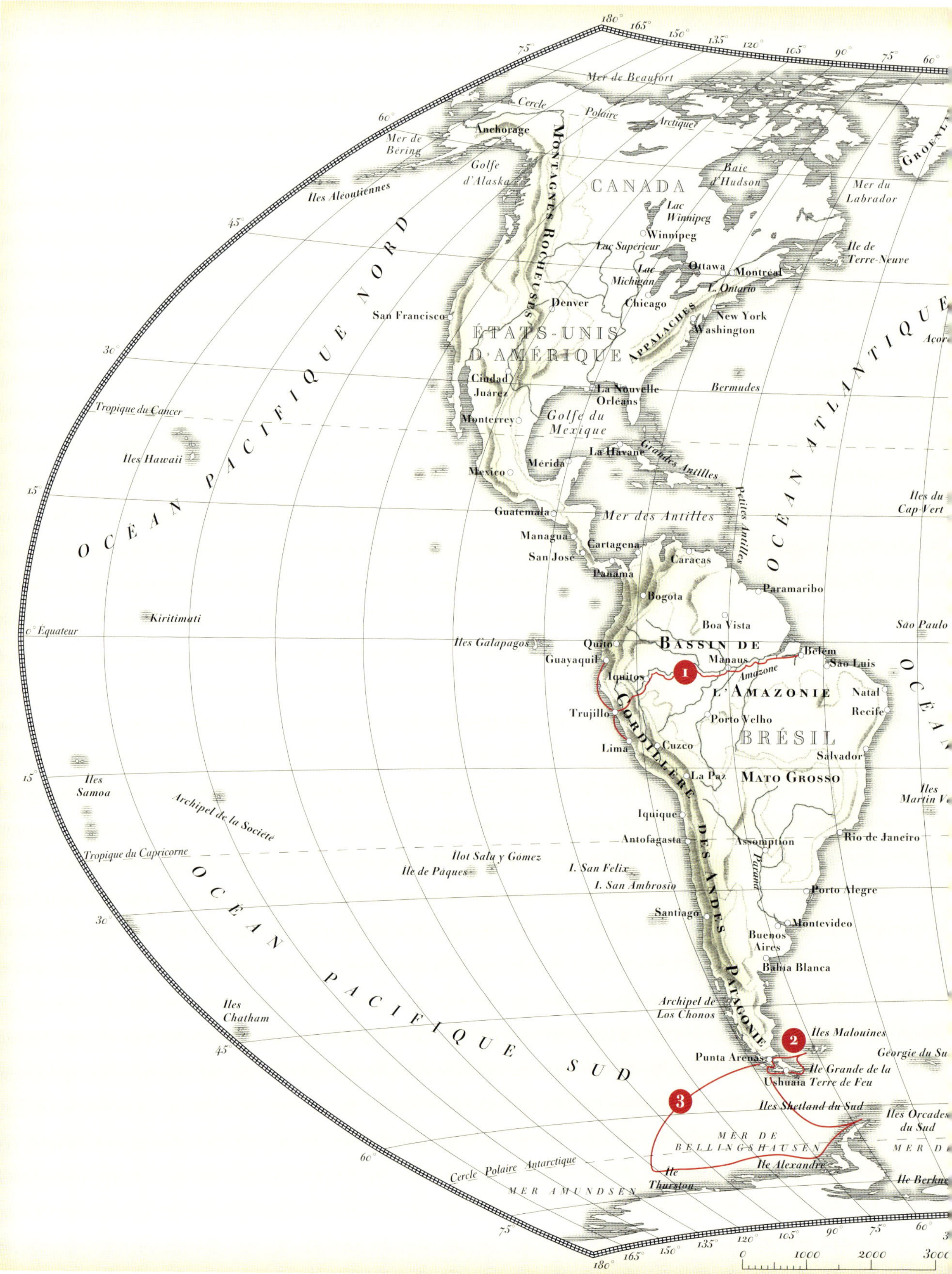


AMÉRIQUE DU SUD

**1.** Missions Wiener et Monnier
**2.** Mission du cap Horn
**3.** Expéditions du commandant Charcot

AFRIQUE

**4.** Mission Foureau-Lamy
**5.** La pacification de l'Adrar
**6.** Les missions du Haut Fleuve
**7.** Tombouctou
**8.** Missions Binger
**9.** L'empire de Samory
**10.** Missions Brazza
**11.** Mission Moll
**12.** Missions de l'Afrique centrale
**13.** Mission Marchand

ASIE

**14.** Mission Chantre
**15.** Mission Bouillane de Lacoste
**16.** Mission Gain au Turkestan
**17.** Missions Bonin en Chine
**18.** Mission Segalen-Voisins-Lartigue
**19.** Itinéraires d'Auguste François en Chine
**20.** Commission d'exploration du Mékong
**21.** Missions Pavie

Longitude Est 30° de Greenwich
15° 0° 45° 60° 75° 90° 105° 120° 135° 150° 165° 180°
OCÉAN GLACIAL ARCTIQUE
Archipel de la Nouvelle Sibérie
Mer de Barents
Nouvelle Zemble
Mer de Norvège
Cercle Polaire Arctique
Mts de Verkhoiansk
Lena
Iénissei
SCANDINAVIE
Arkhangelsk
SIBÉRIE
RUSSIE
Mts Oural
Ob
Helsinki
St Pétersbourg
Stockholm
Nijni Novgorod
Moscou
Samara
Omsk
Novossibirsk
Irkoutsk
Lac Baïkal
Amour
Mer d'Okhotsk
Îles Kouriles
Sakhaline
Mer du Nord
Dublin
Berlin
Varsovie
Kiev
Volga
Londres
Paris
Vienne
Budapest
Astrakhan
Mer d'Aral
Ertis
Oulan Bator
MONGOLIE
Khabarovsk
MANDCHOURIE
Vladivostok
OCÉAN PACIFIQUE NORD
Marseille
Bucarest
Danube
Rome
Mer Caspienne
Madrid
Istanbul
Mer Noire
TURKESTAN
ALTAÏ
DÉSERT DE GOBI
Shenyang
JAPON
Erevan
Izmir
Tachkent
Samarkand
Fleuve Jaune
Pékin
Séoul
Tokyo
Osaka
Mer
Alger
Tunis
Constantine
Méditerranée
Kaboul
HIMALAYA
Jinan
CHINE
Xi'an
Madère
Fès
Marrakech
ATLAS
Tripoli
Alexandrie
Euphrate
Tigre
Damas
Bagdad
Téhéran
PERSE
Ispahan
Lahore
Delhi
Chengdu
Yang-Tsé
Wuhan
Shanghai
MER DE CHINE ORIENTALE
Le Caire
ARABIE
Indus
Katmandou
Gange
Canton
Tropique du Cancer
TIBESTI
Karachi
Hong Kong
SAHARA
Nil
Mer Rouge
Médine
La Mecque
Calcutta
INDE
Hanoï
MER D'ARABIE
Bombay
Golfe du Bengale
Vientiane
Mékong
Micronésie
Niger
SAHEL
Khartoum
Lac Tchad
Bangkok
Manille
MER DES PHILIPPINES
Guam
Niamey
Adjamena
Djibouti
Golfe d'Aden
Socotra
Bangalore
Îles Andaman
Phnom-Penh
Saigon
Palawan
Bamako
Ouagadougou
Nil Bleu
Addis-Abeba
Lagos
Nil Blanc
Colombo
Ceylan
Kuala Lumpur
Mindanao
Monrovia
Yaoundé
Bangui
OCÉAN
Medan
Singapour
Golfe de Guinée
Mogadiscio
Libreville
Congo
Lac Victoria
Bornéo
Moluques
Équateur 0°
Nairobi
Palembang
Sumatra
Célèbes
Buru
Céram
Nouvelle-Guinée
Mélanésie
Brazzaville
Lac Tanganyika
Zanzibar
Dar Es Salam
Jakarta
MER DE JAVA
Surabaya
Ujung Pandang
Ascension
Luanda
Lac Malawi
Java
Bali
Sumba
Timor
Îles Cocos
Lilongwe
Zambèze
INDIEN
Sainte-Hélène
Canal du Mozambique
Tananarive
Réunion
Grande Barrière
Nouvelle-Calédonie
DÉSERT DU KALAHARI
Madagascar
AUSTRALIE
Tropique du Capricorne
Pretoria
Orange
Durban
Cordillère Australienne
Brisbane
Le Cap
Perth
Tristan da Cunha
Île Amsterdam
Île Saint-Paul
Grande Baie Australienne
Sydney
Melbourne
Gough
Îles du Prince-Édouard
Tasmanie
Nouvelle Zélande
Archipel Crozet
Îles Kerguelen
OCÉAN PACIFIQUE SUD
Bouvet
Île Heard
Îles Sandwich du Sud
Île Macquarie
MER DE ROSS
Cercle Polaire Antarctique
Kilomètres
Projection azimutale équivalente de Hammer

# SOMMAIRE

*« Ce n'est pas au hasard que doit se dessiner le voyage.*
*Un logique itinéraire est exigé, afin de partir, non pas*
*à l'aventure, mais vers de belles aventures. »*

Victor Segalen

6 Une épopée française, préface de Dominique de Villepin

10 Des héros modernes, avant-propos de Jean-Christophe Rufin

26 L'explorateur photographe, de Pierre Fournié


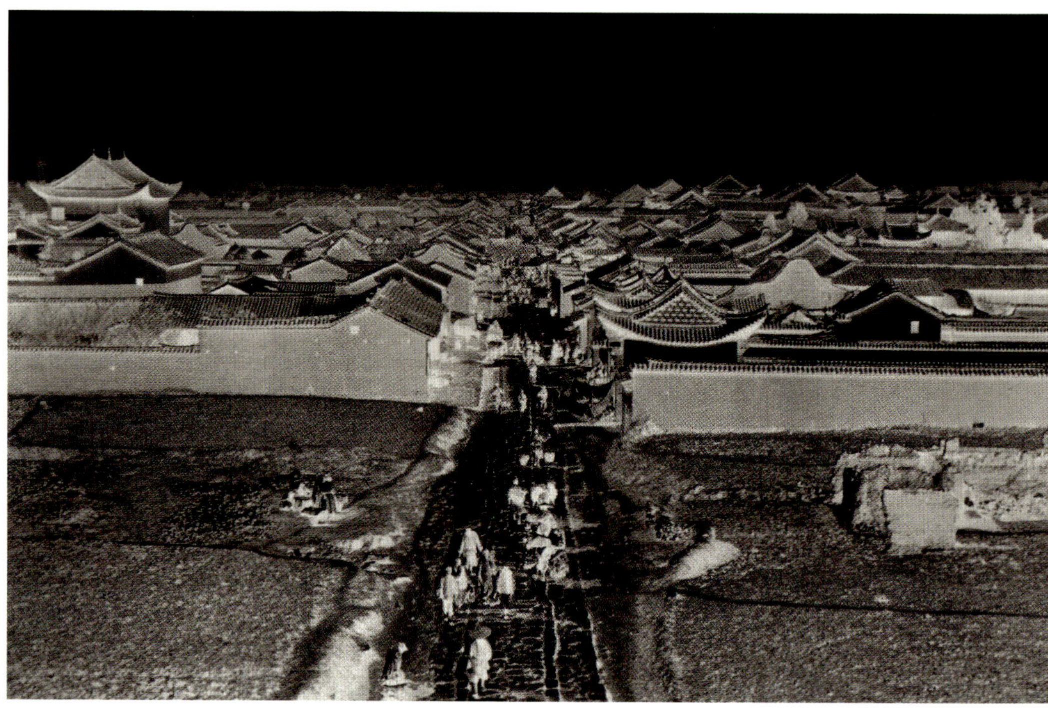

# 1. La grande aventure

## 1866-1885

*« Du jour au lendemain, je partis seul d'Europe. Avec la seule promesse d'une centaine de mille de francs, je m'élançais, encore malade mais plein d'ardeur vers l'Ogooué. »*

Pierre Savorgnan de Brazza

Introduction 36
PIERRE FOURNIÉ

Deux marins en péril 38
Ernest Doudart de Lagrée et Francis Garnier aux sources du Mékong
JEAN LACOUTURE

Un explorateur de légende 50
Pierre Savorgnan de Brazza sur les marges du Congo
JEAN-CHRISTOPHE RUFIN

Les commandants du Haut Fleuve 62
Gallieni, Borgnis-Desbordes et Archinard le long des rives du Niger
JEAN-CLAUDE GUILLEBAUD

Le regard d'un naturaliste 72
Ernest Chantre aux confins des empires russe et ottoman
MARIE SEURAT

Avec les Indiens du bout du monde 78
Les sept voyages du commandant Martial au cap Horn
JEAN-LUC COATALEM

Le globe-trotter et le missionnaire républicain 86
Charles Wiener et Marcel Monnier sur les affluents de l'Amazone
MARC TRILLARD

# 2. Le choc des empires
## 1885-1898

*« La seule vue d'un sentier à peine ébauché qui coupe le vôtre est cause d'une joie infinie. On se dit : il y en a donc d'autres aussi qui traversent ces solitudes ».*

Louis Gustave Binger

98 Introduction
PIERRE FOURNIÉ

100 L'explorateur aux pieds nus
Auguste Pavie au cœur de l'Indochine
JEAN-CLAUDE GUILLEBAUD

116 La chute de Tombouctou
À l'assaut de la cité mythique
ÉRIC FOTTORINO

124 Le bâtisseur d'empire
Louis Gustave Binger dans l'enfer vert de la forêt ivoirienne
ELIKIA M'BOKOLO

140 Les derniers jours de Samory
Le capitaine Gouraud, vainqueur du « Napoléon des savanes »
AHMADOU KOUROUMA

152 Une blessure française
Du Congo au Nil Blanc, l'honneur perdu du commandant Marchand
MARC MICHEL

# 3. Le temps des rêves

## 1899-1909

*«Je suis devenu cet être à part qu'est le voyageur lointain, noyé dans un milieu qui ne peut l'absorber et étranger à celui qui ne le contient plus».*

Auguste François


Introduction 180
PIERRE FOURNIÉ

Un consul solitaire 182
Auguste François sur les pentes du Yunnan
CLAUDE B. LEVENSON

Le savant sur le toit du monde 194
Charles-Eudes Bonin aux marches du Tibet interdit
CLAUDE B. LEVENSON

Un voyage sans retour 200
Henri Moll aux frontières du Cameroun
ABDOURAHMAN A. WABERI

L'impossible voie 204
Crampel, Dybowski, Maistre et Gentil sur la route du Tchad
ANNIE-FRANCE RENAUDIN

Les rêveurs du Sahara 212
Fernand Foureau et François-Joseph Lamy, de l'Algérie au Soudan
LOUIS GARDEL

Le soldat de l'empire 224
Henri Gouraud dans le désert de Mauritanie
LOUIS GARDEL

# 4. La fin d'un monde
## 1909-1914

*« Bientôt, sans doute, viendront les ingénieurs… Alors il sera trop tard: les usines élèveront leurs cheminées géantes et des rails multiplieront leurs doubles lignes sinueuses en ces mornes solitudes où vivaient jadis les merveilleux coureurs d'aventure. »*

Henry de Bouillane de Lacoste

234 Introduction
PIERRE FOURNIÉ

236 Le gentleman du pôle
Jean-Baptiste Charcot dans les glaces de l'Antarctique
ISABELLE AUTISSIER

256 L'explorateur des hautes terres
Henry de Bouillane de Lacoste en Mongolie
KENNETH WHITE

268 La route des stèles
Victor Segalen dans les profondeurs de la Chine
KENNETH WHITE

278 Deux frères en quête d'uranium
Louis et Gustave Gain au Turkestan russe
ISABELLE MERLE DES ISLES

293 Transcriptions

302 Cotes et crédits photographiques

306 Bibliographie sélective


Une porte de mosquée à Samarkand, 1914.

Pages suivantes : le faubourg sud de Yunnan-Fou, 1901.

# L'explorateur photographe

Ci-contre : séance de prise de vue sur les rives du Congo, vers 1880.
Ci-dessous : Kurdes photographiés en 1881 par le capitaine du Barry lors de la mission (voir page 74).
*Cadrage humoristique ou involontaire ? Peu soucieux des instructions des anthropologues, le photographe dépasse dans son cadrage le pan de tente qui sert de toile de fond au sujet. La mise en scène apparaît au grand jour, et les Kurdes qui posent deviennent, à leur insu, le sujet d'une scène comique.*

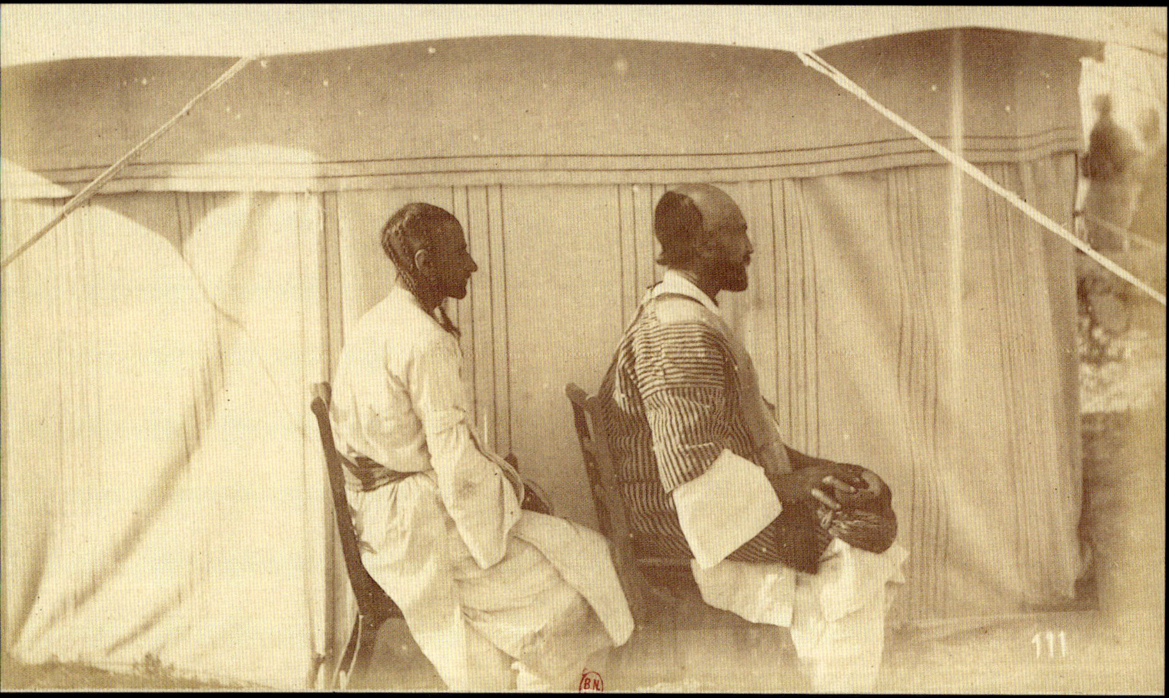

Graphoscope (deuxième moitié du XIXe siècle).
*Cet appareil est composé d'une loupe pour visionner des photographies et de deux oculaires permettant de regarder des vues stéréoscopiques sur papier.*

À droite : chambre-laboratoire dite « Dubroni » de Jules Bourdin, 1864.
*Transformant la chambre noire elle-même en laboratoire de développement, cet appareil portatif est simple d'utilisation.*

# L'explorateur photographe

## *«Celui qui regarde avec la tête voilée»*

Pierre Fournié

«J'arrivai à Houtène le 30 janvier, sans incidents. Près du Mékong, j'abattis un caïman, dont je donne ici la photographie à titre de document.» Le 30 janvier 1891, le lieutenant Rivière commente en deux phrases une petite épreuve albuminée qu'il a collée sur la page de son journal de marche consacrée au séjour à Houtène, à la frontière entre le Laos et le Siam. À son départ de Hanoï, un professeur de français lui a remis une trousse anthropométrique, une chambre noire, quelques plaques de verre au gélatino-bromure qu'il renverra à Hanoï à mi-parcours pour qu'elles y soient développées et tirées.

« Marie Samba, seize ans, née en Casamance, nation ouolof », photographiée à Dakar par Ernest Noirot (1881). *Dans les années 1880, le portrait domine encore le répertoire iconographique des explorateurs. La pose est préparée avec soin et les photographes s'efforcent de recréer en Afrique l'atmosphère des ateliers parisiens. Attaché à la mission du docteur Bayol dans le Fouta-Djalon, Ernest Noirot a installé son appareil à Dakar, point de départ du voyage. Au-delà de Dakar, ce sera beaucoup plus difficile. La forte chaleur détruit tous ses clichés, sauf une douzaine qu'il parvient à sauver, un jour où une pluie torrentielle a considérablement rafraîchi l'atmosphère.*

Le caïman du Mékong immortalisé par le jeune officier topographe de la mission Pavie est ce qu'il est convenu d'appeler une photographie documentaire, réalisée sans visée esthétique aucune, dans un but didactique. C'est en vain qu'on cherchera son auteur dans les histoires ou les dictionnaires de la photographie. Rivière n'est pas photographe, il ne laisse aucune œuvre, ne signe ou n'estampille aucune de ses épreuves. Il appartient à ces cohortes de voyageurs photographes qui, depuis une vingtaine d'années, pratiquent le médium en amateur, au gré des circonstances, en plus de maintes occupations, pour une multiplicité d'usages.

En ce début des années 1890, que de chemin parcouru depuis l'invention de Daguerre! En quarante ans, la photographie est devenue l'outil indispensable du témoignage et de la relation de voyage. Qui plus est, elle a accompagné ce vaste mouvement d'expansion outre-mer qui a donné à la France un immense empire colonial et lui a ouvert les portes d'autres empires, russe, chinois, ottoman.

En 1839, les promoteurs du daguerréotype l'avaient rapidement proclamé: la chambre noire allait rendre les plus grands services aux voyageurs. C'en était fini des impostures du dessin, de l'estampe approximative faite d'après croquis et souvenirs. Le nouvel outil fixait immédiatement et fidèlement le réel. Il témoignait surtout de la présence sur les lieux du photographe.

Les choses n'ont pas été aussi simples. Dans les années 1840-1850, le daguerréotype, image unique, non reproductible, puis le calotype sont restés aux mains de professionnels ou d'amateurs exigeants qui répugnent à quitter leur atelier pour affronter la

nature et les terres inconnues. Seul le pourtour méditerranéen et ses sites mythiques attirent les premiers photographes voyageurs, de véritables artistes d'abord, qui précèdent l'installation d'ateliers à vocation plus commerciale. Il faut quelques années pour que l'invention du procédé négatif-positif, plus rapide et plus fiable, qui permet la multiplication des épreuves, modifie les habitudes. Le matériel demeure imposant et la technique réclame un réel savoir-faire.

Plus que la longueur des temps de pose, c'est le temps pris à la préparation des plaques décourage les voyageurs, souvent pressés. Avant chaque prise de vue, il faut enduire la surface de la plaque de collodion humide. Elle doit être ensuite immédiatement développée, ce qui interdit de s'éloigner du laboratoire. Aussi, jusque dans les années 1860, les photographes ne s'aventurent-ils guère au-delà de la Méditerranée. S'agissant des seuls Français – mais la remarque vaut pour les Anglais et les autres voisins européens –, Désiré Charnay au Mexique et à Madagascar, Émile Gsell en Indochine (voir page 38), Louis Rousselet en Inde, Paul-Émile Miot à Tahiti et au cap Horn, font vraiment œuvre de pionniers.

C'est sans doute l'invention de la plaque « sèche » au gélatino-bromure d'argent qui précipite le mouvement au début des années 1880. Il n'est désor-

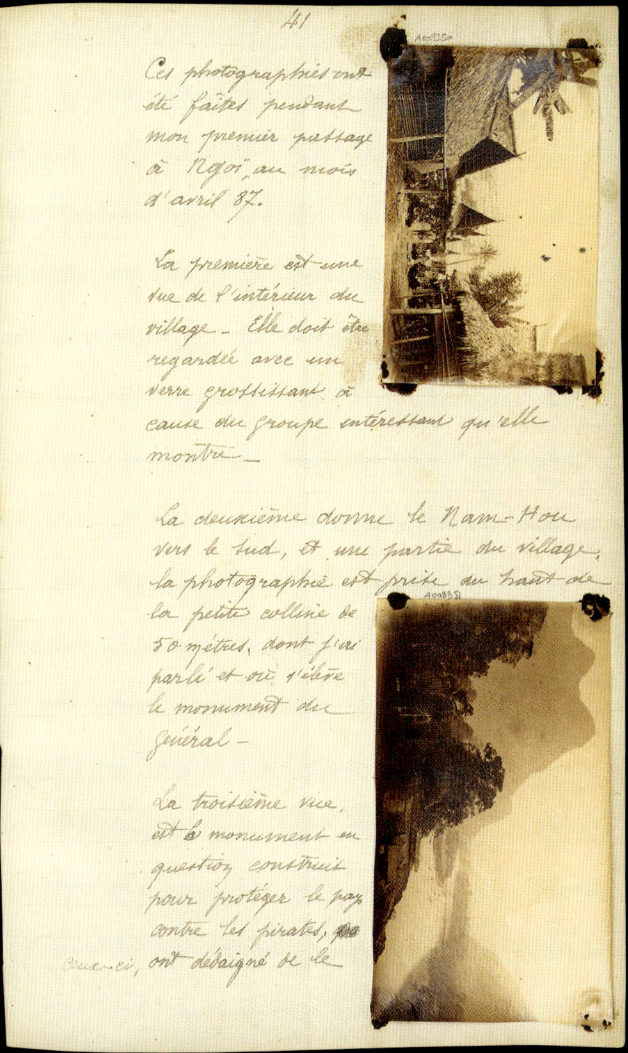

41

Ces photographies ont été faites pendant mon premier passage à Ngoï au mois d'avril 87.

La première est une vue de l'intérieur du village. Elle doit être regardée avec un verre grossissant à cause du groupe intéressant qu'elle montre.

La deuxième donne le Nam-Hou vers le sud, et une partie du village, la photographie est prise du haut de la petite colline de 50 mètres, dont j'ai parlé et où s'élève le monument du général.

La troisième vue est le monument en question construit pour protéger le pays contre les pirates, ceux-ci ont dédaigné de le

mais plus besoin d'émulsionner le support avant utilisation : il suffit de se procurer des plaques avant le départ. Le temps de pose s'est entre-temps abaissé à 1/25$^{e}$ de seconde. Le procédé, servi par son industrialisation quasi immédiate, suscite l'engouement des voyageurs français qui prennent dans leurs bagages les fameuses « boîtes bleues » des établissements Lumière.

De sérieuse et quelque peu austère qu'elle était, la photographie se pratique désormais de façon beaucoup plus décontractée. Ce progrès intervient alors que la République de Jules Ferry, renouant avec la politique de grandeur du second Empire, suscite et encourage quantité de missions aux buts les plus divers, aidée en cela par les puissants relais, scientifiques et financiers, que

À gauche, en haut : le photographe de la commission de délimitation du Cabinda (Angola, 1901). *Il arrive que le photographe réalise sur place, le développement et le tirage sur papier, dans un laboratoire de fortune.*

À gauche au milieu : chambre photographique de type touriste (vers 1890).

À gauche : en Chine, vers 1900, transport des plaques de verre du consul Auguste François.

En haut : à gauche, journal de marche d'Auguste Pavie au Laos ; à droite, Algériennes de Ghardaïa, vers 1880. *Dans bien des régions, les populations entretiennent un rapport difficile avec l'objectif du photographe, « la boîte qui vole les âmes » pour les Chinois.*

À droite : le capitaine Georges Mangin en Mauritanie, 1908. *Il porte ici un des premiers appareils portatifs à négatifs souples de Kodak.*

« Fillette effarouchée », photographiée par Marcel Monnier (mission Binger en Côte d'Ivoire, 1892).
*Dans ce village de la savane ivoirienne, le photographe parvient à surprendre cette jeune fille. L'instantané, rendu possible par les progrès techniques, va progressivement renouveler l'iconographie du voyage.*

En bas à gauche : chambre photographique à tiroir pour daguérréotypie (vers 1845).

En bas : *La photographie posée compte encore de nombreux amateurs, comme Louis Vossion, consul de France à Khartoum en 1882, qui réalise une série de portraits des habitants de Fadl el-Kérim. Assurément, il n'est pas très doué. Sur une planche de son album, deux portraits de la même jeune fille. À gauche, il est net, mais le sujet a un rictus disgracieux ; à droite, il est flou, le sujet a un beau sourire.*

Ci-contre : chambre photographique de type Folding (vers 1810).

À droite : Victor Segalen en Chine.
*Ici, le photographe utilise une lourde chambre sur trépied.*

sont la Société de géographie, l'Institut de France, le Comité de l'Afrique française… La photographie est désormais immanquablement associée aux grandes missions. Soldats, marins, diplomates, savants, simples voyageurs fortunés, ils sont des centaines à endosser alors le statut de « photographe de la mission ». Ces fourriers de l'iconographie du voyage vont s'emparer intellectuellement d'immenses espaces, bouleversant la perception du lointain. Ce sont pourtant des amateurs qui n'ont la plupart du temps reçu aucune formation. Photographes occasionnels, ils cumulent leur activité de rapporteurs d'images avec bien d'autres fonctions, souvent liées à la géodésie, à la topographie, bientôt à l'ethnologie.

Certains jugent l'occupation agréable, et donc accessoire. D'autres la trouvent ennuyeuse, rébarbative. Tout dépend du contexte et de la personnalité de l'auteur: est-on isolé ou au sein d'une équipe soudée? Sous quel climat, hostile ou favorable, va-t-on pratiquer? Dans quel but? En dépit de la simplification de la technique, la besogne peut se révéler pénible, comme en témoignent ces propos de Lucien Fournereau sur ses travaux à Angkor, en 1887-1888: « Lorsque, le soir, je rentrais harassé au campement, la partie la plus rude de mon labeur n'était pas encore accomplie ; il fallait, dans une atmosphère brûlante, harcelé par le bourdonnement et les piqûres des moustiques, développer mes clichés photographiques du jour… » Le travail s'effectue le plus souvent quand les compagnons de route sont au repos. Il faut attendre les haltes, les bivouacs, les séjours prolongés dans telle ou telle localité. Bien sûr, il faut aussi que les conditions météorologiques s'y prêtent, que la pluie cesse et que se lève le brouillard.

Le photographe a aussi sous sa responsabilité un matériel encore très encombrant et particulièrement fragile: une et souvent plusieurs chambres photographiques, les

*« Lorsque, le soir, je rentrais harassé au campement, la partie la plus rude de mon labeur n'était pas encore accomplie ; il fallait, dans une atmosphère brûlante, harcelé par le bourdonnement et les piqûres des moustiques, développer mes clichés photographiques du jour… »*

**Lucien Fournereau (Angkor, 1887-1888)**

optiques, les trépieds, les lourdes caisses contenant les négatifs sur verre de formats divers, les châssis pour ces mêmes négatifs, les accessoires multiples. Quand on est loin de tout, que le laboratoire le plus proche se trouve à des milliers de kilomètres et qu'on veut disposer des épreuves sur place, il faut aussi la tente opaque pour le laboratoire, les produits chimiques et les papiers pour le développement et le tirage. En termes de logistique, cela signifie plusieurs porteurs, chameaux, mulets ou chevaux. Quand la situation est critique, il arrive qu'on se débarrasse du matériel. En 1899, au Sahara, c'est le

En haut : à gauche, borne stéréoscopique (vers 1900) ; à droite, appareil photographique de type jumelles dit stéréo-panoramique de Lucien Leroy (1903).

Vues stéréoscopiques et autochromes de la mission des frères Gain au Turkestan, 1914.
*La photographie stéréoscopique a été l'un des supports privilégiés des vues instantanées. D'une exécution facile et surtout peu encombrantes depuis le lancement du vérascope dans les années 1890, les caméras stéréoscopiques permettent des images en trois dimensions, idéales pour traduire le mouvement, les festivités, la marche de la mission, l'anecdote.*

À droite : un des frères Gain à l'heure de la sieste.
*L'autochrome, procédé inventé par les frères Lumières puis commercialisé en 1907, conquiert les amateurs et détrône tous les autres procédés de photographie couleur.*

cas de Fernand Foureau, qui préfère ainsi économiser une demi-douzaine de dromadaires. La plus ambitieuse des missions d'exploration du XIXe siècle ne rapportera de sa traversée du désert qu'une quantité dérisoire de photographies… Mais si tant de ces photographes de circonstance ont œuvré dans l'ombre et sont demeurés anonymes, c'est sans doute parce que leur production n'est destinée qu'à un petit nombre de personnes. Au retour de la mission, quelques albums luxueux sont certes remis aux ministres et aux organismes qui ont soutenu l'aventure, et les protagonistes du voyage conservent pour eux et leurs proches de petits albums-souvenir.

Mais auprès du grand public, sans qui rien de grand ne s'accomplit, la diffusion est laborieuse. On ne voit de l'œuvre du photographe que ce que le graveur en restitue dans les récits de voyage ou les revues illustrées de vulgarisation comme *Le Tour du monde*. Le problème de la photogravure, qui permettra l'impression simultanée du texte et de la photographie, longtemps considéré comme insoluble, a été l'obstacle majeur à cette reconnaissance des photographes par le public. Ce n'est qu'en 1890 que le magazine *L'Illustration* publie la première photographie et il faudra de longues années avant que les procédés photomécaniques se généralisent. En attendant, l'iconographie de

l'exploration et du voyage est tributaire de la gravure. « Gravure d'après une photographie de la mission » : ce monde représenté par la photographie, qui longtemps apparaît comme calme et vide, le graveur va l'animer. Sacrifiant au goût du pittoresque et du sensationnel, il va ajouter tous les éléments que la photographie ne peut saisir : nuages, fumées, feuillages en mouvement, gestes des personnages, attaque de la pirogue par un hippopotame, etc.

Le tournant du siècle voit s'accomplir de considérables progrès avec la généralisation des appareils portatifs à négatifs souples de Kodak. La photographie est désormais, véritablement, à la portée de tous. En dépit de cette banalisation, on voit le regard de certains grands voyageurs s'affûter. À travers les instantanés sans saveur exotique aucune, ils cherchent à capter des parcelles de vie de cet « autre » rencontré. L'esthétique photographique se renouvelle, marquée par une perception différente des espaces, des lumières, des couleurs. Cette couleur, enfin, est apparue avec la plaque autochrome, inventée par les frères Lumières en 1903 et commercialisée en 1907. Le banquier Albert Kahn lance des opérateurs photographier la Chine en couleurs : plus que toute autre entreprise, *Les Archives de la planète* témoignent de cette évolution des intentions et du regard. Les photographes, conscients de ne plus être des découvreurs, savent qu'ils sont les derniers à pouvoir témoigner de mondes condamnés à disparaître, devant l'inexorable marche du progrès.

# 1.

*Émile Gsell, Angkor :*
*Baion, pagode*
*des quarante-deux tours, 1866.*

# LA GRANDE AVENTURE

1866-1885

Deux marins en péril
*Ernest Doudart de Lagrée et Francis Garnier aux sources du Mékong*
JEAN LACOUTURE

Un explorateur de légende
*Pierre Savorgnan de Brazza sur les marges du Congo*
JEAN-CHRISTOPHE RUFIN

Les commandants du Haut Fleuve
*Gallieni, Borgnis-Desbordes et Archinard le long des rives du Niger*
JEAN-CLAUDE GUILLEBAUD

Le regard d'un naturaliste
*Ernest Chantre aux confins des empires russe et ottoman*
MARIE SEURAT

Avec les Indiens du bout du monde
*Les sept voyages du commandant Martial au cap Horn*
JEAN-LUC COATALEM

Le globe-trotter et le missionnaire républicain
*Charles Wiener et Marcel Monnier sur les affluents de l'Amazone*
MARC TRILLARD

Amorcée par Napoléon III, interrompue par le désastre de Sedan, reprise et incarnée par la République de Jules Ferry, l'expansion outre-mer a dominé les débats des trois dernières décennies du XIX^e^ siècle. Célébré comme la « gloire ineffaçable de la République », ce désir de conquête n'est pas propre à la France et dans ce contexte, dès cette époque, les missions d'explorations sont un instrument de rivalité entre les grandes puissances. Les États les prennent en charge, les encouragent et les financent.

L'époque des explorateurs solitaires touche à sa fin. Ils ont montré le chemin, esquissé des itinéraires, mais les cartes du monde présentent encore quantité de zones blanches. Que la plupart aient été britanniques ne décourage en rien, bien au contraire, toute une génération de Français qui, las de ce siècle dit bourgeois, vont se lancer dans la grande aventure.

Ils quittent donc les rivages avec un chef, des instructions, un budget, une escorte et des bagages. Sans jamais oublier d'emporter dans leurs malles le matériel photographique, indispensable outil, désormais, du compte-rendu au retour. Tout cela suppose un soutien officiel.

Mais l'intervention de l'État n'enlève rien à la force de caractère, à la splendide originalité de bien des explorateurs. Serviteurs de l'État, de son armée ou de sa marine, quantité d'entre eux ont été de véritables aventuriers, outrepassant les instructions de départ, n'hésitant pas à s'engager toujours plus loin. Au-delà des prouesses physiques de leurs périples, leurs parcours et ceux de leurs compagnons abondent de paradoxes, de reniements, de trahisons, de souffrances aussi.

Une vraie « tête brûlée » que Francis Garnier, échouant à pénétrer en Chine *via* le Mékong, mais s'emparant des places fortes du Tonkin avec une poignée de soldats. Plus réfléchi, moins belliqueux, mais tout aussi entêté, Savorgnan de Brazza cherche les affluents du Congo, échoue, lui aussi, récidive, et apporte à la République le Gabon et le Congo. Chez les commandants du Haut Fleuve, on trouve peut-être moins d'exaltation, mais combien de rêves le mythe de Tombouctou ne fait-il pas éclore dans l'esprit d'un Gallieni ? Ces rêves de découvertes animent aussi les archéologues, les géographes, les anthropologues, qu'on pourrait croire moins enflammés, eux pour qui la conquête fait place au patient travail et à l'intérêt qu'ils prennent le temps de porter aux peuples rencontrés, comme le consul Charles Wiener ou le commandant Martial, tous deux si fortement marqués par le sort des Indiens d'Amérique.

Mais il arrive que les aventuriers trouvent sur leur chemin la résistance des peuples et de leur histoire. Les Tonkinois s'opposent ainsi au rêve de Jules Ferry. L'opinion publique, pourtant indifférente aux questions coloniales, se réveille, indignée qu'on fasse appel au contingent et qu'on dilapide la fortune nationale en d'inutiles conquêtes. Jules Ferry est allé trop loin : le Parlement le lâche, le peuple le déteste. Le 30 mars 1885, son ministère chute. Sa carrière politique est brisée.

La rade de Saïgon, photographiée par Émile Gsell.

Les membres de la commission d'exploration du Mékong sur les marches du temple d'Angkor Vat. *Le maintien grave, mais dégagé, la barbe de rigueur, le col fermé, ces hommes posent avec la conscience de marquer l'Histoire. De gauche à droite : le lieutenant de vaisseau Francis Garnier, second de la mission ; l'enseigne de vaisseau Louis Delaporte, dessinateur et aquarelliste ; les docteurs Thorel et Joubert, médecins de marine, chargés de la géologie, de l'anthropologie et de la botanique, entourant le chef de la mission, le capitaine de frégate Doudart de Lagrée, et Louis de Carné, attaché au ministère des Affaires étrangères, le benjamin de l'équipe. L'auteur du cliché est le photographe Émile Gsell, qui accompagnera la mission jusqu'au Cambodge. Au-delà de ces régions, le matériel photographique devenant trop encombrant, c'est le dessinateur Delaporte qui prendra le relais avec talent. Au retour, le récit de l'expédition paraîtra, abondamment illustré, dans la revue* Le Tour du monde.

# Deux marins en péril

## *Ernest Doudart de Lagrée et Francis Garnier aux sources du Mékong 1866-1868*

Carte de la commission d'exploration du Mékong.
*Partie de Saïgon le 6 juin 1866, l'expédition remonte le Mékong en canonnière. Les rapides de Kratié étant infranchissables, elle doit continuer en pirogue vers le Laos. Puis commence une longue marche dans une jungle inextricable. Après avoir passé la frontière chinoise le 10 octobre 1867, les hommes poursuivent sur le fleuve Rouge, vers la Chine centrale. Francis Garnier tente de gagner le Haut-Mékong, mais il est bloqué par des révoltes musulmanes. Il rebrousse alors chemin puis, apprenant la mort de Doudart, rejoint Shanghai. Le 29 juin 1868, la mission retrouve Saïgon, après avoir parcouru neuf mille huit cents kilomètres et perdu celui qui lui avait donné son âme.*

JEAN LACOUTURE

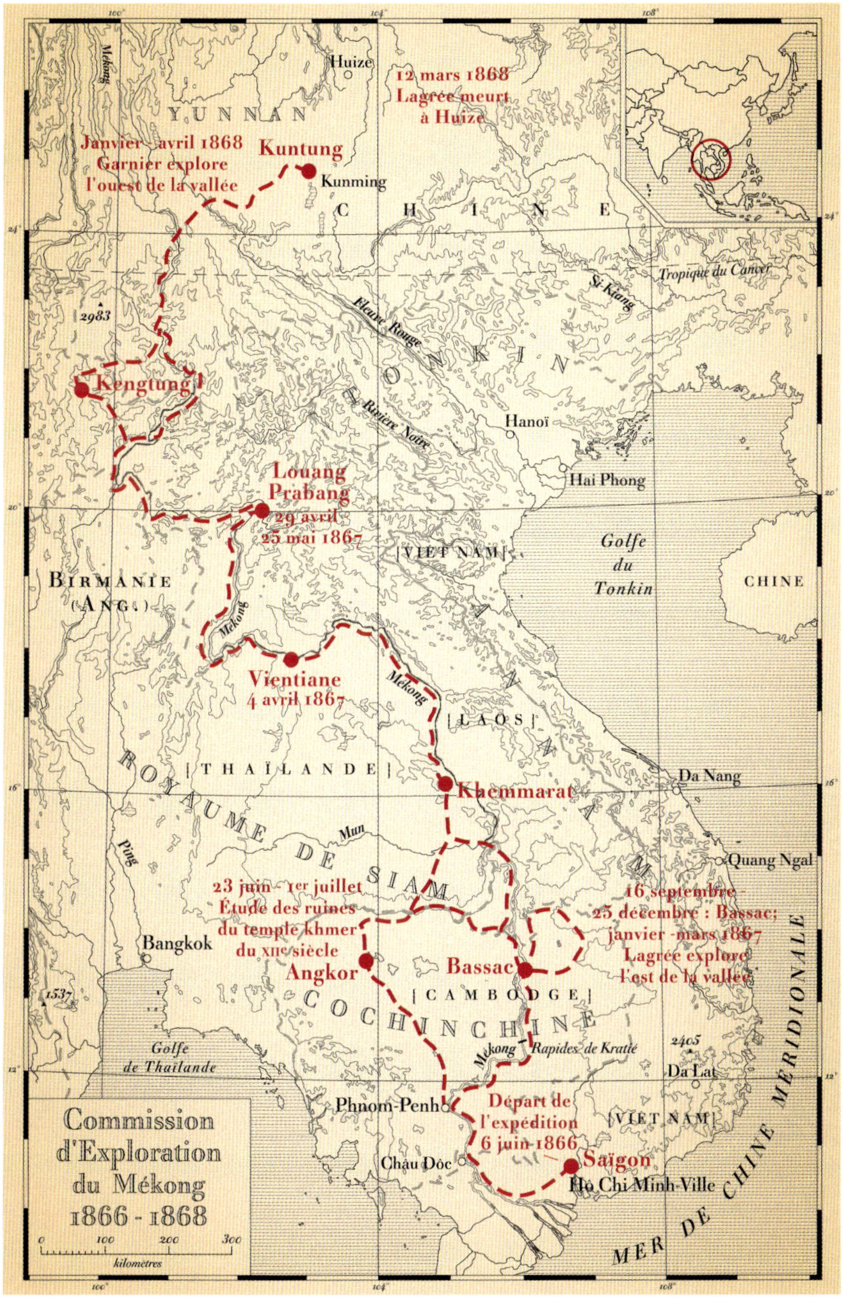


Le quai de Saïgon, le long de la rivière du même nom, affluent du Mékong, en avait vu bien d'autres, soldats et marchands, venus de Chine et d'Europe : mais ce 6 juin 1866, vers midi, par quarante degrés à l'ombre, la fièvre qui règne aux abords de l'arroyo chinois autour de deux petits navires n'est pour une fois ni guerrière ni commerciale. Sur les canonnières à vapeur simplement désignées par les chiffres 32 et 27 s'affairent des aventuriers pacifiques, membres de la commission d'exploration du Mékong (alors appelé Cambodge), chargés d'en découvrir ou d'en approcher les sources, plus de quatre mille kilomètres au nord, au cœur de la Chine.

### Six « missionnaires » en partance

Les hommes que viennent saluer les grands notables de la colonie (depuis quatre ans officiellement française) ont été minutieusement choisis pour cette mission. Le chef en est le capitaine de frégate Doudart de Lagrée, polytechnicien, combattant de Crimée, déjà très averti des affaires de l'Indochine pour avoir négocié le protectorat français au Cambodge; son adjoint est le lieutenant de vaisseau Francis Garnier, qui n'a pas encore conquis la gloire mais peut se prévaloir d'une compétence hors pair en matière coloniale; le chirurgien Thorel, le géologue Joubert, le lieutenant Delaporte et le jeune diplomate de Carné viennent compléter cette équipe homogène, sur laquelle Doudart de Lagrée exerce une autorité pleine d'expérience et de doigté. À ces six « missionnaires » se joignent une quinzaine de subalternes, dont deux interprètes, un Cambodgien chrétien nommé Alexis Om et un Laotien appelé Alevy.

La mission qui leur est confiée, à l'initiative des deux chefs de file, a été longtemps méditée et débattue. Le ministre des Colonies lui-même, François de Chasseloup-Laubat, en a reconnu l'importance scientifique autant qu'économique et stratégique (l'accès aux portes méridionales de la Chine), mais sans pour autant lui accorder les moyens qui auraient pu épargner bien des épreuves, sinon prévenir la tragédie finale.

Dès les premières escales, le capitaine exerce son savoir et son entregent. À Phnom Penh, il négocie pour le roi

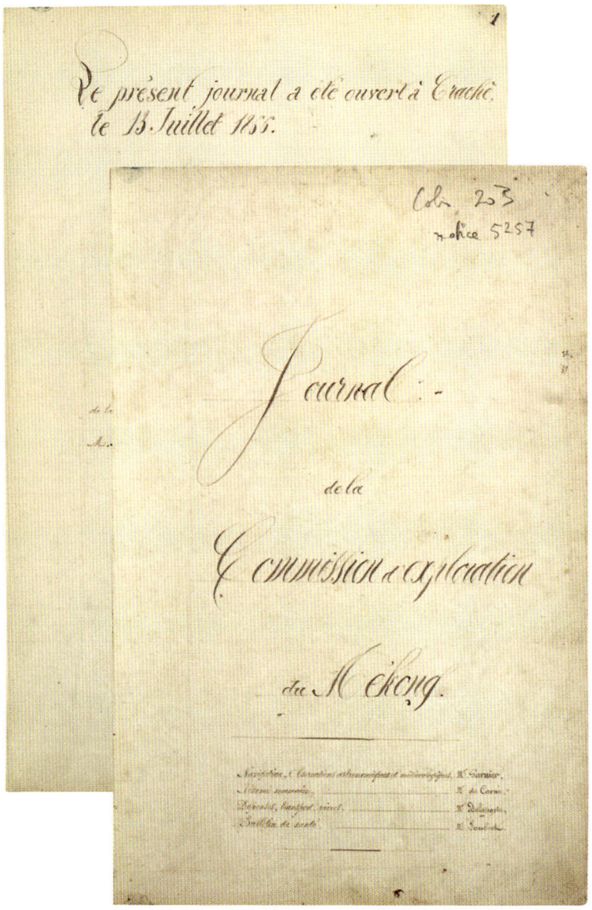


Norodom, s'employant à le libérer de la férule du Siam ; à Angkor, qu'il fut l'un des premiers Européens du siècle à visiter après Mouhot, il guide la troupe dans la somptueuse forêt de temples. À ses côtés, Francis Garnier s'extasie devant ce « poème de la forêt, chef-d'œuvre d'un Michel-Ange inconnu », comparable aux pyramides de Gizeh, « avec le génie en plus ». Mais son éblouissement se nuance d'angoisse : Angkor n'est-il pas promis à une ruine prochaine, à l'ensevelissement sous la végétation ? N'y a-t-il pas là une mission urgente pour la France, nouvelle « protectrice » : se substituer aux propriétaires cambodgiens ou siamois pour sauver le chef-d'œuvre ?… Où l'on voit que Doudart, cet admirable homme d'action, était aussi un homme de culture à la sensibilité très fine. Heureux temps… D'autant qu'il est flanqué du lieutenant Delaporte, qui ne cesse de croquer paysages, temples et silhouettes.

À Phnom Penh, une rumeur agite le groupe des explorateurs et la cour : un cousin du roi nommé Pou Combo vient de déclencher un soulèvement qui bouleverse le petit royaume et risque de faire obstacle à la mission.

Habitation des Bonzes, intérieur.

Arroyos dans l'intérieur.

Journal de la commission d'exploration du Mékong, par Francis Garnier (extrait).

Excursion au Sedon (ordre du 2 octobre 1866). Parti le 3 octobre à 7 h du matin dans une pirogue à sept rameurs, j'ai remonté le fleuve le long de la rive droite, jusqu'à un étranglement très considérable dont on profite pour passer sur l'autre rive. Dans ce trajet, le fleuve, très large à partir de l'île de [Deng], se sème de brousses et de rochers et sa profondeur ne dépasse pas dix mètres. Le courant est assez rapide au prolongement de l'étranglement dont j'ai parlé. À partir de ce point, fond très considérable ; quelques remous et quelques têtes de rochers semblent indiquer que les contreforts montagneux qui viennent çà et là serrer et encaisser le lit du fleuve, le traversent en partie. À 12 h 35, passé sur la rive gauche. Profondeur moyenne, 12 et 13 mètres. Courant : 2 nœuds environ. […] (Transcription complémentaire en fin de volume.)

Ci-contre et à droite : arroyos dans l'intérieur de la Cochinchine.
*Ces chenaux typiques de la région relient les innombrables bras du Mékong. Dans ce paysage en mosaïque, où l'eau et le ciel se reflètent l'un l'autre, la distinction entre la boue du rivage et les méandres du fleuve est incertaine. Les journées se passent au rythme lent des buffles et des sampans.*

Temple d'Angkor, escalier principal.
*Négociateur du traité de protectorat qui place le Cambodge sous tutelle française, Doudart de Lagrée s'est pris de passion pour les temples d'Angkor. Le premier, il fait lever les plans de l'ensemble des monuments découverts quinze ans plus tôt par le père Bouillevaux. Au début du périple, il s'improvise guide pour sa petite équipe. Elle le suit à travers un site immense, envahi par la jungle. C'est lui qui désigne au photographe Émile Gsell les points de vue qui lui paraissent intéressants.*

En bas et à droite : tête de Bouddha et bonzes d'Angkor.
*Les récits de Francis Garnier, émerveillé par le site, les photographies d'Émile Gsell et les dessins de Louis Delaporte ont un écho considérable en France. L'art khmer sort de l'ombre.*

Le souverain suggère de renoncer. Pas question. Le 7 juillet, les deux canonnières lèvent l'ancre en direction de Kratié (voir page 39). Mais bientôt surgissent des obstacles plus dangereux encore que Pou Combo : les rapides de Sombor, auxquels se sont déjà heurtées les explorations hydrographiques précédentes. Impossible de poursuivre le voyage à bord des canonnières : nos argonautes doivent se transborder, eux et leur matériel, sur huit pirogues creusées dans des troncs d'arbre de vingt mètres et emmaillotés de bambous. D'où cette information capitale, relevée par Francis Garnier : l'avenir des relations commerciales par le fleuve entre Saïgon et la Chine est illusoire. L'un des objectifs du voyage est atteint, fût-il négatif.

Au Laos, les compagnons croient perdre Francis Garnier, victime du typhus. Il lui faudra trois mois pour s'en remettre. Les *falang* – c'est ainsi que sont appelés les Français – vont aussi souffrir de l'exécrable réputation faite par un compatriote qui s'est si mal comporté que, pour les autochtones, le nom de son pays est devenu synonyme de pillage. La bonhomie de Doudart ne sera pas de trop pour détruire cette légende. Le mot d'ordre est de payer rubis sur l'ongle, mais quel casse-tête que les échanges : officiellement, c'est le tical siamois qui a cours, étrangement concurrencé par… la piastre mexicaine !

## La montée des périls

Étrange, capricieux fleuve que ce « Cambodge », hier torrent gigantesque encaissé entre deux falaises, obligeant à délaisser les pirogues tirées sur la berge, aujourd'hui lac immense, gonflé de son affluent le Sedon, large d'un kilomètre. Parfois, l'enfilade des rapides lui donne l'allure d'un immense escalier ! Les constantes et épuisantes ruptures de charge, à partir de Bassac, conduisent Doudart à réduire effectifs et bagages. Et la brutalité des intempéries suspend la progression pendant plusieurs mois. Mais la proximité de la

saison des pluies oblige à faire étape en vue des « ruines de Vien Chan » (Vientiane), incendiée et rasée quarante ans plus tôt par le général siamois Praya Mitop, qui préférait jeter les survivants dans des granges enflammées plutôt que de faire des prisonniers.

Carnet de route attribué à Francis Garnier. *Relevés des distances, témoins que l'on interroge, ruines... Autant de repères pour l'explorateur sur des itinéraires vierges.*

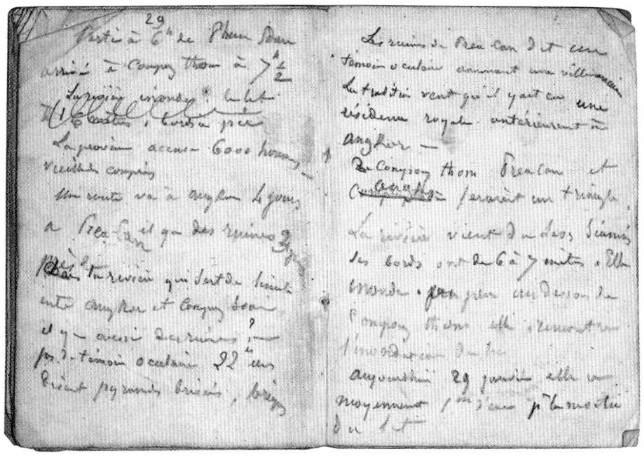

## Les caprices du fleuve

La progression sur l'eau se fait de plus en plus pénible, avec de constants débarquements. Il faut alors aller à pied le long des rives rocheuses. Les souliers n'y résistent pas, et nos hommes se transforment en va-nu-pieds. Douleurs, blessures sur les roches tranchantes. Mais ce ne sont là qu'épreuves matérielles. Le coup suivant manque d'abattre leur courage : aux abords de la frontière birmane, à Xieng Kang, le gouverneur siamois leur apprend qu'une expédition anglaise les précède sur le Mékong, au nord. Les voilà donc « doublés » par une troupe rivale, ceux-là mêmes qu'il s'agissait de mettre devant le fait accompli ! « Un véritable coup de massue... », note Garnier, accablé.

Mais la rumeur est fausse. La mission anglaise se réduit à un Hollandais nommé Duyshart, géographe du roi de Siam... Cap sur la capitale du Laos, Luang Prabang, toute proche. Dès le 1er mai, Doudart et les siens sont reçus par le roi, qu'ils tentent de rallier à leurs vues : la prospérité et la paix du Haut-Mékong n'auraient qu'à gagner de la protection de la France, équilibrant la pesée siamoise, l'influence anglaise exercée à partir de la

Ci-dessous : la rade de Phnom Penh.

La canonnière *Yatagan*.
*Semblable aux petits navires utilisés par la mission, cette canonnière est l'archétype des bâtiments très maniables avec lesquels la marine française s'emparera du delta du Mékong quelques années plus tard.*

Pages suivantes : habitation cambodgienne.
*Les villages sur pilotis, « en bois de fer », tels qu'on les voit encore aujourd'hui. En osmose avec la forêt, avec leurs balustrades en bambou tressé, ils font tenir ensemble des claies de bois, du chanvre et des lianes, plus solides que le fer.*

Birmanie et la formidable présence de la Chine. Beau discours, auquel le souverain ne répond que par monosyllabes…

Nul doute que l'exploration vers la Chine va se heurter à de terribles obstacles : la révolte des musulmans du Yunnan (les *Koui Tseu*) contre l'empereur rend très périlleux l'accès à ce pays, d'autant que le roi du Laos a cessé de payer tribut à Pékin qui, du coup, accueille avec hostilité tout voyageur venant de Luang Prabang.

Trois voies étaient possibles, sinon praticables : par la Birmanie, mais les explorateurs n'avaient pas les papiers nécessaires ; par la rivière Nam Hou, affluent du Mékong, ce qui les écartait légèrement de leur projet initial. Ou en piquant vers le Kouong Si, ce qui supposait de déborder sur le Tonkin, avec lequel le roi du Laos était en semi-conflit… Doudart penche pour la deuxième formule, Garnier plaide pour la première, seule conforme à ce qu'ils avaient prévu en quittant Saïgon.

Ils repartent en piquant vers le nord, le long du grand fleuve, moins obsédés par sa navigabilité, désormais, que par l'accueil des populations que l'on croise, voire des pouvoirs siamois, birmans, yunnanais. La maladie frappe

À droite : des Laotiens avec leur chef.
*On devine dans cette photographie l'organisation sociale quasi féodale qui caractérise le Laos, pays aux multiples ethnies.*

Premier poste de Pavillons-Noirs au Tonkin.
*En 1873, à l'issue de la commission d'exploration du Mékong, Francis Garnier s'emparera des principales places fortes du delta tonkinois. Les Vietnamiens demanderont du renfort aux fameux Pavillons-Noirs. Lors d'une embuscade, l'explorateur tombera sous les piques des mercenaires qui lui arracheront la tête et le cœur. Son expédition tournera au désastre : le gouvernement français fera marche arrière et restituera les places conquises. Ce retrait coûtera la vie à des milliers de chrétiens vietnamiens qui avaient eu l'imprudence de jouer la carte française.*

Ci-dessous : une tunique de Pavillon-Noir, ornée au centre de caractères chinois.

les uns et les autres. Après Garnier, donné pour mort au début de 1867, c'est Thorel et Delaporte qui doivent être transportés, puis de Carné, qui grelotte de fièvre… Et les indigènes se font de plus en plus « sauvages ».

Mais grande joie : les voyageurs, franchissant le 22e degré de latitude nord, dépassent le village de Xieng Hong, en Chine, la pointe extrême de la reconnaissance faite en 1837, depuis la Birmanie, par le lieutenant anglais Mac Leod. Les voilà pionniers de la haute vallée. Désormais, ils sont bien des découvreurs !

## Une fin dramatique

L'automne 1867 est lourd de tous les orages. Certes, les voilà à Yunnan-Fou, dans le sud de la Chine, où règne le seigneur de la guerre Ou San Kwei, harcelé par la révolte musulmane. Il leur faut louvoyer entre cette « autorité chinoise » et les rebelles qui se réclament d'un pittoresque imam surnommé le Lao-Papa. Ils y parviennent, en s'appuyant sur deux religieux, le père Protteau, totalement sinisé, et le père Fenouil. La marche reprend le 8 janvier 1868. Mais bientôt survient le pire : Doudart de Lagrée doit s'aliter, victime d'une terrible crise hépatique. Le père Fenouil le supplie de mettre un terme à l'expédition, soulignant que les autorités chinoises s'affolent de plus en plus de la marche vers le Tibet. Le chef de l'expédition s'incline, en ce qui le concerne, mais donne mission à Francis Garnier, après une exploration du fleuve Rouge, de foncer vers le nord, jusqu'aux montagnes « voisines du Tibet ». Le cœur déchiré, il regarde partir quatre de ses compagnons. Faute d'atteindre les sources du Mékong, ils reconnaîtront une partie du Yang-Tsé-Kiang, le fleuve Bleu, au-delà de ce qu'en avait vu Marco Polo. Guidés par le père Le Guilchen, ils pousseront ensuite jusqu'au lac de Ta Ly, dans le Sichuan. Mais les combats entre *Koui Tseu* musulmans et forces impériales chinoises deviennent si intenses que Francis Garnier doit rebrousser chemin. Il longe alors le fleuve Bleu en partie et parvient à Tong-Tchéouen au début d'avril. C'est là qu'il apprend que Doudart de Lagrée est mort le 12 mars 1868. Le rapatriement du corps vers Saïgon par le fleuve Bleu et Shanghai fut une autre aventure…

# Un explorateur de légende

## *Pierre Savorgnan de Brazza sur les marges du Congo, 1875-1885*

Jean-Christophe Rufin

Est-ce un hasard si les deux grands Européens du Congo, Brazza et Albert Schweitzer, sont des étrangers qui ont choisi de devenir français et l'ont payé cher ? Dans les forêts et les miasmes de l'Afrique-Équatoriale, y eut-il à leurs yeux comme un purgatoire, une sorte de non-lieu, qui, comme eux, pouvait devenir français tout en manifestant à jamais qu'il ne l'était pas ?

Quoi qu'il en soit, le premier acte est là : Pierre Savorgnan de Brazza est né à Rome d'une ascendance vénitienne. Les deux doges qui illustrent la famille de sa mère ont laissé dans ses traits une fièvre, un détachement hautain qu'il promènera sans les compromettre dans les forêts vierges comme dans les salons politiques. Pourtant, par son père, c'est un républicain.

Brazza, faute de pouvoir rentrer en Vénétie, à l'âge où l'on choisit son décor et ses combats, s'est trouvé projeté dans les lectures et les rêves. Les atlas le fascinaient non pour ce qu'ils dévoilaient mais pour les blancs qui figuraient encore sur leurs cartes. Toute sa vie, il montrera une étrange fidélité à ces premières passions.

Curieux mélange, en ce garçon, de songes et de décisions. Comme un poète, il veut aller vers l'inconnu. Mais il s'en donne concrètement le moyen et choisit le plus logique : il sera marin. Et en France.

Pourquoi la France ? Parce qu'il ne souhaite pas apporter autre chose à ces terres inconnues que la liberté. Et quel pays saurait mieux l'incarner que la France ? Pensée italienne au point qu'on la dirait stendhalienne…

Le sergent Malamine Kemara est le héros magnifique de l'épopée de Brazza. C'est à lui que le Français confie la garde d'une simple case qui deviendra Brazzaville. À cinq cents kilomètres de la première position française, seul, sans ressources, le sergent Malamine tient tête des années durant, résistant aux Belges et à Stanley. Chaque matin, il hisse le drapeau français et monte la garde, sentinelle dérisoire et superbe. Stanley lui-même confiera son étonnement devant « un personnage d'allure très crâne [qui] portait un costume de marin, avec des manches ornées de galons de sous-officier ».

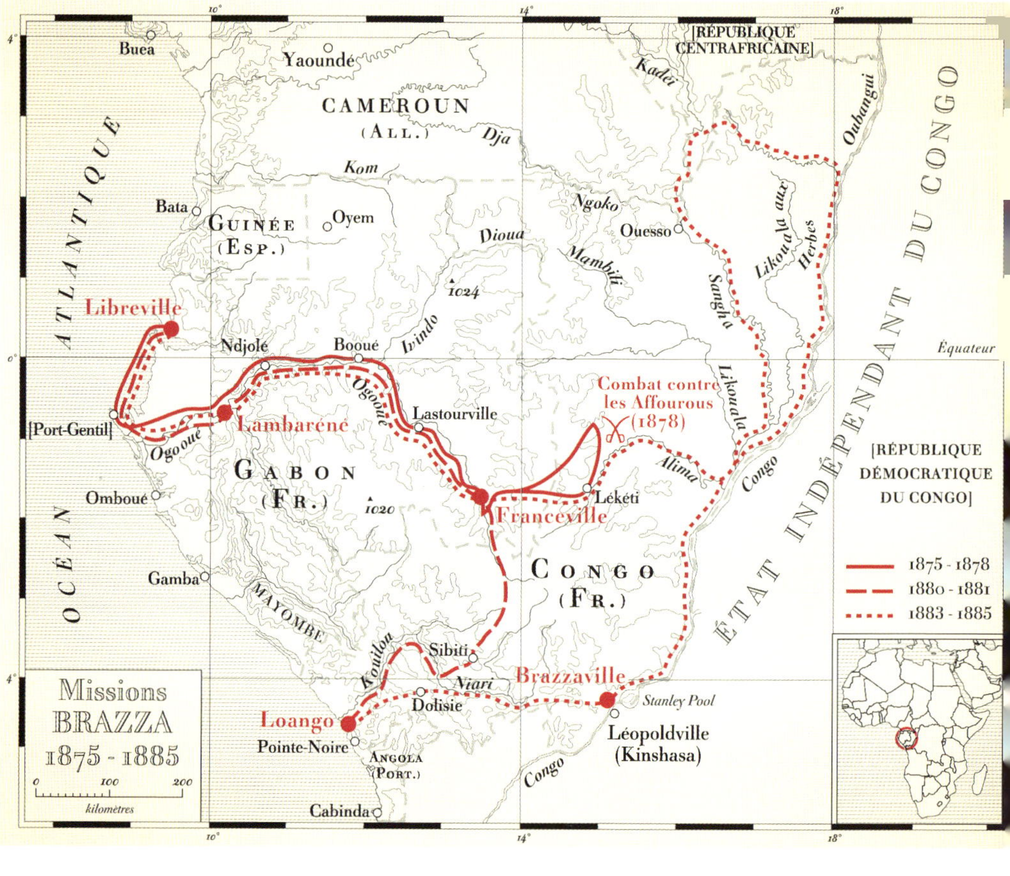

Voilà l'ancre levée mais le voyage ne mène encore qu'à Brest. Première humiliation : on lui refuse de servir dans le conflit franco-prussien car il est étranger. Les missions de moindre importance auxquelles on l'affecte vont décider de sa vie.

La frégate *Vénus*, sur laquelle embarque Brazza en 1872, a pour tâche de surveiller les côtes de l'Afrique-Occidentale, où certains navires se livrent encore à la traite. Elle mouille à Libreville, ira patrouiller à l'embouchure de l'Ogooué, et Brazza fera avec quelques camarades une courte escapade dans l'intérieur.

On l'imagine rentrant le soir sur sa frégate. L'air est lourd, les moustiques tournent, d'étranges cris viennent de la forêt. Brazza ne trouve pas le sommeil. Il a vingt ans. Il fume dans son hamac. Jamais l'inconnu n'a été si près de lui. À vrai dire, il l'environne et l'attire comme un lieu familier. Brazza se sent chez lui dans ces endroits qui ne sont à personne. Leur mystère le fascine. Il ne peut s'empêcher de penser aux deux matières insaisissables qui sourdent de ces terres inconnues : les eaux et les esclaves. Les eaux, ces fleuves de boue qui s'écoulent d'un continent. Tombées de quels orages ? Charriées dans quelles vallées ? Ce monde liquide imprègne tout, gorge la terre et les arbres… Les routes d'eau qu'ont cherchées Livingstone et Stanley, Barnes et Schweinfurth, sont-elles quelque part en relation dans les profondeurs du continent ? Y a-t-il un cœur au centre de cet immense réseau de vaisseaux qui irriguent le corps de l'Afrique ?

Les esclaves, eux aussi, sortent des profondeurs. Et Brazza a une intuition : il pense qu'il est indispensable, pour tarir vraiment l'esclavage, de remonter

Première expédition de Pierre Savorgnan de Brazza, 1878.
*Dès 1872, à bord de la frégate* Vénus, *Brazza surveille la côte de l'Afrique-Occidentale pour intercepter les navires négriers. Lors de ses missions, il déclare que tous ceux qui toucheront le poteau dressé au milieu de son campement seront libres. Le « père des esclaves » pose ici au milieu de ceux qu'il a libérés de la servitude.*

Carte des missions de Brazza.
*L'explorateur entreprend trois missions. La première, au Gabon, l'amène à remonter les rivières de l'Ogooué et de l'Alima, de 1875 à 1878. La deuxième, de 1879 à 1882, assure la souveraineté de la France sur d'immenses territoires qu'il dispute à son grand rival, Stanley, avec, en point d'orgue, la signature du traité de 1880 avec le roi Makoko. La troisième mission, en 1883-1885, baptisée mission de l'Ouest africain, confirme les droits de la France sur la rive gauche du Congo et élargit les horizons du Congo français vers le nord.*

*Brazza est un curieux mélange de songes et de décisions. Poète et marin, pragmatique et fiévreux, il a hérité d'une allure qui vient de loin : le détachement aristocratique des doges vénitiens dont il descend par sa mère. Ce portrait par Nadar, en 1880, restitue l'urgence qui l'habite, tel un héros de Dostoïevski plongé dans la touffeur du Congo.*

Rapport de Pierre Savorgnan de Brazza sur sa première expédition. Extrait du récit d'un combat avec les Affourous.

J'arrêtai ma pirogue et répondis aux assaillants pour rendre leur tir plus incertain, tandis que, sur mon ordre, les autres pirogues passaient sans répondre. Nous parvînmes ainsi à un passage plus resserré ; les assaillants étaient plus nombreux et trois des nôtres furent blessés. Nous ne fûmes plus maîtres de nos hommes ; ils quittèrent leurs pagaies et laissèrent aller leur pirogue à la dérive. […]
(Transcription en fin de volume.)

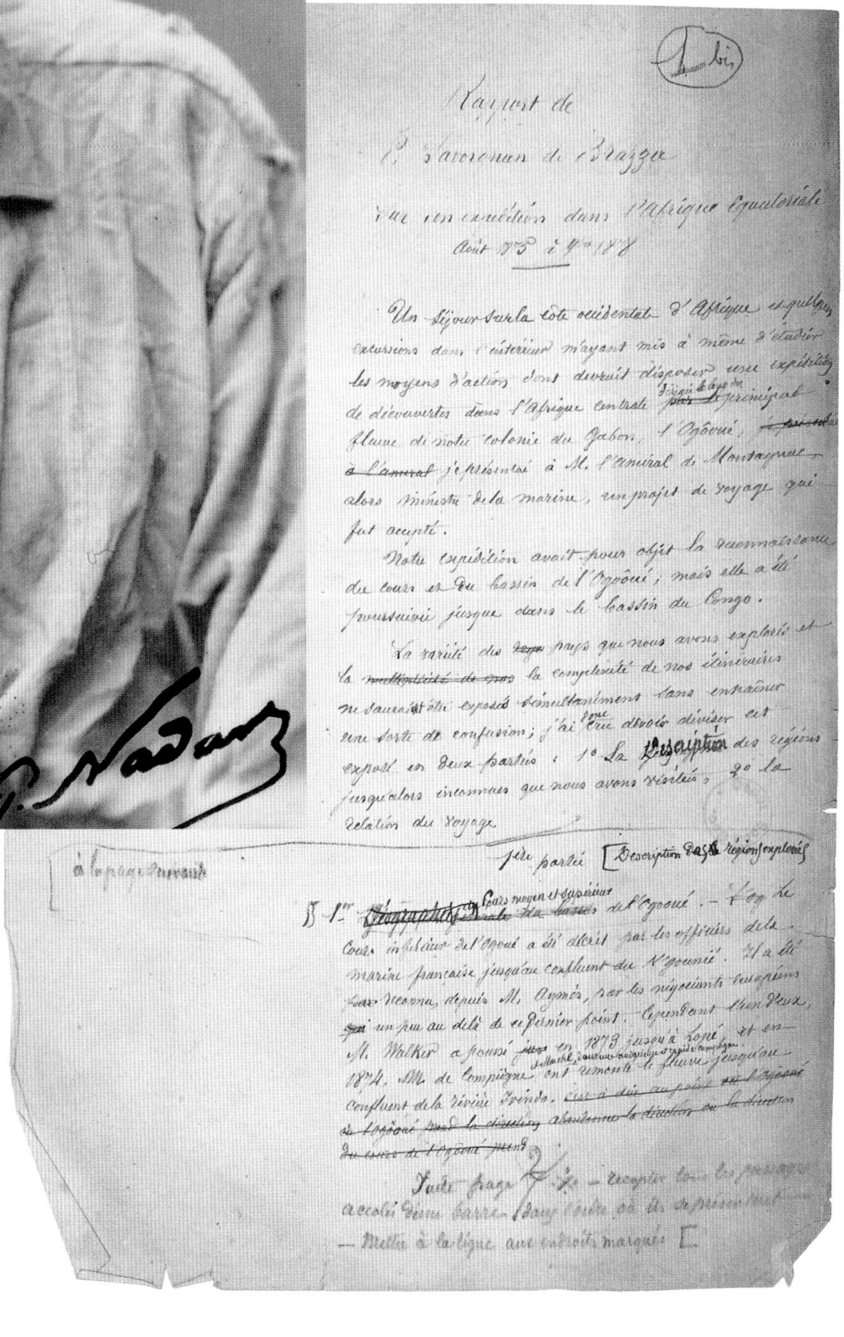
Rapport de
P. Savorgnan de Brazza
sur son expédition dans l'Afrique Equatoriale
Août 1875 à 9bre 1878

Un séjour sur la côte occidentale d'Afrique et quelques excursions dans l'intérieur m'ayant mis à même d'étudier les moyens d'actions dont devrait disposer une expédition de découvertes dans l'Afrique centrale désigné le principal fleuve de notre colonie du Gabon, l'Ogôoué, je présentai à M. l'Amiral de Montaignac, alors ministre de la marine, un projet de voyage qui fut accepté.

Notre expédition avait pour objet la reconnaissance du cours et du bassin de l'Ogôoué ; mais elle a été poursuivie jusque dans le bassin du Congo.

La variété des pays que nous avons explorés et la complexité de nos itinéraires ne sauraient être exposés simultanément sans entraîner une sorte de confusion ; j'ai donc cru devoir diviser cet exposé en deux parties : 1° La description des régions jusqu'alors inconnues que nous avons visitées ; 2° la relation du voyage.

à la page suivante

1ère partie [Description des régions explorées

§ 1er Cours moyen et supérieur de l'Ogooué. —

Le cours inférieur de l'Ogoué a été décrit par les officiers de la marine française jusqu'au confluent du N'gounié. Il a été reconnu, depuis M. Aymès, par les négociants européens un peu au delà de ce dernier point. Cependant M. Walker a poussé en 1873 jusqu'à Lopé, et en 1874, MM. de Compiègne et Marche ont remonté le fleuve jusqu'au confluent de la rivière Ivindo.

Suite page

— Mettre à la ligne aux endroits marqués [

> « Du jour au lendemain, je partis seul d'Europe. Avec la seule promesse d'une centaine de mille de francs, je m'élançais encore malade mais plein d'ardeur vers l'Ogooué. »
>
> Pierre Savorgnan de Brazza

à sa source, qui est celle aussi des fleuves. Voilà les deux aventures liées : l'exploration et la liberté. Qui peut croire aujourd'hui à ce malentendu ? La grande aventure coloniale de l'Afrique-Équatoriale est née d'une démarche humanitaire. Ce n'est pas la moindre contradiction de Brazza que d'avoir remplacé la traite par l'exploitation, les négriers par les colons.

Mais ne commençons pas par la fin. En 1875, la mission que Brazza propose au gouvernement français est acceptée. La France de la défaite de 1870 se tourne vers les espaces inconnus pour oublier son humiliation. Jules Verne emmène ses lecteurs sur la Lune. En comparaison, Brazza est plus modeste. Avec le médecin Noël Ballay et Alfred Marche, naturaliste du Muséum, il part au Congo. Son équipe est réduite, faute de grandes rentrées financières. Peu lui importe : il a vingt-trois ans et la vie commence.

On pourrait croire que ces voyages vers l'inconnu se font dans une insouciance rêveuse et qu'à tout le moins les explorateurs, esclaves à l'espace, sont maîtres de leur temps. C'est faux. Il y a concurrence, donc urgence. Brazza, à peine parti, apprend qu'il est devancé par un Autrichien, Oskar Lenz, qu'il lui faut rattraper et doubler. La course contre les dangers et la mort prend la couleur plus rassurante et presque ridicule d'une course contre la montre et pour les honneurs.

Ce premier voyage est le temps des grandes commotions : Brazza découvre les charmes et les horreurs de ce milieu liquide où la forêt et les eaux se mêlent, où l'humidité sature l'air, où toute vie est survie. Les plus méchantes des

L'agence Fraissinet à Libreville.
*Dans les années 1880, Libreville, capitale actuelle du Gabon, n'est encore qu'un village, fondé par les anciens esclaves du négrier Élisa, libérés en 1849 par le navire français* Pénélope. *La bourgade accueille les factoreries et les grands comptoirs commerciaux. Pendant longtemps, ce sont les seuls établissements à pouvoir assurer l'intendance des explorations menées à l'intérieur de l'Afrique-Équatoriale. Ils seront le point d'attache logistique des missions de Brazza.*

Pages suivantes : marché d'ivoire au Congo, vers 1880.

espèces – serpents, araignées, miasmes divers porteurs de maladies – pullulent. La fièvre ajoute sa chaleur à la chaleur et achève de tout fondre dans une irréalité hallucinée. Quant à l'humanité, elle n'est pas moins déroutante. Le républicain, nourri des idées de « bon sauvage », fait l'amère expérience de la corruption. Il découvre les tribus insoumises, leur violence, leurs ruses meurtrières, leur cruauté. Partisan du dialogue civilisateur, Brazza sauvera sa révolution en faisant parfois donner le fouet et même en exécutant. Ces manquements le décourageront plus que tout autre échec.

Ainsi de l'esclavage : il déclare que tous ceux qui toucheront le poteau dressé au milieu de son campement seront libres. Sa réputation de père des esclaves le précédera mais ceux qu'il émancipe ne lui en sauront pas toujours gré. Certains s'enfuient et le trahissent. À lire les comptes rendus de ce premier voyage, on comprend que Brazza a dans l'esprit l'idée d'un homme universel et qu'il n'a guère d'intérêt pour les particularismes. Il est un conquérant et un libérateur, pas un anthropologue. Sa manière de se tromper sur les hommes est grandiose. Il le paiera cher.

Le calvaire dure trois ans. Trois années de dangers, de moiteur fébrile, d'espoirs et d'échecs. Grande déception : l'Ogooué. Brazza, à remonter son cours, doit se rendre à l'évidence : il n'est pas le grand réservoir des pluies du continent qu'il attendait.

Il faut quitter ses berges, cheminer en pleine forêt, suivre le cours d'une autre rivière, l'Alima, affronter les redoutables tribus affourous (voir page 52).

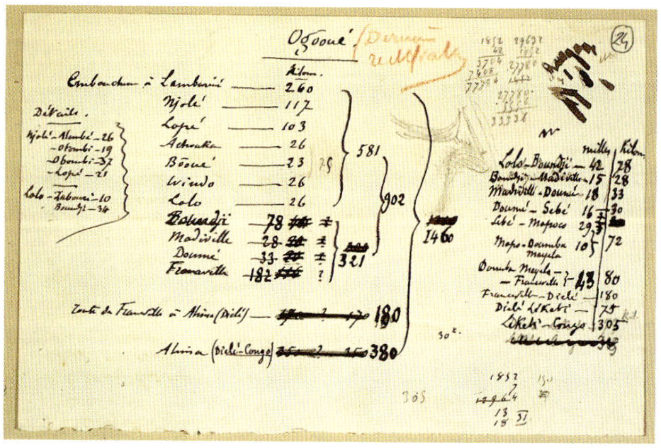


Franceville, mars 1880.

*Savorgnan de Brazza au milieu de ses auxiliaires noirs et de quelques-uns des esclaves libérés trois ans plus tôt lors de sa première mission. Assis devant lui, portant un chapeau, Ossia, le fidèle interprète.*

*Les carnets de la main de Brazza sont rares. Ici un relevé des distances dans le bassin de l'Ogooué (actuel Gabon).*

*Un groupe d'explorateurs photographié dans l'île des Perroquets, dans le bassin du Congo, vers 1880.*

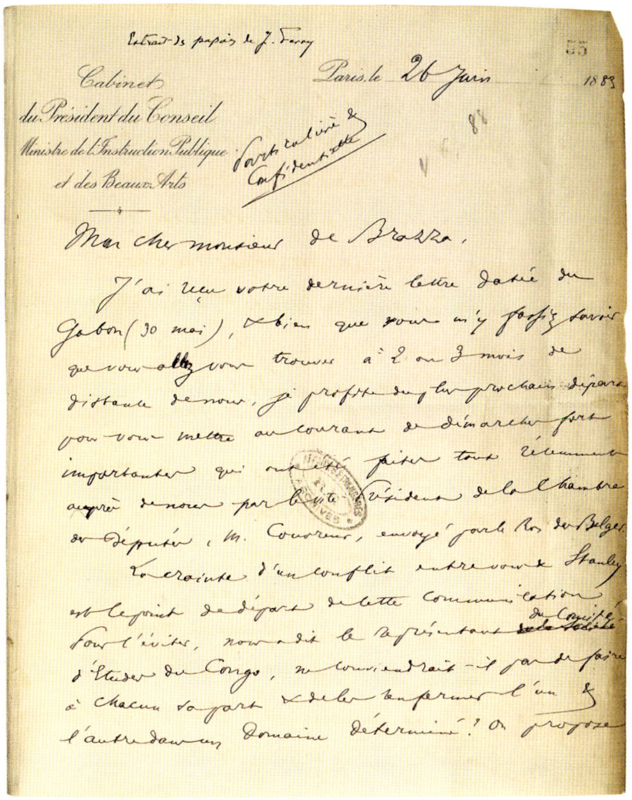
Extrait des papiers de J. Ferry

Cabinet du Président du Conseil
Ministre de l'Instruction Publique et des Beaux-Arts

Paris, le 26 juin 1883

Particulière & confidentielle

Mon cher monsieur de Brazza,

J'ai reçu votre dernière lettre datée du Gabon (30 mai), et bien que vous m'y fassiez savoir que vous allez vous trouver à 2 ou 3 mois de distance de nous, je profite du plus prochain départ pour vous mettre au courant de démarches fort importantes qui ont été faites tout récemment auprès de nous par le Président de la Chambre des députés, M. Couvreur, envoyé par le Roi des Belges.

La crainte d'un conflit entre vous et Stanley est le point de départ de cette communication. Pour l'éviter, nous dit le représentant du Comité d'Études du Congo, ne conviendrait-il pas de fixer à chacun sa part et de lui en prescrire l'un & l'autre dans un domaine déterminé ? On propose

Lettre autographe de Jules Ferry à Pierre Savorgnan de Brazza, le 26 juin 1883.
*Cette lettre « particulière et confidentielle » évoque l'action de quatre des protagonistes de ce que l'on a appelé le « partage de l'Afrique » (voir page 293): son signataire, Jules Ferry, président du Conseil; son destinataire, Brazza; le concurrent de ce dernier au Congo, Stanley, et Léopold, le roi des Belges. (Transcription en fin de volume.)*

Groupe photographié lors de la troisième mission.
*À voir ainsi Brazza (assis, au centre), peut-on se figurer qu'il est déjà un monarque républicain, une gloire nationale? C'est le temps de l'aventure, qui, à tout instant, peut basculer dans le désastre. L'explorateur a transmis à quelques jeunes gens sa passion. Comme lui, ils vont partir dans l'ivresse. Ils vont connaître la grande commotion de l'Afrique. Ils vont chercher, errer, souffrir. Ils vont se tromper sur les sources du fleuve et sur les hommes. Derrière Brazza, François Rigail de Lastours, qui mourra des fièvres lors d'une mission d'exploration au Gabon à l'âge de trente ans. À sa droite, Jacques de Brazza, le frère cadet, lui aussi mort très jeune, et à sa gauche, Attilio Pelices, que Brazza lance sur la rivière Bénoué après la mort de Rigail.*

Brazza finit le voyage seul, ses compagnons rentrant, trop éprouvés. Lui-même, finalement, renonce. Il rebrousse chemin après avoir rencontré de nouveaux cours d'eau qui coulent dans un sens paradoxal et qui achèvent de brouiller, semble-t-il, ses idées sur l'hydrographie africaine. Il a souffert, a risqué mille fois sa vie et n'a rien découvert.

C'est au retour qu'il comprend. Sur le bateau qui le ramène en France, il lit le récit du voyage de Stanley, qui a descendu le Congo: voilà ce qu'il cherchait. Il a manqué le grand réservoir des eaux africaines. Mais il l'a presque touché: c'est vers lui que se dirigeaient les dernières rivières qu'il a abordées. D'un coup Brazza comprend que si le Congo lui a échappé il a en revanche découvert la meilleure voie pour l'atteindre. De son embouchure aux grandes étendues d'eau centrales, le Congo est barré de rapides infranchissables. Tandis que l'Ogooué puis l'Alima mènent directement au Stanley Pool (devenu Léopoldville, puis aujourd'hui Kinshasa). Cette voie est, comme il le dira, le grand escalier qui permet d'accéder au centre de l'Afrique.

De retour en France, Brazza navigue entre les ministères, donne des conférences, fascine et obtient les moyens d'une deuxième mission. Son adversaire, cette fois, est d'une autre envergure: Henry M. Stanley lui-même, soutenu par Léopold, roi des Belges, dont Brazza a repoussé les offres. La compétition reprend en 1879. Il ne s'agit plus désormais de découverte, mais de conquête. On peut dire que la pureté du premier voyage ne se retrouvera jamais.

Brazza ne cherche plus des haltes où suspendre son hamac de marin: il fonde de nouvelles stations, hisse le drapeau français. À Dakar, il a recruté celui qui devait lui être fidèle sa vie durant: le sergent Malamine Kemara (voir page 50). Son équipe s'étoffe, ses moyens sont importants. Il n'est plus confronté à l'inconnu. Il revient sur ses pas en propriétaire. Les doutes du grand adolescent ont disparu: il était un rêveur, le voici un chef, presque un roi, qui va traiter d'égal à égal avec un autre roi. Ce deuxième voyage est celui de toutes les récompenses. Malgré les duretés du périple, Brazza a limité au plus juste les actes de violence et les a réservés aux situations de légitime défense. Son comportement humain et son allure aristocratique font de lui une légende, bien au-delà des pays qu'il a traversés. Quand il rencontre les émissaires du Makoko, le grand roi de la rive du Congo, c'est pour s'entendre dire que le monarque veut le voir et lui transmet l'expression de son respect.

## Le grand rival

Stanley, au même moment, doit encore se frayer un chemin par la violence; Brazza, lui, n'a plus qu'à suivre la voie ouverte devant ses pas par le Makoko. Il atteint le Congo le 28 août 1880 et le roi le reçoit dans son palais. Deux semaines plus tard, un traité est signé qui reconnaît le protectorat de la France et cède les terrains nécessaires à la construction de la future Brazzaville, confiée à la garde de Malamine. On peut dire que jamais Brazza ne fut plus grand qu'en ces jours.

Stanley a perdu. Brazza et lui se rencontrent plus bas sur les rives du Congo. L'Anglais prend acte de sa défaite mais ne l'accepte pas. Brazza parti, il essaiera de s'emparer de la station. Malamine la défendra, soutenu par une population qu'il administre avec talent et humanité. Le Congo français est sauvé, sur une rive du fleuve. Stanley, au profit du roi des Belges, s'installe sur l'autre…

Brazza repart en 1883 à la tête d'une énorme expédition et lance de nouvelles explorations, car la course continue: elle culminera le 16 février 1885 par la conférence de Berlin (voir page 98). Les Européens se partagent le gâteau africain. Brazza rentre en France. Il parvient à se faire renvoyer au Congo comme commissaire du gouvernement à la tête d'une lourde mission et avec les pleins pouvoirs sur les terres conquises.

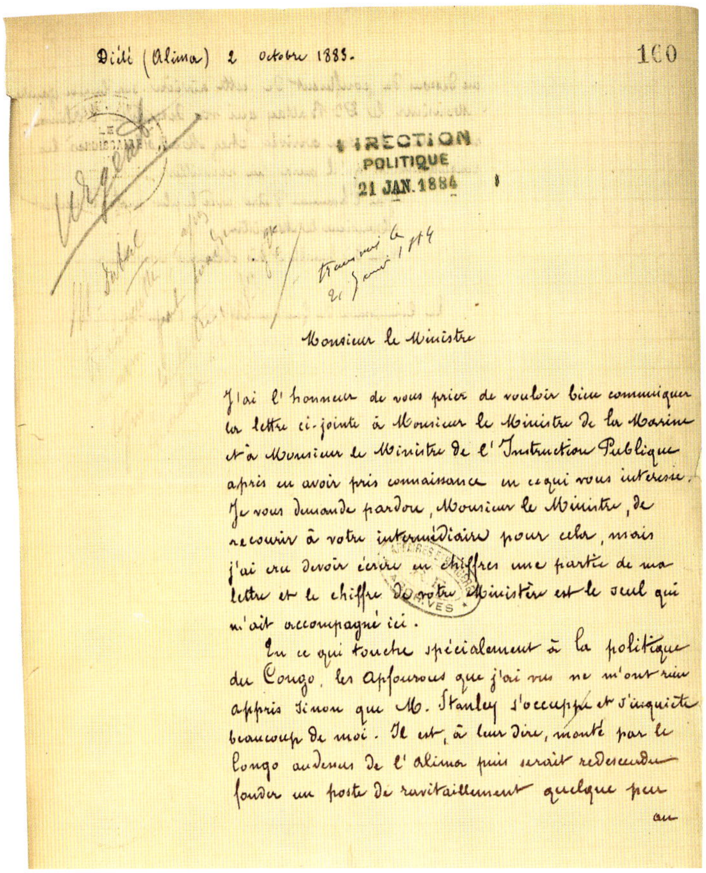
Diéli (Alima) 2 octobre 1883. 160

DIRECTION POLITIQUE 21 JAN. 1884

Monsieur le Ministre

J'ai l'honneur de vous prier de vouloir bien communiquer la lettre ci-jointe à Monsieur le Ministre de la Marine et à Monsieur le Ministre de l'Instruction Publique après en avoir pris connaissance en ce qui vous intéresse. Je vous demande pardon, Monsieur le Ministre, de recourir à votre intermédiaire pour cela, mais j'ai cru devoir écrire en chiffres une partie de ma lettre et le chiffre de votre Ministère est le seul qui m'ait accompagné ici.

En ce qui touche spécialement à la politique du Congo, les Affourous que j'ai vus ne m'ont rien appris sinon que M. Stanley s'occuppe et s'inquiète beaucoup de moi. Il est, à leur dire, monté par le Congo audessus de l'Alima puis serait redescendu fonder un poste de ravitaillement quelque peu au

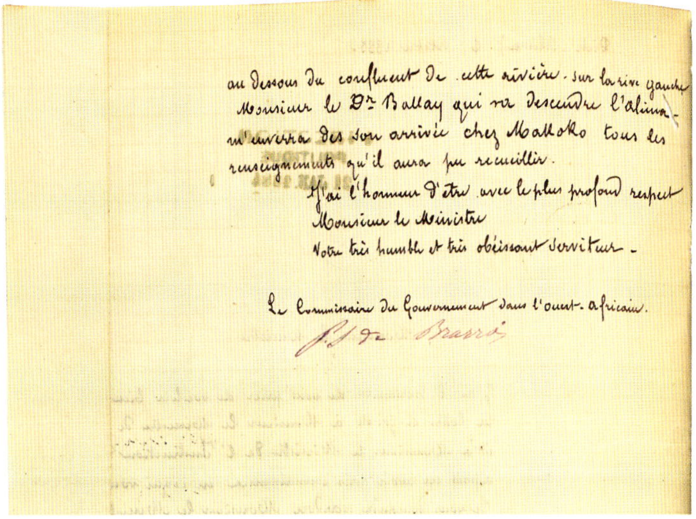
au dessous du confluent de cette rivière. sur la rive gauche Monsieur le Dr Ballay qui va descendre l'Alima m'enverra dès son arrivée chez Makoko tous les renseignements qu'il aura pu recueillir.

J'ai l'honneur d'être avec le plus profond respect Monsieur le Ministre

Votre très humble et très obéissant serviteur.

Le Commissaire du Gouvernement dans l'ouest-africain.

P S de Brazza

Lettre de Pierre de Brazza à Jules Ferry, 2 octobre 1883.

Monsieur le Ministre,
J'ai l'honneur de vous prier de vouloir bien communiquer la lettre ci-jointe à Monsieur le ministre de la Marine et à Monsieur le ministre de l'Instruction publique après avoir pris connaissance de ce qui vous intéresse. Je vous demande pardon, Monsieur le Ministre, de recourir à votre intermédiaire pour cela, mais j'ai cru devoir écrire en chiffre une partie de ma lettre et le chiffre de votre ministère est le seul qui m'ait accompagné ici.
En ce qui touche spécialement à la politique du Congo, les Affourous que j'ai vus ne m'ont rien appris sinon que M. Stanley s'occupe et s'inquiète beaucoup de moi. Il est, à leur dire, monté par le Congo au-dessus de l'Alima puis serait redescendu fonder un poste de ravitaillement quelque peu au-dessous du confluent de cette rivière, sur la rive gauche. Monsieur le docteur Ballay qui va descendre l'Alima m'enverra dès son arrivée chez Makoko tous les renseignements qu'il aura pu recueillir.
J'ai l'honneur d'être avec le plus profond respect, Monsieur le Ministre, votre très humble et très obéissant serviteur.
Le commissaire du Gouvernement dans l'Ouest africain
P. S. de Brazza

## Le temps du désenchantement

Pendant les années qui suivent, les honneurs se mêleront aux trahisons, Brazza sera tour à tour déchu, reconnu, porté en triomphe, critiqué, abandonné. Ses anciens compagnons tantôt lui seront fidèles, tantôt s'en écarteront, tant il est vrai qu'un tel homme commande l'excès. Brazza maintient l'esprit d'exploration : il remonte l'Oubangui, au-delà de l'équateur, rêve de rejoindre le Tchad, le Nil. Mais c'est sur l'administration de la colonie qu'on prétend le juger. Or, s'il sait affronter les dangers de la forêt et des eaux, Brazza est mal armé pour la gestion et les papiers. L'écarter deviendra vite une nécessité car son idéalisme brouillon dérange les affairistes. La suite ne sera que la lente altération de cette première geste d'exploration et de conquête… L'heure des commerçants a sonné. Brazza est rappelé définitivement en 1898 et se perd plus que jamais dans ses propres contradictions.

Le temps passe pour le bel officier italien, de plus en plus mondain mais toujours ombrageux. Le Congo devient un souvenir glorieux et lointain. Il s'essaie à la franc-maçonnerie tout en fréquentant les meilleures familles du faubourg Saint-Germain. Il se marie. Des enfants naissent. Il manque la

Transport par caravane du vapeur *Léon-XIII.* *Contemporain et ami de Brazza, le père Augouard, « l'évêque des anthropophages », comme on l'appelle, est l'une de ces fortes personnalités française des rives du Congo. Il eut l'idée de faire venir d'Angleterre, en pièces détachées, une baleinière en acier, baptisée* Léon-XIII. *Ces plaques d'acier de trente kilos chacune sont ici transportées à bout de bras par des dizaines de porteurs jusqu'à Brazzaville.*

dernière mission qui l'aurait honoré : celle de contrer les Anglais sur le Nil (voir page 152). Puis le scandale éclate. On découvre les horreurs perpétrées dans la colonie par de petits Blancs ivres d'autorité et de lucre. L'opinion s'émeut, on renvoie Brazza au Congo en 1905. Ce qu'il découvre le terrifie. L'humanitaire, déjà, a produit des effets paradoxaux et désastreux. L'esclavage a été aboli mais c'est tout un continent qui est maintenant sous le joug.

Jusque-là, au milieu de ses contradictions, Brazza pouvait se raccrocher à une certitude : il avait donné le Congo à la France et apporté dans ces contrées lointaines la dignité et la liberté. Quand cette dernière illusion s'évanouit, Brazza perd pied. Les paradoxes de sa vie le submergent et le tuent.

Il s'abandonnera aux fièvres qu'il avait si bien su combattre jusque-là. Le 14 septembre 1895, il meurt à l'escale de Dakar, non loin du lieu où Malamine s'était éteint dans la misère dix ans plus tôt, à mi-chemin entre Paris et le Congo, c'est-à-dire ailleurs ou nulle part. Chez lui, en somme.

# Les commandants du Haut Fleuve

## *Gallieni, Borgnis-Desbordes et Archinard le long des rives du Niger, 1879-1890*

Jean-Claude Guillebaud

L'expression parle d'elle-même. Le « Haut Fleuve », en l'occurrence le majestueux Niger, évoque métaphoriquement la ténèbre intérieure de l'Afrique, cette énorme masse continentale de forêts obscures et de savanes redoutables que peu d'aventuriers ont pénétrée au cours des siècles précédents. Vers 1880, lorsque commence sous l'impulsion de Jules Ferry une nouvelle étape de l'aventure coloniale française, les fleuves africains sont encore, pour la plupart, les seuls chemins praticables, mais ils mènent vers l'inconnu. Et c'est cet inconnu lointain qu'il faut désormais atteindre…

En Afrique, jusqu'alors, les Français, comme les Anglais ou les Portugais, ne contrôlent véritablement que quelques comptoirs côtiers, en Mauritanie, au Sénégal, en Guinée, au Gabon et en Côte d'Ivoire, auxquels s'ajoute une poignée de postes militaires égrenés sur le cours inférieur des fleuves. Ces enclaves modestes ont connu une période faste – et lugubre – au temps de la traite des esclaves. Depuis lors, elles végètent en réglementant nonchalamment le commerce de la gomme, puis de l'arachide.

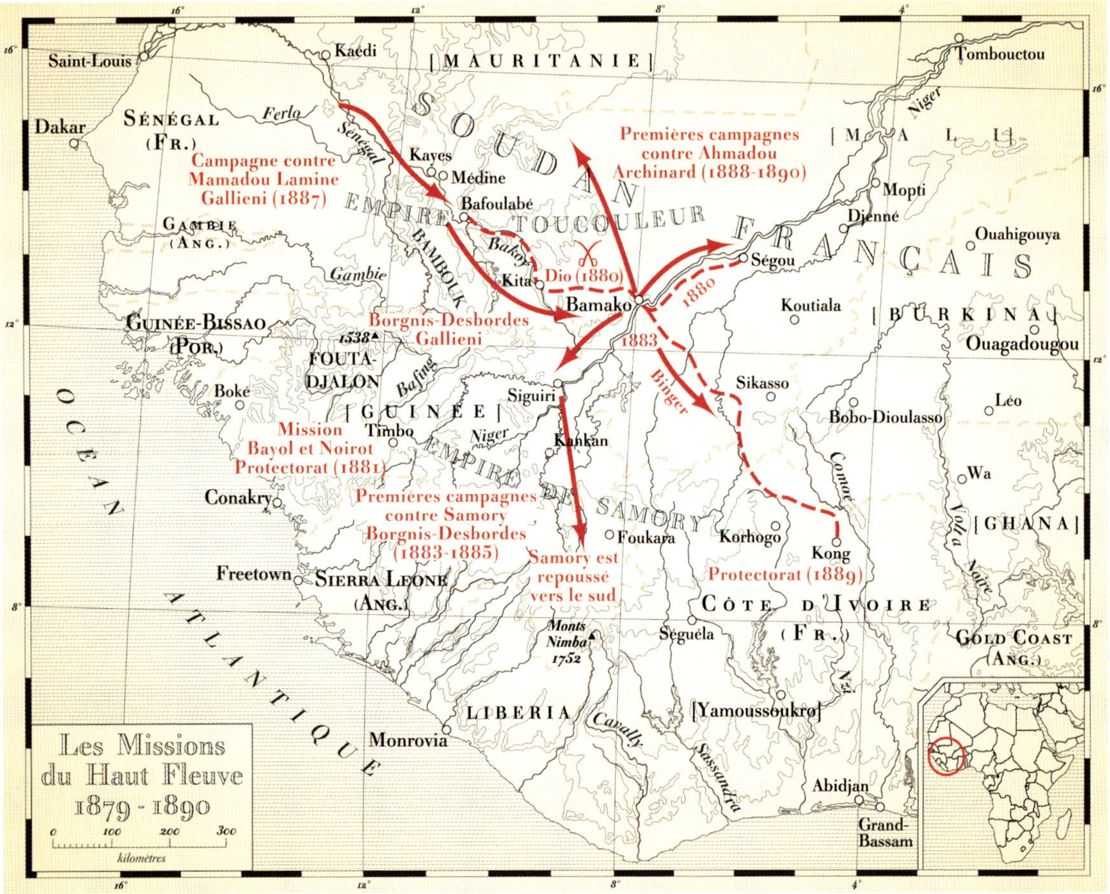


Au Sénégal, seule quasi-colonie, la France avait créé les comptoirs de Saint-Louis et Gorée, dès le milieu du XVIIe siècle. Elle contrôle aussi quelques escales sur les rives les plus proches du fleuve. Pour régner sur ces territoires assoupis, les candidats ne se bousculent pas. Entre 1830 et 1866, pas moins de trente gouverneurs s'y sont succédé. Chaleur et ennui, moustiques et malaria…

Une exception cependant: Louis Faidherbe. Alors qu'il est gouverneur du Sénégal, il se lance dans une ambitieuse politique d'expansion vers l'intérieur des terres: il envoie ses officiers en exploration vers le

Haut Fleuve, le Fouta-Djalon et la Mauritanie, et mène une série de campagnes contre l'empire toucouleur de El-Hadj-Omar. Il crée aussi les tirailleurs sénégalais et construit plusieurs forts, dont celui de Médine.

## Un désir de conquête

Parler du Haut Fleuve en ces débuts de III^e^ République, ce n'est pas seulement évoquer des contrées improbables, bien plus loin, au cœur même du continent ; ce n'est pas seulement réveiller la fièvre des explorateurs de jadis, c'est tracer les contours d'un vrai dessein colonial. En ce qui concerne l'Afrique de l'Ouest, le projet est cette fois bien précis : remonter le fleuve Sénégal et certains de ses affluents, atteindre le fleuve Niger pour s'assurer une voie de pénétration vers le centre de l'Afrique sahélienne (Niger et Tchad) dont on subodore qu'elle recèle d'inimaginables richesses.

Plus généralement, sous la pression du « parti colonial » – étrange alliance composée de soldats aventureux, d'instituteurs laïcs et de Pères blancs évangélisateurs –, la France espère pouvoir ainsi relier par des routes continentales et même par des lignes de chemin de fer ses divers comptoirs maritimes pour fonder un véritable empire. Jules Ferry, s'inspirant de Gambetta, alors président du Conseil, revendique explicitement cette volonté expansionniste qui n'a rien à envier à celle des Anglais, les éternels rivaux. Il est partisan d'une politique d'expansion, « bien entendu, dit-il, sage, modérée ». La remontée

Le capitaine Archinard avec deux lieutenants lors de la construction du fort de Kita en 1881.
*Officier jeune et ambitieux, Archinard succédera à Gallieni comme commandant supérieur du Haut Fleuve, un titre qui aurait fait rêver Joseph Conrad.*

À gauche : le lieutenant-colonel Gustave Borgnis-Desbordes et le docteur Martin-Dupont, en 1882.
*Peu connu, avant tout bâtisseur et organisateur, Borgnis-Desbordes a été le premier à porter le titre de commandant du Haut Fleuve. Dès 1881, il a préparé la voie aux explorateurs du Soudan, avant de mourir de dysenterie au Tonkin, en 1900.*

Carte des missions du Haut Fleuve.
*Déjà solidement implantés dans leurs bastions du Sénégal, les Français se lancent à la conquête du Haut-Niger, pour pouvoir pénétrer ensuite dans le Soudan inconnu. À travers une série de missions de reconnaissance, d'études du tracé de voies ferrées, de contacts avec les États d'Ahmadou et de Samory, Gallieni, Borgnis-Desbordes, Archinard et le docteur Bayol explorent et fondent ce qui deviendra l'Afrique-Occidentale française.*

Première page du rapport de Gallieni sur l'affrontement avec les Toucouleur lors du combat de Dio en 1881.

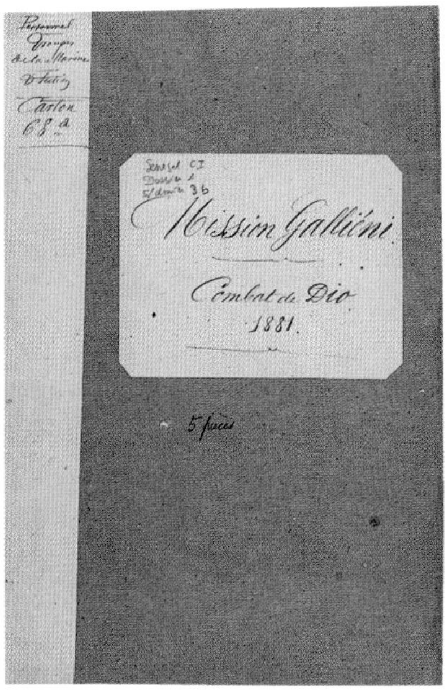

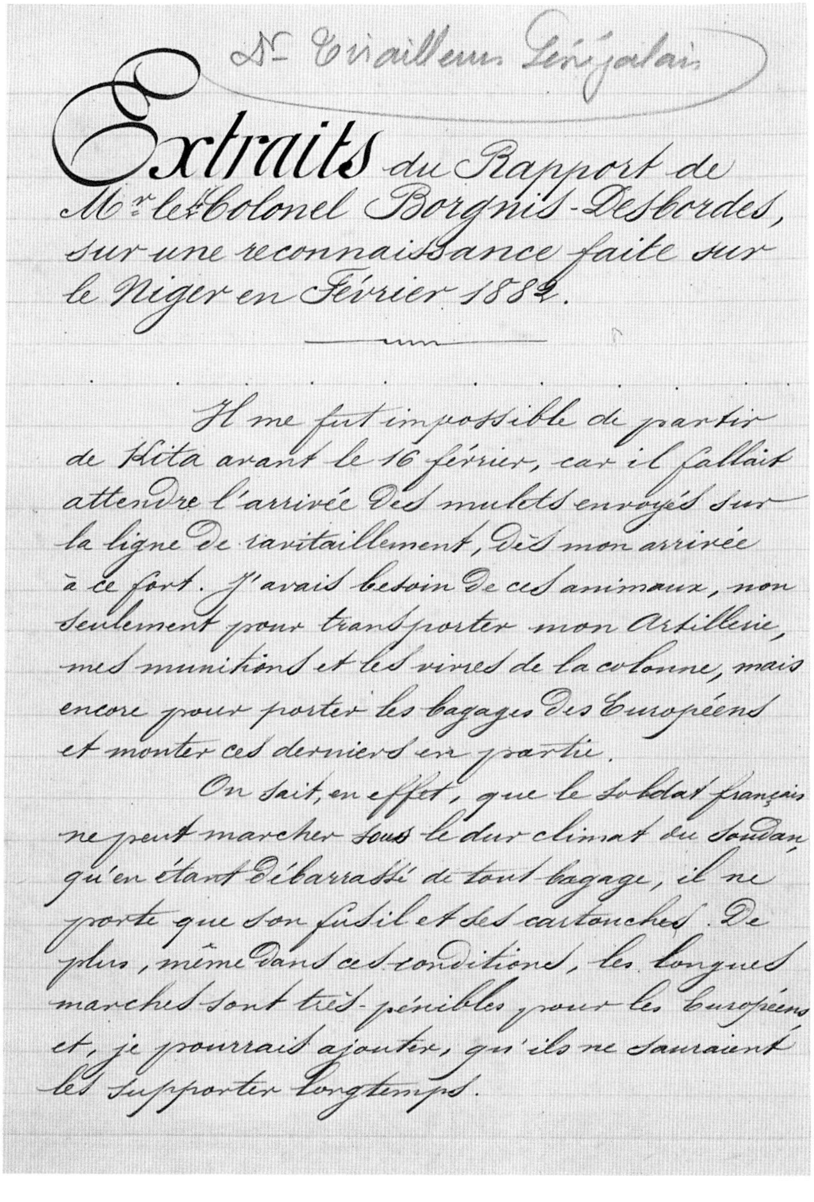

N° Tirailleurs Sénégalais

Extraits du Rapport de Mr le Lt Colonel Borgnis-Desbordes, sur une reconnaissance faite sur le Niger en Février 1882.

Il me fut impossible de partir de Kita avant le 16 février, car il fallait attendre l'arrivée des mulets envoyés sur la ligne de ravitaillement, dès mon arrivée à ce fort. J'avais besoin de ces animaux, non seulement pour transporter mon Artillerie, mes munitions et les vivres de la colonne, mais encore pour porter les bagages des Européens et monter ces derniers en partie.

On sait, en effet, que le soldat français ne peut marcher sous le dur climat du Soudan qu'en étant débarrassé de tout bagage, il ne porte que son fusil et ses cartouches. De plus, même dans ces conditions, les longues marches sont très pénibles pour les Européens et, je pourrais ajouter, qu'ils ne sauraient les supporter longtemps.

*Le docteur Tautain, le lieutenant Pietri, le capitaine Gallieni et le lieutenant Vallière, en mars 1881, lorsqu'ils retrouvent la liberté après neuf mois d'« assignation à résidence » dans les États d'Ahmadou, le sultan local. Ils avaient pénétré en terre d'islam sans vivres ni munitions, bien au-delà du fleuve Niger.*

Bamako, 1884. Montage de la première canonnière lancée sur le Niger. *Depuis la prise de la ville par les Français, l'année précédente, la voie fluviale vers Tombouctou est ouverte. L'enseigne de vaisseau Froger est à droite, sur le bastingage, contrôlant l'équipage prêt à l'action dans un bateau posé sur des cales, superbe d'absurde.*

Extrait du rapport de M. le lieutenant-colonel Borgnis-Desbordes sur une reconnaissance faite sur le Niger en février 1882.

Il me fut impossible de partir de Kita avant le 16 février, car il fallait attendre l'arrivée des mulets envoyés sur la ligne de ravitaillement dès mon arrivée à ce fort. J'avais besoin de ces animaux, non seulement pour transporter mon artillerie, mes munitions et les vivres de la colonne, mais encore pour porter les bagages des Européens et monter ces derniers en partie.
On sait, en effet, que le soldat français ne peut marcher sous le dur climat du Soudan qu'en étant débarrassé de tout bagage, il ne porte que son fusil et ses cartouches. De plus, même dans ces conditions, les longues marches sont très pénibles pour les Européens et, je pourrais ajouter, qu'ils ne sauraient les supporter longtemps. [...]

*La traite des esclaves est un commerce lucratif. Forcées par les Français d'arrêter leurs caravanes et de libérer leurs captifs, les tribus se vengent quelquefois par des coups de main. C'est l'un d'eux qui aboutira à la destruction de ce pont de bois de trente mètres sur la rivière Badinko.*

du Haut Fleuve, au départ du Sénégal, s'inscrit très exactement dans cette perspective. On n'est donc plus au stade de l'exploration mais bien de ce qu'on pourrait appeler une « prise de possession ». Elle sera géographique, avant d'être militaire.

Une logistique assez lourde caractérise ces expéditions qui s'engagent vers le Haut Fleuve. On avance donc lentement, péniblement, tantôt à bord d'une canonnière, tantôt sur la terre ferme. Les étapes sont courtes, les journées, harassantes. On dresse des cartes, on explore les sommets, on mesure les longitudes... Plusieurs missions se succèdent sur le Haut Fleuve et dans le Fouta-Djalon : celle de Gallieni, celle de Borgnis-Desbordes, puis d'Archinard. Les trois officiers, tour à tour, porteront ce titre superbe que le romancier Joseph Conrad luimême – auteur d'*Au cœur des ténèbres*, roman qui raconte la remontée d'un fleuve africain – n'aurait pas osé inventer : « Commandant du Haut Fleuve ».

Passer en force ? Non, ce n'est pas toujours possible. Ces chefs militaires doivent s'improviser diplomates, rédiger d'approximatifs traités, sacrifier à de longues palabres, nouer des alliances fragiles, tantôt avec les Peuls, tantôt avec les Bambara ou les Toucouleur. Ils sont parfois victimes d'obscurs retournements d'alliance. Ainsi Joseph Gallieni, par exemple, accompagné de quatre compatriotes et de trente tirailleurs sénégalais, sera durement attaqué par les Toucouleur à Dio en mai 1880. Puis, ayant progressé sans vivres ni munitions

*« J'employais de misérables selles du pays, mal conditionnées pour le cavalier et pour l'animal, mais les seules qu'il me fût possible de trouver, et encore à grand-peine. »*

Gustave Borgnis-Desbordes

en terre d'islam, bien au-delà du fleuve Niger, il sera « assigné à résidence » pendant dix longs mois par le sultan local Ahmadou, avant de pouvoir rentrer à Saint-Louis le 12 mai 1881 et passer le relais à Gustave Borgnis-Desbordes (voir page 65).

## La mission du docteur Bayol

Les rapports et comptes rendus de ces chefs d'expédition sont plus austères qu'on pourrait l'espérer. Ils se réduisent à des considérations géographiques, stratégiques et politiques. Aucune complaisance, ou presque, n'est consentie à l'anecdote par ces officiers aux manières rigides. Logique! La seule et notable exception concerne la mission du docteur Jean-Marie Bayol, qui a été chargé par Brière de l'Isle, gouverneur du Sénégal, d'effectuer une longue incursion dans le Fouta-Djalon et la Gambie afin d'y contrecarrer les visées anglaises… Bayol s'est fait accompagner par un ancien comique aux Folies-Dramatiques, Ernest Noirot, qui se prétend dessinateur photographe. Personnage atypique de la scène parisienne égaré dans les jungles et savanes d'Afrique noire, Ernest Noirot fera de ce voyage « à travers le Fouta-Djalon et la Bambouk » une relation pleine de drôlerie et d'observations ingénues (voir pages 70-71).

Les premiers ateliers du fort de Bamako.
*La route vers la grande cité fluviale et future capitale du Mali avait été tracée par Gallieni en 1880. Borgnis-Desbordes s'empara de la ville le 7 février 1883.*

Extrait du traité entre le Bélédougou et la France, signé à Mamakomo le 26 octobre 1881, entre le chef peul Mamadi et le docteur Bayol.

*Tout au long de sa mission, Bayol a conclu d'innombrables traités avec les princes locaux, destinés à contrer ceux signés par les Anglais. Celui-ci est stratégique puisque le Bélédougou est une véritable mine d'or.*

1. Le Bélédougou, pays indépendant, déclare se placer sous le protectorat de la France.
2. Les Français, à l'exclusion des autres nations sont autorisés à venir dans le pays.
3. Ils pourront y commercer librement, établir des factoreries et résider sous la protection du chef et des habitants.
4. Les marchandises importées et exportées ne seront passibles d'aucun droit.
5. Les négociants établis dans le pays seront tenus seulement de payer une rente de 500 francs (valeur payée en marchandises) au roi du Bélédougou.
6. Ils s'entendront à l'amiable avec le chef pour la cession du terrain où ils voudront élever leur maison de commerce.

(Transcription en fin de volume.)

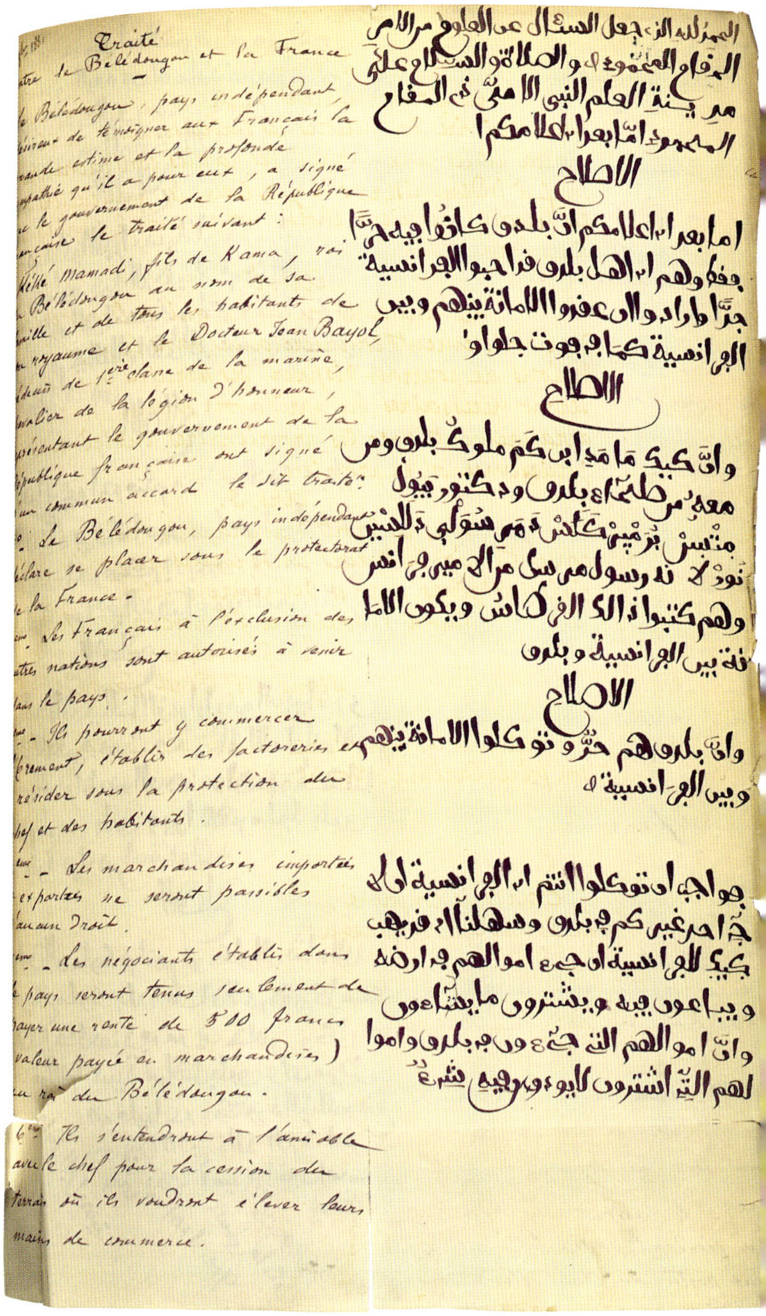

Traité
entre le Bélédougou et la France
Le Bélédougou, pays indépendant,
désireux de témoigner aux Français la
grande estime et la profonde
sympathie qu'il a pour eux, a signé
avec le gouvernement de la République
française le traité suivant :
Kéhé Mamadi, fils de Kama, roi
du Bélédougou au nom de sa
famille et de tous les habitants de
son royaume et le Docteur Jean Bayol,
médecin de 1ère classe de la marine,
chevalier de la légion d'honneur,
représentant le gouvernement de la
République française ont signé
d'un commun accord le dit traité :
1er. Le Bélédougou, pays indépendant
déclare se placer sous le protectorat
de la France.
2eme. Les Français à l'exclusion des
autres nations sont autorisés à venir
dans le pays.
3eme. Ils pourront y commercer
librement, établir des factoreries et
résider sous la protection du
chef et des habitants.
4eme. Les marchandises importées
et exportées ne seront passibles
d'aucun droit.
5eme. Les négociants établis dans
le pays seront tenus seulement de
payer une rente de 500 francs
(valeur payée en marchandises)
au roi du Bélédougou.
6eme. Ils s'entendront à l'amiable
avec le chef pour la cession du
terrain où ils voudront élever leurs
maisons de commerce.

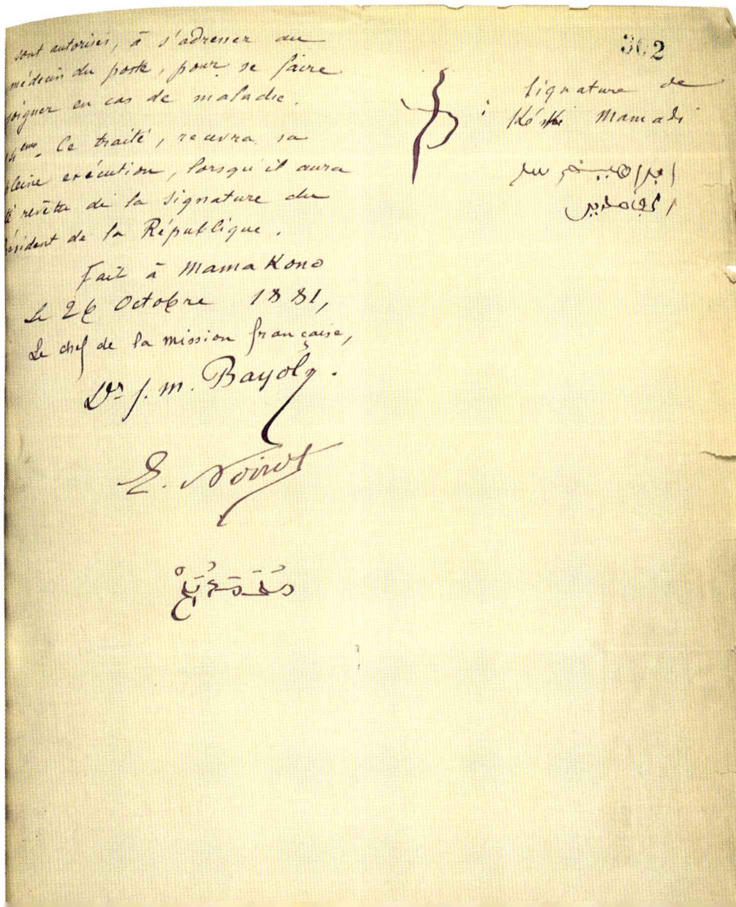

sont autorisés à s'adresser au
médecin du poste, pour se faire
soigner en cas de maladie.
...eme. Ce traité recevra sa
pleine exécution, lorsqu'il aura
été revêtu de la signature du
Président de la République.
Fait à Mamakono
le 26 Octobre 1881,
le chef de la mission française,
Dr J. M. Bayol.
Signature de
Kéhé Mamadi

L'interprète peul du colonel Borgnis-Desbordes, 1882.

Campement de la mission du lieutenant-colonel Borgnis-Desbordes à Foukara, vers 1881.

Ci-dessous : une palabre. *C'est la fin de l'empire toucouleur d'Ahmadou, après des années de combats. Au fil des mois, les chefs militaires s'improvisent diplomates, rédigent des traités approximatifs, se sacrifient à de longues palabres (comme ici) et nouent de fragiles alliances. Le 22 mai 1891, à Kita, dont on distingue au fond l'enceinte fortifiée, Ahmadou remet ses États à la France. Le lieutenant-colonel Archinard, commandant supérieur du Soudan français, est assisté (de gauche à droite) de Klobb, Hardviller, Charbonnier et Bardot. Au centre : Aguibou, le frère d'Ahmadou (le chapelet à la main), deux de ses conseillers et l'interprète. À l'arrière-plan, les guerriers toucouleurs.*

CARNETS D'ERNEST NOIROT
SUR LA MISSION DANS LE FOUTA-DJALON (1881).
*Ancien comique parisien, explorateur par hasard, Ernest Noirot a gardé de son voyage des dessins et un récit assez peu « scientifiques » où il mêle à la description des lieux et des peuples des observations pleines de drôleries sur les péripéties de la mission.*

Une route sur le flanc du Fello-Sako.
*« Pour atteindre la merveilleuse vallée du Kakrima, il nous faut suivre une étroite route bordée à gauche par une muraille de trois cents mètres de hauteur, et à droite par un ravin boisé très profond. »*

Intérieur d'une case habitée par la mission à Donhol-Fella.

Pont sur le Dolonqui.
*« C'est un gros arbre dépouillé de son écorce, déjà usé par le passage de plusieurs générations, qu'on a jeté en travers de la rivière. Une des extrémités de cet arbre a gardé ses branches tortueuses qui ressemblent beaucoup à un bois de cerf. »*

Panorama de la chaîne de Donhol-Fella.

Campement sur le plateau de Pompo.

Pont suspendu sur la Kanta.
*« Il n'y a aucune comparaison à établir entre cette passerelle et les vrais ponts que l'on voit sur nos rivières, mais tel qu'il est, cet ouvrage d'art répond aux besoins des habitants et peut porter six à huit hommes chargés. Long de vingt mètres, il est suspendu par de fortes lianes accrochées aux arbres des deux rives, qui soutiennent des traverses en bambou sur lesquelles sont fixées de grossières nattes. »*

# Le regard d'un naturaliste

## *Ernest Chantre aux confins des empires russe et ottoman 1881*

Marie Seurat

J'imagine qu'elle était mon arrière-grand-mère du côté maternel et qu'elle s'appelait Marie, comme une héroïne de Pierre Jean Jouve. En cette année 1881, elle a trente ans lorsqu'elle fait la connaissance d'Ernest Chantre, savant français envoyé par le ministère de l'Instruction publique en mission officielle en Mésopotamie.

Cela se passe à Alep, ma ville natale, qui est en ce temps-là sous la domination de la Sublime Porte. À trente-sept ans, Chantre – avec son nez droit et sa barbe noire carrée, tel un porte-javelot de Nabuchodonosor – est l'un des derniers de l'espèce des scientifiques touche-à-tout, qui disparaîtra au siècle suivant. Sous-directeur du Muséum d'histoire naturelle de Lyon, il est naturaliste, anthropologue, archéologue, et enseigne l'ethnographie à la

Le docteur Chantre, photographié par le capitaine du Barry à Khan Cheikh Houn.
*Le scientifique pose ici dans une localité syrienne, proche de Hama, où la mission campe en avril 1881. À l'arrière-plan, le caravansérail.*

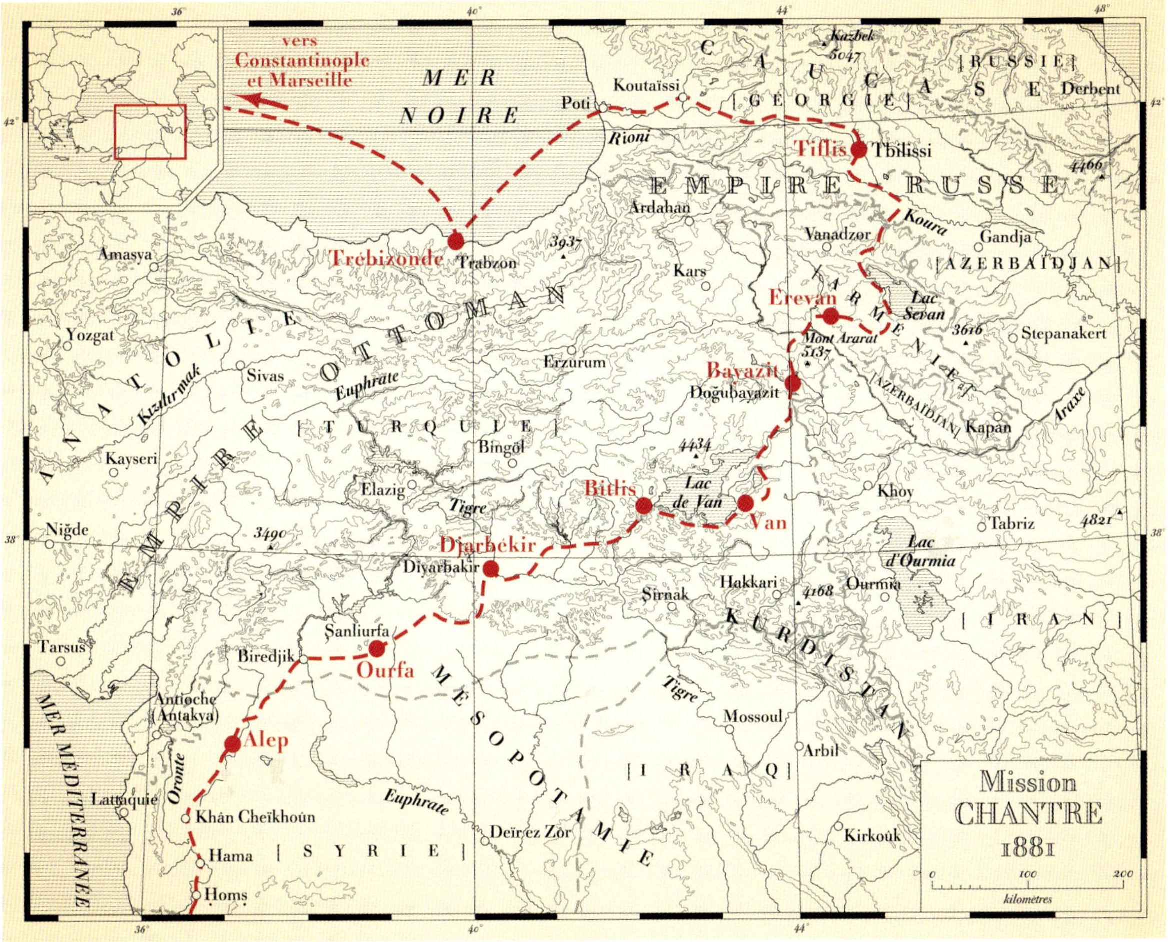


Carte de la mission Chantre.
*En 1881, Ernest Chantre se voit confier par le ministre de l'Instruction publique une grande mission scientifique qui doit le conduire de Beyrouth jusqu'à Tiflis, dans le Caucase. Anthropologue, botaniste, zoologue et archéologue, il est réputé pour être l'un des meilleurs connaisseurs du Caucase, de l'Arménie et de l'Anatolie où il s'est déjà rendu à plusieurs reprises. Parti de Beyrouth le 14 avril 1881, il traverse le nord de la Syrie ottomane, franchit l'Euphrate à Biredjick, gagne le Kurdistan avant de parcourir les provinces d'Arménie et du Caucase, jusqu'à Tiflis, but du voyage.*

faculté des lettres. Il a déjà fait, à ses frais et avec son épouse, plusieurs voyages dans le Caucase. Mais ce soir-là, hôte de Marie, parmi les sabres sedjoukides, les porcelaines d'Iznik, les narguilés en cristal de Bohême, les mosaïques pré-hellénistiques et les tapis de prière, il raconte son dernier voyage.

Il est parti de Beyrouth le 14 avril, en compagnie du capitaine du Barry, le photographe de l'équipée, pour gagner, six mois plus tard, Tiflis, en Russie méridionale. Sa mission : étudier les populations rencontrées, la faune et la flore, tout en remplissant au passage ses malles à échantillons.

## Comme les cases d'un jeu de l'oie

Sous ses airs d'Assyrien, ce Lyonnais est un homme terre à terre qui s'intéresse beaucoup aux oiseaux, aux poissons et aux mensurations crâniennes. « Alep, chose rare et digne d'être mentionnée, est d'une propreté que l'on est surpris de trouver dans une ville orientale » : voilà ses premiers mots sur la ville de Marie. Il n'a pas vu les hirondelles sur le minaret de Zacharie, ni la citadelle, sa calligraphie koufique fleurie, sa pierre blonde et onctueuse posée au cœur de la ville comme un jouet géant (en hiver, par les jours de grand ciel bleu, Marie allait la caresser pour se réchauffer les mains). Il n'a pas vu non plus le Bimarestan, cet hôpital des fous du XIIIe siècle à l'étonnante architecture et au si beau bassin, mais en revanche il a visité l'hôpital moderne et y a trouvé, dit-il, « des cas intéressants de lèpre et de nombreux exemples du bouton d'Alep ». Il a cru découvrir aussi, passant devant un kiosque à musique, que « toutes les femmes chrétiennes de la ville portent un voile avec lequel elles ont soin de cacher le côté de la figure qui a le bouton ou la trace du bouton... »

Il a traversé Hama et les sources de l'Oronte, vu Homs et son lac, visité les ruines d'Antioche. Quand Marie évoque les villes mortes où il est passé, il se contente d'en énumérer les plans dressés par l'un de ses confrères. Il ajoute tout de même : « Au milieu des ruines pousse en abondance un iris magnifique dont nous avons recueilli des échantillons pour notre herbier. » Ah ! ces savants... Au cours du dîner, Chantre fournit, sur son expédition

Campement de la mission au Kurdistan.

Chameaux prêts à embarquer pour traverser l'Euphrate à Biredjick (Haute-Mésopotamie), le 10 mai 1881. *« Le passage de plusieurs milliers de chameaux, d'ânes et de mulets s'effectue dans une grande agitation: les chameaux ont peur de quitter la terre ferme, les mulets s'entêtent, et les chameliers hurlent, encourageant leurs bêtes à franchir le pas », note Ernest Chantre pour le récit qu'il donnera aux lecteurs de la revue* Le Tour du monde.

À droite: une porte de la ville de Homs, en Syrie. *Alors que, quelques années plus tard, l'empire ottoman sera déchiré par de violentes émeutes, entre Kurdes et Arméniens notamment, la mission Chantre ne rencontre que la paix et l'éternelle curiosité des villageois.*

dans l'immense arrière-pays, beaucoup de noms de lieux et de détails qui, pense Marie, intéresseront certainement ses lecteurs français. Bien sûr, à sa place, elle écrirait que le paysage s'envole d'une traite, comme le coup de pinceau des peintres modernes, Turner par exemple, et que le vert du mont Liban va en dégradé jusqu'à sa reddition dans les sables du désert… Lui, il n'a pas de vue d'ensemble: il observe le paysage morceau par morceau, comme les cases d'un jeu de l'oie. Quand il évoque l'Euphrate, c'est un « cours d'eau qui a une grande importance commerciale et historique ». Il se passionne pour la façon dont les troupeaux franchissent le fleuve, « spectacle toujours nouveau et empreint d'une grande couleur locale ». N'est pas Lamartine qui veut…

Quant à sa caravane, entrée à Alep par la porte d'Antioche, elle comporte « les personnages indispensables pour voyager dans de bonnes conditions, c'est-à-dire le drogman Melhem, le cuisinier Francisque et son aide, ainsi que dix *moukhres* chargés du soin des bagages et des hommes ». Il raconte qu'il a eu quelque mal à engager ces domestiques libanais, car « l'idée des Kurdes, dont nous allions traverser le pays, les terrorisait ». Cela n'étonne ni Marie ni les autres convives: dans cette rude Syrie du Nord, les gens de la côte ne

passent pas pour des braves. Cependant, « je n'ai eu qu'à me louer de ces hommes bons, intelligents et toujours gais, ajoute Chantre. Causeurs infatigables et fumeurs enragés, ils ne se séparent point de leur narguilé portatif ».

Car ce Lyonnais s'intéresse aux mœurs, donc aux hommes. Et aux femmes, semble-t-il – Marie le soupçonne même de nourrir des fantasmes de harems et de houris. À Ourfa, note-t-il, « le costume des habitants est le même que partout ailleurs en Mésopotamie et les femmes ont l'aspect de paquets informes ». Il baisse la voix et reprend, d'un tout autre ton : « Derrière ce voile ennuyeux se cachent souvent de superbes costumes portés par de non moins superbes créatures. » Il soupire : « Malheureusement, il n'est pas donné à de simples voyageurs comme nous de les contempler, et ils doivent suppléer à grand renfort d'imagination à tout l'incertain qui entoure ces mystérieux paquets féminins ! »

Après cette demi-confidence, Chantre redevient lui-même. Il reprend son récit, sèchement ponctué de noms sonores. Au nord-est d'Alep, après donc avoir franchi l'Euphrate à Biredjick et « étudié » les « mystérieuses » femmes d'Ourfa, l'expédition a pénétré en territoire kurde. Là, Chantre « analyse » les coutumes et le mode de vie des populations, pour en conclure que ce sont des brigands et des pillards opprimant les Arméniens, « seuls en Turquie, juge ce bourgeois lyonnais, à se faire une idée exacte de la puissance du travail et de l'épargne ». À Diyarbakir, au côté de nombreuses caravanes, il a traversé le Tigre, puis des montagnes âpres, jusqu'à Van. Comme à Alep, Chantre ne porte que peu d'intérêt à la ville, à ses jardins, ses bazars, ses mosquées. Ce qui le passionne, c'est le lac au bord duquel elle est bâtie : en compagnie de ses confrères naturalistes, il en inventorie la faune aquatique. Il cite quelques noms latins, que Marie feint d'écouter.

Chantre est infatigable : l'expédition visite les ruines de l'acropole de Topra-Kalek, passe sous les murs de la ville forte de Bayazid, s'aventure sur les contreforts volcaniques et glaciaires de l'Ararat, descend vers Igdir, la vallée de l'Araxe et l'Arménie russe. Elle reste quelque temps à Erevan avant de s'engager dans la dernière étape de son voyage, qui la mènera à Tiflis. Dans les montagnes du Caucase, confie-t-il à Marie, il a trouvé la preuve de l'immense diversité humaine : il a mesuré des nez, des centaines de nez arabes, kurdes ou arméniens...

La soirée s'achève, comme le récit. Chantre et Marie se quittent – se sont-ils rencontrés ? Il part pour Poti, sur la mer Noire, d'où l'expédition embarquera pour Marseille, emportant avec elle des centaines de photographies et des collections, archéologiques, ethnographiques, zoologiques – des oiseaux et des poissons morts, songe Marie. À quoi bon avoir mesuré tant de nez, puisque Chantre a oublié le sien ? Pas un parfum dans son récit.

Elle ne lui en dit rien, mais le lendemain elle retournera dans les ruines de Saint-Siméon. Les grenadiers seront déjà en fleurs, le blé haut, et la brise bercera doucement les coquelicots qui jaillissent du basalte. Marie parcourra les ruines, une fois de plus, la tête levée vers le ciel sur lequel s'ouvre la basilique byzantine que le temps et les invasions ont décapitée.

Quand le soleil se couchera avec son habituelle brutalité, elle écoutera le cri strident des corbeaux qui lui rappelleront la trivialité de la vie. Alors elle boira le champagne sous les étoiles, parmi les pierres obscures d'où monte l'odeur tenace de la myrte.

Barques sur l'Euphrate à Biredjick (Haute-Mésopotamie). *« Le mode employé pour passer l'eau est ici des plus primitifs. On entre dans de grands bacs, non retenus par des câbles comme cela se fait chez nous. On remonte le fleuve du côté où l'on s'est embarqué, à l'aide d'un halage exécuté autant par des hommes que par des chevaux ; puis à une certaine hauteur, on laisse aller le bac à la dérive, en le dirigeant à l'aide d'un gros et lourd gouvernail, de telle façon qu'on va atterrir à un mille plus bas, sur la rive opposée, avec une précision remarquable. »* La rigueur scientifique du regard de Chantre n'enlève rien au talent du capitaine du Barry, dont l'œil sut restituer toute la poésie de ces régions.

# Avec les Indiens du bout du monde

## *Les sept voyages du commandant Martial au cap Horn, 1882-1883*

Jean-Luc Coatalem

Et qu'y a-t-il au sud du Sud, dans ces régions où tout n'est plus que vent et eau ? Qu'y a-t-il donc sinon cette région fabuleuse du cap Horn, battue par les flots rageurs de deux océans? Au fil des siècles, plusieurs expéditions s'étaient risquées dans « l'extravagante géographie ». De l'Espagnol Sarmiento, en 1584, qui y perdit son équipage, aux navigateurs Bougainville et Cook, ou plus tard, à Fitzroy (1831-1836), qui embarqua Charles Darwin… Une litanie de tentatives à la recherche du Pacifique, pour ouvrir de nouvelles voies, faire progresser la science ou tout simplement chasser la baleine.

Mais, en deçà du détroit de Magellan, à l'ouest du cap Horn, ce dédale de fjords, de baies inconnues et de chenaux inextricables reste un fantasme. Il attise les effrois, les croyances et les superstitions. Il parle surtout à l'imaginaire. Quel est donc, au pied de la cordillère effondrée, ce labyrinthe où naviguent encore, surgis de la nuit des temps, ces peuples « sauvages » ? En 1881, sous couvert de recherche et sans doute par charité chrétienne, onze Fuégiens, capturés dans cette zone, s'étaient vu parquer tels des animaux dans les jardins d'acclimatation des capitales européennes. Édifiant.

Il faudra attendre l'année polaire internationale, 1882-1883, pour que se monte dans le cadre d'une collaboration d'envergure – onze pays et les États-Unis liés par un programme – une nouvelle expédition dans ces régions : la mission scientifique du cap Horn. Celle-ci échoit à la France. Et elle est

À gauche : *les voyageurs se succèdent dans « l'extravagante géographie » du cap Horn. Ici, quelques mots laissés sur la pierre en 1851 par le missionnaire Allan Gardiner, qui sera massacré par les Indiens yaghans.* Ci-dessus : *les officiers de la mission, sur l'île Hoste, où a été installé le camp de base. Hyades est allongé à droite.* En bas : *la Romanche au mouillage dans l'anse de la baie d'Orange.*

confiée à Louis Ferdinand Martial. Son but? Recueillir sur place des données dans les domaines de la météorologie, de la physique, de la botanique, de la zoologie et de la géologie et, bien sûr, de la géographie. Pour les Français et les Américains, les recherches s'ouvriront sur l'anthropologie et l'ethnologie.

### Une solitude absolue

À bord de l'aviso la *Romanche*, doté d'un canot à vapeur et de deux baleinières, Martial embarque douze officiers en charge des recherches, cent vingt-sept marins, un civil, deux naturalistes. La mission se divisera en deux: l'une à terre, constituant le camp de base, l'autre en mer, pour des navigations circulaires. Parmi ces hommes, trois vont se détacher du lot: Paul-Daniel Hyades, médecin, chargé des collections d'histoire naturelle mais qui se passionnera pour les Fuégiens, Philippe Hahn, botaniste et géologue, et enfin Jean-Louis Doze, photographe.

Juillet 1882. Cherbourg, Tenerife, Montevideo, Terre de Feu. Sur l'île Hoste, à quarante kilomètres de l'archipel du Horn, la base s'installe le 6 septembre 1882 à l'abri de la baie

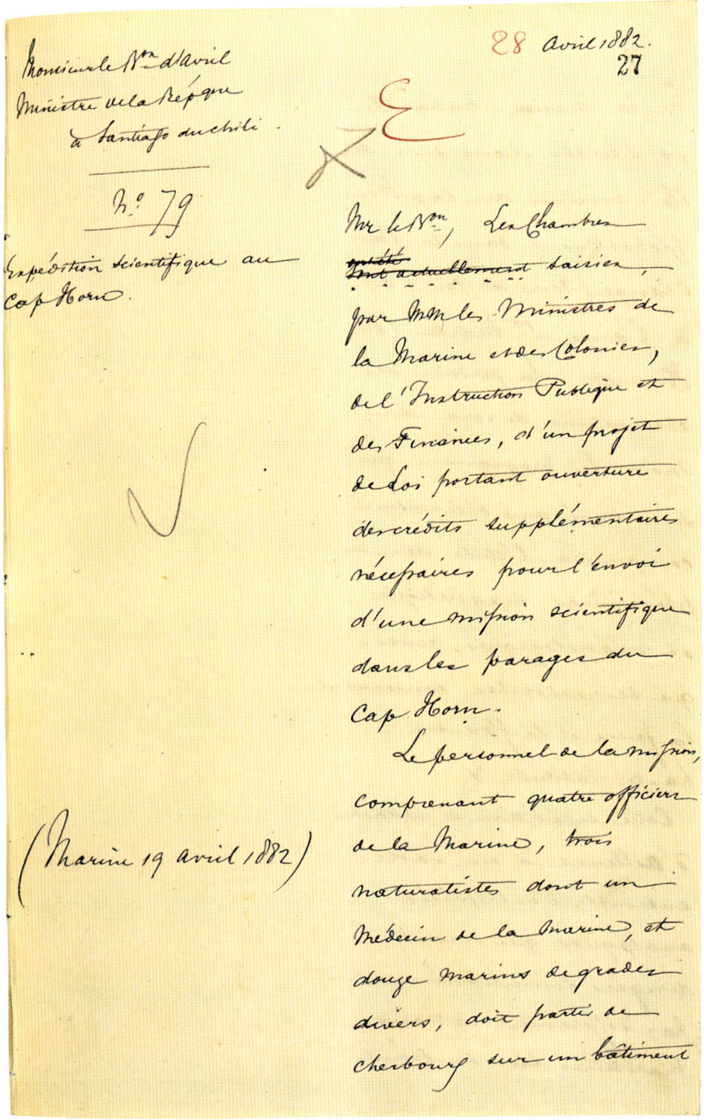

Monsieur le B^on^ d'Avril
Ministre de la Rép^que^
à Santiago du Chili.

28 avril 1882.
27

N.° 79

Expédition scientifique au Cap Horn.

Mr le B^on^, Les Chambres ~~ont été~~ ~~sont actuellement~~ saisies, par MM. les Ministres de la Marine et des Colonies, de l'Instruction Publique et des Finances, d'un projet de Loi portant ouverture des crédits supplémentaires nécessaires pour l'envoi d'une mission scientifique dans les parages du Cap Horn.

(Marine 19 avril 1882)

Le personnel de la mission, comprenant quatre officiers de la Marine, trois naturalistes dont un Médecin de la Marine, et douze marins de grades divers, doit partir de Cherbourg sur un bâtiment

Ci-dessus: *ces instructions du ministre des Affaires étrangères au baron d'Avril, consul de France à Santiago du Chili, le 28 avril 1882, montrent le très grand intérêt que portait à la mission le gouvernement français.*
*(Transcription en fin de volume.)*

Ci-contre: *une partie de la mission se déroule à terre. Il faut monter les baraques qui formeront le camp de base, mais le sol est si spongieux que tout est construit sur pilotis. Ici, une tente de campement et un abri pour les appareils météorologiques. Alentour, la solitude et le silence sont absolus.*

À droite: enfants fuégiens.
*Interdits, ils regardent la chambre noire du photographe qu'ils appellent* Toumayacha alakana, *ce qui signifie: regarder avec la tête couverte d'un voile. Chez eux, on sait des dizaines de mots pour dire le vent ou la pluie mais on ignore le terme « bonheur ».*

Orange. Devant la *Romanche* qui a jeté l'ancre, un camp composé de baraques en dur, dont les éléments démontés ont été apportés, s'érige sur ce qui deviendra l'anse Mission. Sous des arbres tordus, les maisons finissent par être montées sur pilotis car le sol est peu fiable. La solitude et le silence paraissent absolus. Une végétation rase court à l'infini. Le ciel est couleur d'encre, d'ardoise. « La marche est pénible et lente sur le sol spongieux, auquel succède un véritable tapis de hêtres nains ; les mailles de ce filet s'enchevêtrent dans les jambes… », constate Martial, qui lance des reconnaissances. L'humidité reste constante. Mais les Français s'attendaient à pire. Il y a de l'eau douce et du bois de chauffage en quantité. Déjà, quelques contacts s'effectuent avec une quinzaine d'« Indiens des canots ». Hyades note avec pitié avant de réviser son jugement : « Ils nous apparurent comme les êtres les plus déshérités de l'humanité… » Ce sont des Yaghan. Doze et Payen vont les photographier, par petits groupes, sur des plaques de verre négatives, au format 13 x 18.

### Nomades des deux mers

Ces Fuégiens ne sont pas totalement inconnus. Dans la région du Horn, entre le détroit de Magellan et le canal du Beagle, on a déterminé quatre groupes, les Selk'nam ou Ona, les Aush, et enfin, nomades des mers, les Alakaluf et les Yaghan. Ces Patagons, une dizaine de milliers à peine, se répartissent entre chasseurs de guanacos et pêcheurs nomades. Les contacts avec les Blancs ont déjà accéléré leur disparition. Les épidémies, le trafic maritime, les pêches baleinières, mais aussi les outils, les armes et les aliments nouveaux ont modifié leurs habitudes. Ils sont condamnés. En 1882, au moment où la *Romanche* mouille dans ces eaux glacées, les Yaghan ne sont plus que trois cents dans leurs canots où grésille un feu de brindilles. Ce minuscule peuple des brumes et des fjords, nourri d'œufs d'oiseaux et de baleines échouées, se déplaçant de bancs de coquillages en rookeries d'otaries, s'efface à l'horizon, dissous.

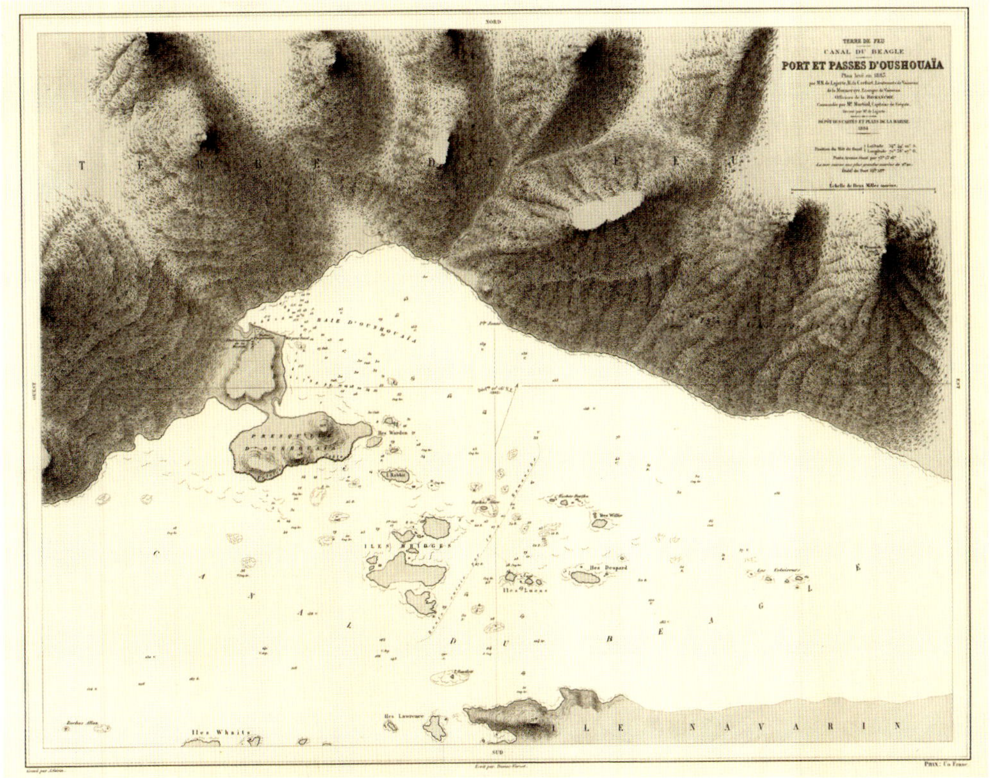


Du camp de base partiront donc les différentes expéditions. Elles s'égrèneront du 28 octobre au 20 août 1883, en sept voyages qui louvoient dans l'illisible des cartes. Elles seront la matière de la mission et les résultats en seront extraordinaires. Le premier parcours s'effectue vers Punta Arenas (du 28 octobre au 30 novembre 1882), le deuxième approche les îles L'Hermite et Wollaston (du 14 au 26 décembre), le troisième retourne vers Punta Arenas (du 23 janvier au 20 mars), tandis que le quatrième tourne autour de New Year Sound et Hoste (du 28 mars au 1er mai). Enfin les cinquième, sixième et septième, entre le 14 mai et le 20 août, reviennent sur Punta Arenas, l'île Grévy du groupe Wollaston, les îles Packsaddle et Navarino pour des approfondissements.

## Des hommes de l'outre-monde

Chaque fois, grâce aux instruments modernes, le travail de cartographie, de météorologie et d'hydrographie est complété, les lieux sont nommés et répertoriés, et, lors des escales à terre, les collections botaniques et zoologiques reçoivent de nouveaux spécimens. Pingouins, albatros et loutres sont photographiés et conditionnés. Fjords, mouillages, îlots, langues de sable sont aussi relevés. Des appareils de mesure sont mis en place un peu partout.

Le travail est colossal. Les cales se chargent de cent soixante-dix caisses d'échantillons mais aussi de squelettes de baleines, de pirogues, de huttes… C'est l'œuvre ethnologique qui sera la plus parlante. Car Hyades, pris de passion pour les Fuégiens, se renseigne sur leurs mœurs et coutumes, apprend deux mille mots d'une langue qui en compterait trente-deux mille, tente de cerner mythologie et rites funéraires. Il obtient « deux cent dix-huit pièces anthropométriques », avec des moulages de corps (les cales se remplissant d'Indiens en plâtre), des outils, des ustensiles, des armes, des parures. Et des photos, celles de Doze et de Payen. C'est ce qui reste le plus émouvant : les visages sidérés de ces nomades des deux océans.

Car dans l'objectif, ils seront quelques dizaines à poser, *in situ* ou dans des compositions, sur les grèves ou montés à bord de la *Romanche*. Couples, enfants, femmes nues à l'exception d'un cache-sexe. Si certains ressemblent à de petits princes vêtus de peaux de phoque, d'autres, rapetissés, serrés les uns

Ci-dessus : la *Romanche*. *À bord de cet aviso de trois mâts, le capitaine Martial embarque douze officiers, cent vingt-sept marins, un civil et deux naturalistes. Une partie de la mission se déroule en mer, à bord du bâtiment, sur le petit canot à vapeur ou sur les deux baleinières du navire.*

À gauche : *c'est à bord de ces canots que les Fuégiens accostent la* Romanche *lorsqu'elle vient mouiller dans ces eaux glacées. En 1882, ils ne sont plus que trois cents nomades des mers perdus entre deux océans.*

En haut à droite : carte du port et des passes d'Ushuaia dressée par la mission.

contre les autres comme un troupeau, ont un air stupéfié. Il y aura aussi des groupes hissés sur le pont du navire, ou posant sur une toile de fond, comme ces Fuégiens de l'île Gable, dans le canal du Beagle : des garçonnets craintifs et des hommes, les bras autour du ventre, certains drapés dans des cirés luisants de marins, regardant celui qui les regarde, abasourdis, comme au jeu d'un miroir inversé. Ou encore ces deux enfants pris au dépourvu, fragiles comme des oisillons. Cette jeune fille, enfin, vêtue d'un collier de coquillages, Ève troublante, Ève des glaciers bleus… Les derniers des Yaghan.

### Une existence libre et errante

Certes, dans le troc qu'ils opèrent, les marins offrent des haches et des couteaux, des biscuits et des guenilles qui ne tiennent pas si chaud… Mais que veulent ces hommes de la préhistoire, enduits de graisse de phoque ? Hyades le notera, d'un trait rousseauiste : rien, sans doute, puisque ces Fuégiens des canots préfèrent à tout leur « existence libre, indépendante, errante… » Et puis ceux-ci ne sont pas anthropophages, comme on le laissait entendre, mais vivent au sein de clans constitués, selon des axes de nomadisme et des rituels hiérarchisés. Une société déjà condamnée, mais qui tirait parti au mieux d'une nature hostile, en se déplaçant sans cesse, en partageant presque tout. On dit que ces marins remarquables ne connaissaient pas le mot « bonheur » mais possédaient des dizaines de vocables pour distinguer la couleur ou les friselis de l'eau, les glaces, les pluies, les brumes et les gels – leur univers au pied du Horn. Apparus quelques heures à la lumière des Blancs, ces derniers hommes, nus et différents, s'enfoncent ensuite dans les profondeurs morcelées, avalés par l'horizon et les vents, l'outre-monde… Déjà, les Yaghan ne sont plus. C'est une leçon de fraternité et d'humilité sur l'ultime margelle des terres habitées.

*Au sud du Sud, les hommes survivent dans un monde battu par les océans, où tout n'est plus que vent et eau. Cette violence de la nature se lit sur les visages. Devant le nouveau venu, les derniers Yaghan se serrent les uns contre les autres et les enfants ont l'air fragile des oisillons.*

À droite : l'embarcadère, dans une lumière de bout du monde.

*« Ils nous apparurent comme les êtres les plus deshérités de l'humanité. »*

Paul-Daniel Hyades

# Le globe-trotter et le missionnaire républicain

## *Charles Wiener et Marcel Monnier sur les affluents de l'Amazone 1880-1887*

Marc Trillard

À gauche et ci-dessus : la mission péruvienne de Charles Wiener à Iquitos, près des mines d'or de Chachapoyas, 1881. *Vice-consul en Équateur, Wiener parcourt les plus hauts affluents de l'Amazonie et leurs vallées, en « missionnaire républicain ». Il sera souvent le premier Blanc jamais aperçu dans ces régions. À ses côtés, son interprète Michel Parys, qui mourra des fièvres sur les rives du Pastaza, et Francisco Oialla, le chasseur et empailleur du groupe. À propos des Indiens, l'explorateur dira : « Les tombeaux de quatorze des Indiens qui m'ont accompagné jalonnent mon itinéraire. Exposés aux mêmes dangers que tous les autres, mangeant à la gamelle commune, partageant notre vie misérable, je n'ai pas à me reprocher la mort qui les a frappés. Ce sont des malheurs inévitables dans un pareil voyage. »*

Il y a une question à laquelle on ne répondra sans doute jamais : comment Charles Wiener, ce pur Européen, cet Autrichien, expatrié en France à la fin du XIX^e siècle pour y enseigner l'allemand, s'est-il pris de passion pour l'Amérique du Sud et ses ésotériques civilisations précolombiennes ? Mystère de ces inclinations qui parfois gouvernent une vie.

À la passion de Wiener, il aura suffi d'un voyage entre l'Europe et l'Amérique équatoriale. Une expédition, une seule, en 1875. Et lorsque, quatre ans plus tard, il acceptera le poste de vice-consul à Guayaquil, en Équateur, il ne quittera plus jamais le Nouveau Monde et l'arpentera, de forêts en fleuves, jusqu'à sa mort.

L'œuvre de sa vie, celle qui a laissé un nom dans l'histoire, c'est l'exploration de l'Amazonie équatorienne. À peine nommé vice-consul, il est chargé par l'État français de découvrir la meilleure voie fluviale permettant d'établir des relations commerciales entre l'Équateur et le bassin de l'Amazonie. La mission est ambitieuse et comporte quelque danger. Il va y déployer, sur sa route, toutes ses qualités d'observateur, de défricheur de terres, de géographe autodidacte, d'inlassable témoin des multiples particularités physiques et humaines.

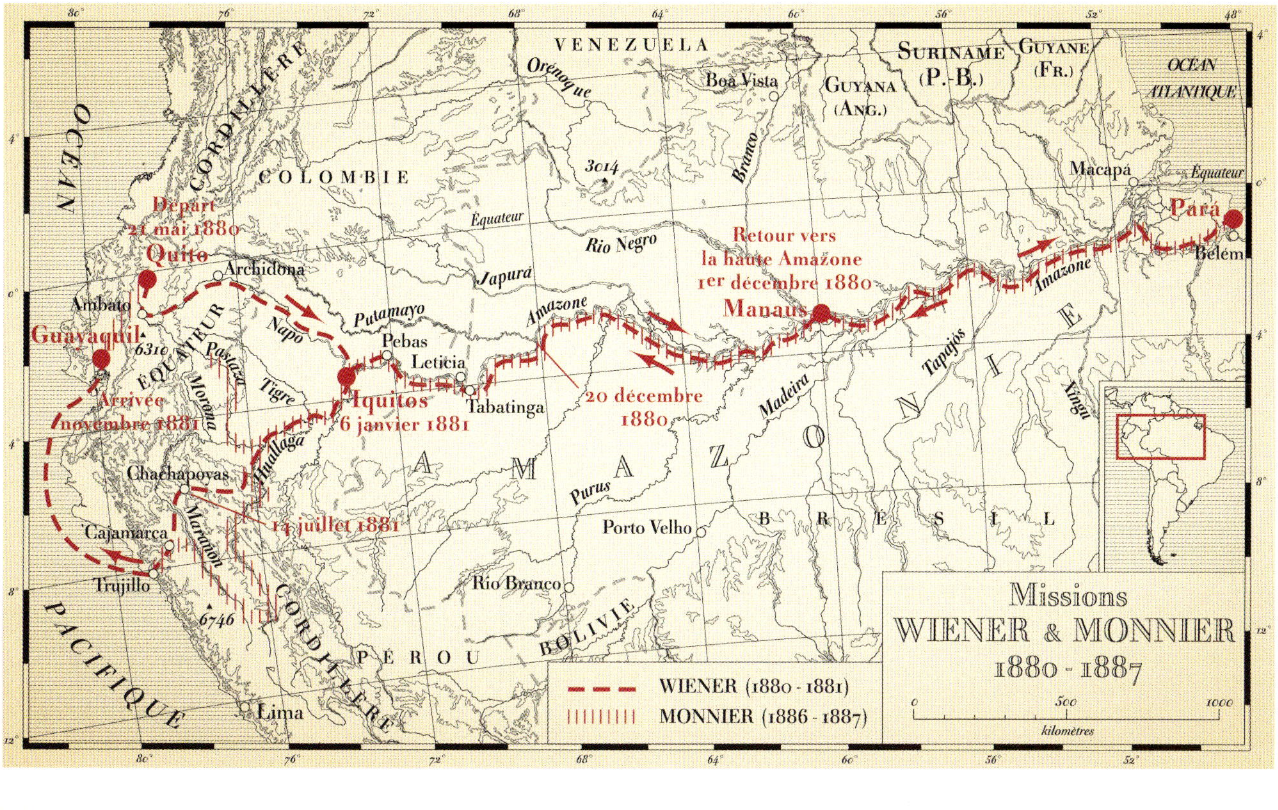


Pages suivantes : Charles Wiener sur une jangada, équipée d'un atelier photographique, en amont d'Iquitos (1881). *Insouciant par tempérament, volontiers ironique, curieux de nature, il s'étonne de tout, note tout, photographie tout.*

FOTOGRAFI

Dépêche de Charles Wiener au ministre de France au Pérou, Moyobamba le 29 juin 1881. *À la fin de la mission, Wiener raconte les difficultés inouïes rencontrées au Pérou. (Transcription en fin de volume.)*

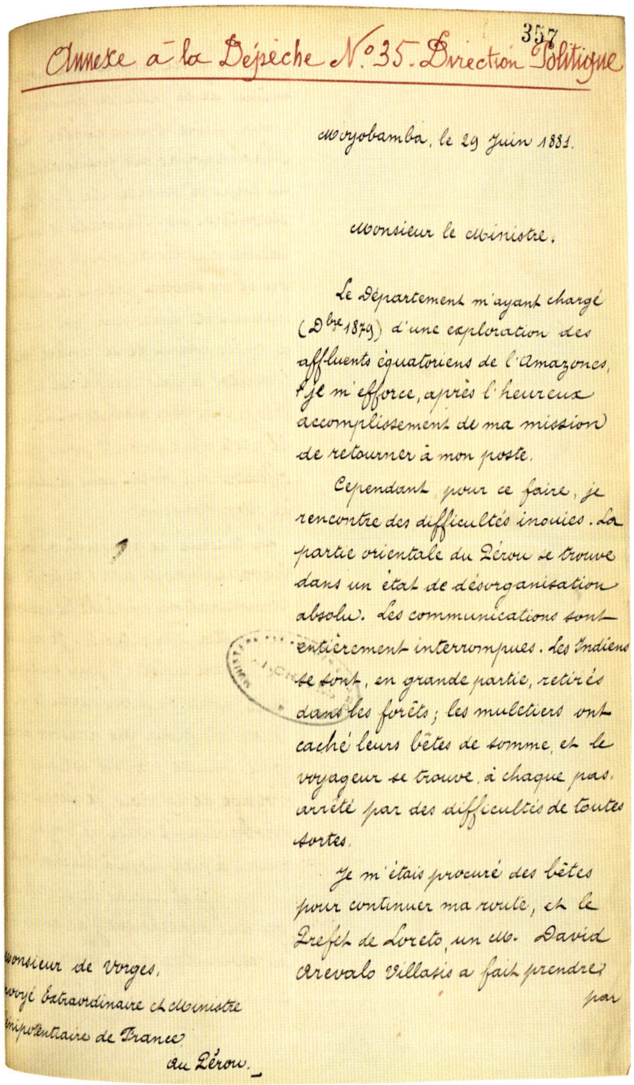
357

Annexe à la Dépêche N° 35. Direction Politique

Moyobamba, le 29 Juin 1881.

Monsieur le Ministre,

Le Département m'ayant chargé (Dbre 1879) d'une exploration des affluents équatoriens de l'Amazone, je m'efforce, après l'heureux accomplissement de ma mission de retourner à mon poste.

Cependant, pour ce faire, je rencontre des difficultés inouies. La partie orientale du Pérou se trouve dans un état de désorganisation absolu. Les communications sont entièrement interrompues. Les Indiens se sont, en grande partie, retirés dans les forêts; les muletiers ont caché leurs bêtes de somme, et le voyageur se trouve, à chaque pas, arrêté par des difficultés de toutes sortes.

Je m'étais procuré des bêtes pour continuer ma route, et le Préfet de Loreto, un M. David Arevalo Villasis a fait prendre par

Monsieur de Vorges, Envoyé Extraordinaire et Ministre Plénipotentiaire de France au Pérou.

Au début de 1881, il s'engage dans un voyage qui va durer près de deux ans et le verra descendre et remonter les plus hauts affluents de l'Amazone et leurs vallées. Dans le Pérou septentrional, il reconnaît tour à tour le Pastaza, le Tigre, le Marañon, le Huallaga. Debout sur sa chaloupe à vapeur, il est souvent pour les Indiens le premier Blanc jamais aperçu au plus profond de ces forêts amazoniennes. Comme lors de sa première expédition, en 1875, curieux et enthousiaste, il s'étonne de tout. Cette jungle vierge, exubérante, et ses habitants, dont il note les types humains et les mœurs, le fascinent. Peu lui importent les aléas et les accidents du voyage : chaque expérience, funeste ou favorable, lui est une nouvelle occasion d'aiguiser le regard qu'il porte sur ce monde neuf et inconnu.

## Pour la France

Le 16 avril 1881, sortant d'une courbe du fleuve Tigre, il aperçoit sur la berge un groupe de Zaparros, tribu dont la réputation est redoutable. Il les surprend qui s'affairent à leur principal rituel : la réduction de têtes humaines. La première réaction de Wiener est le dégoût, la révolte. Il envoie ses hommes disperser les Zapparos, puis il jette dans le fleuve les trophées macabres – ces têtes d'ennemis que les indigènes s'apprêtaient à réduire. Sur l'instant, dans un mouvement d'humeur, il a agi en Européen. Mais, plus tard, il réfléchit : « J'ai depuis souvent regretté d'avoir voulu [...] empêcher cette hideuse profanation ; car, toute réflexion faite, j'ai dû être la cause de quelques autres assassinats. C'était des "têtes de commande" [...] et ces Zaparros ont dû évidemment en couper quelques autres pour remplacer celles qu'ils avaient perdues. » Voilà certes une remarque de bon sens...

Ci-dessous : campements de Marcel Monnier au bord du río Huacamayo (à gauche) et sur le versant amazonien de la cordillère (à droite). *Grand reporter au* Temps, *casse-cou, globe-trotter audacieux, Marcel Monnier traverse le continent amérindien dans sa plus grande largeur, à la recherche de sensations fortes, même si, pour une partie du périple, il marche sur les pas de Charles Wiener.*

À droite : la *balsa* de Marcel Monnier sur le haut Huallaga. *Un radeau sommaire, fait de troncs de bois (le balsa) solidement attachés les uns aux autres. Le milieu est occupé par la barbacoa, une plate-forme sur laquelle sont arrimés les bagages et les vivres, en réservant un petit espace pour le passager.*

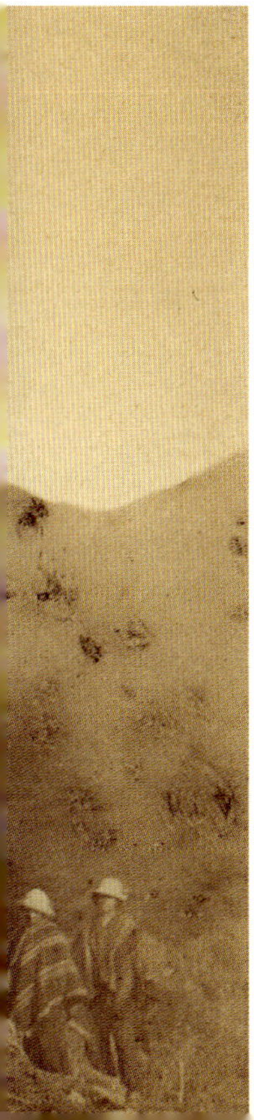

Chacune de ses aventures, Wiener la vit avec cette distance amusée. Son humour, son ironie, une sorte de détachement l'aident à surmonter tous les obstacles. L'échouage de son bateau, les fièvres dont il est la victime chronique, la mauvaise volonté que lui opposent les autorités locales – ces préfets ou ces gouverneurs tombés dans une décadence non moins morose que subéquatoriale ? Péripéties. Wiener, il n'en doute pas un instant, a une mission. Et il la conduira à son terme. D'où lui vient cette détermination ? Peut-être de son sens de l'État, d'un certain idéal de nation. De sa loyauté, aussi : celle qu'il croit devoir à un pays qui a fait de lui son représentant si loin de Paris, de l'Occident. Français et Européen de la fin du XIXe siècle, il est convaincu qu'il doit « civiliser » cette part de l'Amérique dont on lui a confié le mandat. Wiener est un missionnaire républicain.

À Chasuka, sur le Huallaga, malgré des fièvres qui l'épuisent, il fait le point : en cinq cent soixante-sept jours de voyage, il a recueilli quelque soixante-huit mille sept cent vingt-neuf observations et relevés – gigantesque et minutieux travail préparatoire d'une future « carte du développement et du progrès ». « J'ai vu de mes yeux des bosquets de caoutchoutiers, j'ai vu sur des terrains abandonnés la salsepareille, la copahiba, la chambira, etc. Pourquoi ne tire-t-on pas profit de ces richesses ? Parce que en pirogue cela est impossible. » Il imagine, parcourant « cet immense filet de fleuves » dont il rêve, de mener à bien la cartographie des bateaux de charge, puissants navires qui, partis du Pará, rallieraient, de l'autre côté de l'Atlantique, les ports des côtes françaises.

## L'aventure pour l'aventure

Quelques années plus tard, un autre voyageur célèbre parcourra ces mêmes régions de l'Amérique équinoxiale : Marcel Monnier. Grand reporter au *Temps*, il entreprend pour le compte de son journal la traversée du continent dans sa plus grande largeur. Ayant choisi le port de Trujillo, au Pérou, comme ville de départ, il rejoint six mois plus tard, via Manaus, la côte atlantique brésilienne, et s'attarde longuement à photographier la région du San Francisco (voir pages suivantes). Cependant, si l'on peut accorder à Wiener

Les Indiens qui accompagnent Marcel Monnier, photographiés lors du franchissement du río Pedernal, dans la cordillère orientale (3 octobre 1886).

Pont construit sur le río Huacamayo par les Indiens, octobre 1886.
*Pour franchir ce torrent de montagne, qui charrie d'énormes troncs d'arbres, Marcel Monnier fait construire un pont. « Nous suivîmes longtemps la rive avant de trouver un emplacement convenable pour établir une passerelle. L'humeur des Indiens s'était calmée comme par magie ; le plein jour, le soleil, l'air vif chassé par la rivière, avaient dissipé leurs idées noires. En présence d'un ennemi ou d'un péril tangible, ils recouvrent tous leurs moyens. Jamais équipe de pontonniers ne déploya plus d'agilité et de hardiesse. [...] L'établissement du pont a demandé près de deux jours. Il offrait toute la résistance que l'on peut attendre d'une construction volante ; mais il oscillait terriblement et je me crus, en le traversant, sur le point d'être saisi par le vertige, auquel je n'avais jamais été sujet dans mes courses en montagne. »*

comme à Monnier une même soif de découverte, une même attirance pour l'inconnu, leur manière de voyager diffère sensiblement.

Charles Wiener était un intellectuel, un érudit écrivant dans de nombreuses revues savantes, investi d'un mandat de vice-consul de France ; sa position officielle le contraignait à une certaine circonspection, sa formation d'anthropologue, à une approche rationnelle de sa mission. Marcel Monnier est avant tout un globe-trotter ; l'aventure, le sensationnel l'attirent d'abord. Son goût pour les « horizons nouveaux », sa quête de l'« authenticité », sa nature volontaire, son orgueil le poussent à courir les routes les moins fréquentées, au mépris du danger. Une seule chose compte à ses yeux : braver une nature hostile, seul avec quelques Indiens portant ses bagages et menant sa *balsa* sur le Marañon ou le Hualaga (voir page précédente). « Tantôt le radeau se cabre et bondit comme un cheval épouvanté, tantôt il est retenu captif pendant des heures dans un tourbillon, prêt à se disloquer. » Monnier, sans doute, aura été le précurseur du grand reportage tel que le pratiquera, vingt ans plus tard, Albert Londres.

De retour d'Amérique du Sud, il partira pour l'Afrique de l'Ouest, comme photographe de la seconde mission Binger (voir page 124). Puis, en 1895, haut fait de sa carrière de journaliste, il s'engagera, durant quatre ans, dans un incroyable voyage au long cours : trente-deux mille kilomètres, de l'Indochine à la Mongolie et à l'Asie Mineure, en passant par le Japon, la Chine et la Sibérie. Mais de l'Amérique latine, il ne voudra plus entendre parler. À l'égard des peuples, des Indiens surtout, au comportement imprévisible, à aucun moment il ne se sera départi de cette condescendance que partagent alors nombre de ses pairs.

Pas Charles Wiener qui, lui, repartira : Pérou, Brésil, Argentine, Chili : quarante années durant, jusqu'à sa mort à Rio de Janeiro en 1913, le diplomate arpentera le continent, à la recherche de nouveaux débouchés commerciaux, de nouvelles richesses, de nouveaux visages, toujours à l'affût de ce que le Nouveau Monde et la Vieille Europe peuvent l'un et l'autre s'apporter.

Différentes vues de la région du San Francisco, au Brésil, par Marcel Monnier.
*Le reporter dévoile des pays et des peuples alors largement ignorés des Français.*
*Une jangada sur la plage de Coruripe, à l'embouchure du San Francisco (à gauche). Paulo Affonso, fragment de la cataracte, côté sud (en bas). Barque sur le San Francisco (à droite).*

Explorateur, géographe, ethnologue, Wiener a été d'abord une âme noble, un humaniste qui ne cacha jamais sa compassion pour des Indiens spoliés et humiliés, et qui ne craignit pas de stigmatiser la médiocrité des petits despotes blancs installés dans leur district comme dans un fief. En définitive, peu importe qu'il n'ait jamais découvert la grande voie commerciale rêvée par l'Équateur et la France : il a laissé, avec cette expédition amazonienne, l'une des plus saisissantes pages des grandes explorations de l'époque.

*« Aucune Amérique ne reste à découvrir.*
*Combien, depuis trois siècles, ont escaladé la cordillère*
*et descendu, sur le radeau ou en pirogue, les affluents du roi*
*des fleuves ? L'ère des grandes aventures touche à sa fin. »*

Marcel Monnier

# 2.

*Anonyme, Hanoï, marchands de nuoc-mâm amarrés sur le quai du fleuve Rouge, 1888.*

L'explorateur aux pieds nus
*Auguste Pavie au cœur de l'Indochine*
JEAN-CLAUDE GUILLEBAUD

La chute de Tombouctou
*À l'assaut de la cité mythique*
ÉRIC FOTTORINO

Le bâtisseur d'empire
*Louis Gustave Binger dans l'enfer vert de la forêt ivoirienne*
ELIKIA M'BOKOLO

Les derniers jours de Samory
*Le capitaine Gouraud vainqueur du « Napoléon des savanes »*
AHMADOU KOUROUMA

Une blessure française
*Du Congo au Nil Blanc, l'honneur perdu du commandant Marchand*
MARC MICHEL

La chute du ministère de Jules Ferry porte un coup d'arrêt aux grandes opérations de conquêtes en Afrique et en Asie. L'heure est aux missions pacifiques et, en Indochine, Auguste Pavie fait figure d'explorateur «idéal». Enthousiaste, acharné mais patient, habile diplomate et géographe scrupuleux, il impose au Laos le protectorat de la France avec le consentement de son roi et de ses sujets. Il est vrai que ses succès n'inquiètent qu'assez peu Anglais, Allemands, Belges, Italiens, Portugais et Espagnols qui participent aussi à cette formidable compétition dont l'Afrique est le cadre privilégié. Il est temps de proclamer une trêve. Réunies à Berlin de novembre 1884 à février 1885, les puissances européennes proclament la liberté de navigation sur le Congo, le Niger et leurs affluents, fixant les règles du jeu dans le partage du continent.

Dans les années 1890, de nouvelles ambitions se dessinent. L'alliance avec la Russie met fin à l'isolement diplomatique de la France et lui permet de traiter avec son principal rival : l'Angleterre. Les deux pays négocient l'attribution des terres baignées par le fleuve Niger. En 1890, une convention est enfin signée. La Grande-Bretagne obtient les richesses du Bas-Niger (le futur Nigeria), la France doit se contenter des seules régions désertiques. Lord Salisbury s'exclame : « Nous avons donné au coq gaulois du sable sans compter. Laissons-l'y gratter à son aise ! »

En France, l'accord provoque un scandale et le « parti colonial » pousse le gouvernement à renouer avec la politique de Ferry. Les accords franco-britanniques, même s'ils paraissent défavorables à la France, ont le mérite de clarifier la situation. La voie est libre vers Tombouctou. Tombouctou, une fois prise, sera française! Rien n'est moins surprenant que de voir le mythe opérer encore puissamment sur les soldats et les marins qui remontent le Niger vers cette cité, devenue somme toute une bourgade assez misérable. Mais s'emparer de Tombouctou, c'est entrer en contact direct avec les plus insoumis : les Touareg, auxquels se frotte alors, avec un certain talent, le fameux Laperrine, créateur des compagnies sahariennes.

Plus au sud, un autre rebelle empêche les Français de réunir leurs territoires du Soudan, du Sénégal à la Côte d'Ivoire : l'almany Samory, après des années de combats, finit par tomber aux mains du capitaine Gouraud.

La violence des guerres coloniales ne freine pas les explorations, bien au contraire. Dans des zones jadis à peine effleurées par Mungo Park, Gordon Laing, Heinrich Barth ou René Caillié, on dresse les premières cartes, on étudie les peuples, on fait le compte des richesses. Les officiers sont tour à tour soldat ou explorateur. Ainsi le capitaine Binger en Côte d'Ivoire. Après avoir exploré seul cette région, il y revient à la tête d'une grande mission qui doit délimiter les frontières avec la Gold Coast britannique.

Entre-temps, un autre capitaine, Jean-Baptiste Marchand, a proposé de tracer un grand axe africain, d'ouest en est, du golfe de Guinée à Djibouti. C'est oublier que les Britanniques eux aussi ont un dessein en tête, nord-sud celui-là, du Caire au Cap. De cette mission Marchand, les Français ne vont retenir que son dénouement : Fachoda ! Et ce dénouement, humiliant, provoquera une poussée de fièvre anglophobe aussi violente que superficielle. Delcassé, tout comme son homologue britannique, savent que quelques arpents de désert ne valent pas un conflit armé. Paradoxalement, la crise ouvre la voie à l'Entente cordiale.

# L'explorateur aux pieds nus

## *Auguste Pavie au cœur de l'Indochine*
## *1879-1895*

Jean-Claude Guillebaud

Ce conquérant de l'Indochine n'en fut pas un. Auguste Pavie, né à Dinan le 31 mai 1847, appartient plutôt à la catégorie des découvreurs pacifistes, voyageur furtif capable de dormir à la dure, autodidacte que passionnent les langues, les coutumes locales, les médecines indigènes et même les fleurs ou arbustes du Mékong qu'il décrit dans ses carnets avec une minutie d'entomologiste. Ce Breton, fils du peuple, n'a rien de commun avec ces officiers superbes et chamarrés – Faidherbe, Gallieni ou Lyautey – formés dans les grandes écoles de la République et pointilleux quant à l'étiquette. Il préfère la conquête des cœurs à celle des territoires, l'empathie à la domination brutale, la mission conciliatrice à la pacification autoritaire. Engagé volontaire à dix-sept ans au 62e de ligne, il est embauché quelques mois plus tard comme stagiaire dans le cadre auxiliaire des Télégraphes en Cochinchine. Modeste employé des Postes, en somme! C'est ce qu'on appelle entrer dans la Carrière par la petite porte…

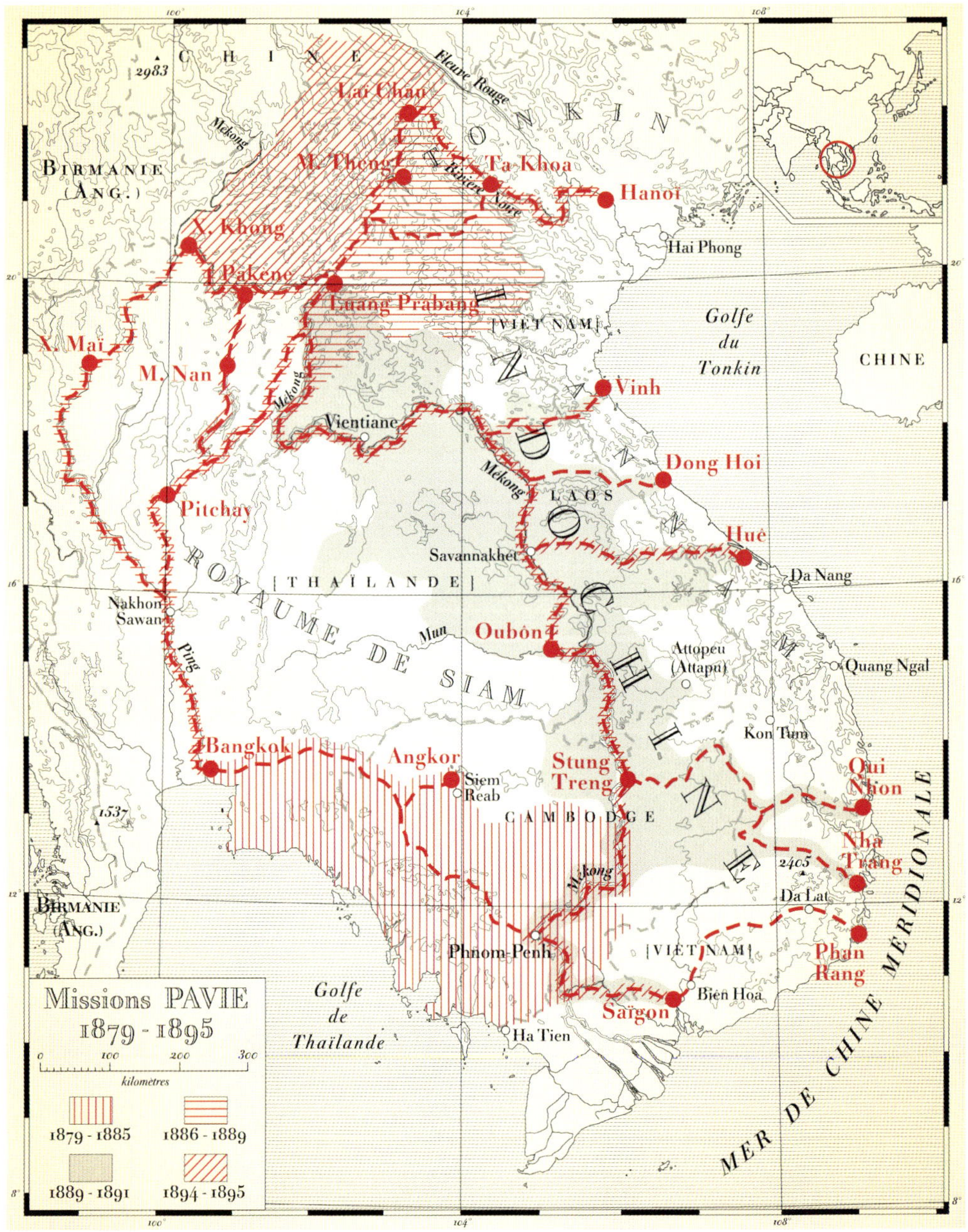


Ci-dessus: pavillons et bannières de l'empereur d'Annam.

Carte des missions d'Auguste Pavie. *L'aventure en Indochine dure seize ans. Au cours de son premier séjour, l'explorateur parcourt seul le Cambodge et en dresse la première carte. Puis, consul à Luang Prabang, il explore le Laos, descend la rivière Noire, découvrant une nouvelle voie reliant le Cambodge au Tonkin. Au cours de sa troisième mission, il explore et cartographie les vallées du fleuve Rouge et du Mékong, accompagné de plusieurs collaborateurs. Lors de la dernière mission, Pavie et ses hommes se consacrent au Laos, à la rive gauche du Mékong et aux zones frontalières avec la Chine et la Birmanie.*

À droite: la mission Pavie en 1893. *Auguste Pavie est le troisième, debout, en partant de la gauche. À ses côtés, le diplomate Pierre Lefebvre-Pontalis; les quatre interprètes cambodgiens qui posent autour de lui ont été formés à Paris, à l'École coloniale, qu'il a fondée au retour de son premier séjour au Cambodge.*

En bas: au Cambodge, vers 1879.

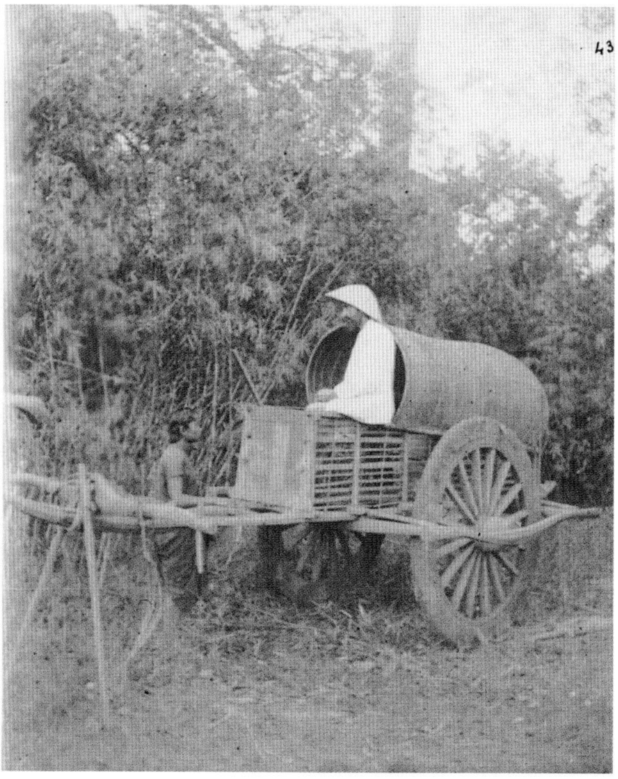

Mon compagnon Launey

Un siècle après, cependant, du Laos au Viêt Nam, les intellectuels asiatiques parlent encore avec respect de cet enfant de Dinan qui fit son apprentissage de l'Indochine en parcourant la brousse, machette à la main, pour y poser des lignes télégraphiques. Humble broussard, mais bientôt chargé de responsabilités officielles – avec le titre de vice-consul de deuxième classe, puis de commissaire général au Laos –, il préfère aux lourdes expéditions militaires les trajets en petites équipes et les missions que l'on qualifierait aujourd'hui d'humanitaires. On évoque quelquefois son souvenir en le désignant comme un « explorateur aux pieds nus ». L'expression est assez juste. Ses récits de voyages témoignent d'une extraordinaire attention portée aux menus faits du quotidien et aux sagesses asiatiques, au bouddhisme, notamment, qu'il prend la peine d'étudier dans le texte. « Dans le contact constant avec les indigènes, je me familiarisais avec l'idée de vivre complètement parmi eux », écrit-il dans son livre testament au titre emblématique, *À la conquête des cœurs*, préfacé en 1921 par Clemenceau.

Vingt-cinq années durant, ce découvreur hors normes sillonne tous les pays indochinois baignés par le Mékong. Il le fait aussi bien à dos d'éléphant qu'à pied ou en pirogue, adoptant naturellement les usages et les habitudes alimentaires des populations locales. Cartographe autant que naturaliste, ornithologue, paléographe ou ethnologue recueillant patiemment légendes indigènes et traditions orales, Pavie transporte souvent avec lui un très encombrant appareil photographique. Sa moisson d'observations de toutes sortes est impressionnante. Après son retour en France, il s'attellera d'ailleurs vingt ans durant à la rédaction d'une « somme » indochinoise en dix volumes et d'un atlas qui font encore autorité. Mais l'intérêt ne se borne pas à des récits pittoresques ou à des ouvrages d'érudition géographique. Ramenant

Trois instantanés de la navigation sur la rivière Noire.
*Des dangereux rapides au grand calme des eaux de la vallée, l'horizon est toujours écrasé par l'immense masse des calcaires. La rivière tire son nom de leur forme sombre et nocturne. Sculptés par la mousson, ils abritent des labyrinthes de galeries, de caches, de grottes. Depuis la surface de l'eau, les voyageurs ont l'impression d'avancer sous le regard des dieux: ces fentes blanches entre les lianes ressemblent à des yeux de pierre.*

Ci-dessous: la mission sur le point d'embarquer à Cho-Bo.

Ci-dessus : officier topographe à la frontière entre le Laos et le Siam. *S'arrêter, s'installer, faire le point, relever, tracer et recommencer quelques centaines de mètres plus loin. La mission Pavie est une chenille qui avance lentement, obnubilée par son désir de tout répertorier.*

À droite : Auguste Pavie accueilli par les princes laotiens. *L'explorateur réalise son rêve de « conquête des cœurs ». Il agrège le Laos à l'empire français, avec l'assentiment de ses habitants. Les princes tiennent le Français pour leur libérateur et le garant de leur souveraineté.*

En bas : sampans remontant les rapides sur la rivière Noire. *En guise de figure de proue, des têtes de dragons, peut-être destinées à repousser les « esprits des eaux furieuses »...*

ainsi à Paris une poignée de jeunes intellectuels, il crée avec eux l'École cambodgienne, qui deviendra plus tard l'École coloniale. L'œuvre de Pavie peut, à ce titre, être considérée comme fondatrice.

Faut-il ajouter que, lorsque son œuvre est connue et reconnue, Pavie, à la différence de tant d'autres, refuse systématiquement tous les postes de pouvoir et tous les honneurs auxquels il peut prétendre ? De retour dans sa Bretagne natale, il préfère faire de sa maison le rendez-vous des aventuriers romantiques et des passionnés de l'Asie. Tout le personnage tient dans la gratuité magnifique de ce choix.

## Le vénéré Yersin

Affaire de méthode ? Sans aucun doute. Affaire d'intuition surtout. Seule cette dernière lui permet de comprendre plus vite et mieux que bien d'autres l'étrange particularité de ces peuples indochinois, qu'il s'agisse des Laotiens, des Tonkinois ou des Annamites, comme on disait alors. Sur ce chapitre, on dira que le petit télégraphiste originaire de Bretagne sait se conduire, tout comme il sait s'entourer de collaborateurs à son image.

Un exemple : la mission Pavie, qui emploie jusqu'à quarante civils, savants, géomètres ou médecins, a la chance extraordinaire de compter parmi ses membres l'un des rares Français encore littéralement vénérés de nos jours par les Vietnamiens : le docteur Alexandre Yersin. Né en Suisse en 1863, Yersin découvre

la toxine diphtérique, effectue la première reconnaissance du plateau de Lang Bian, où sera fondée la ville de Da Lat, isole le virus de la peste en 1894 et, surtout, introduit au Viêt Nam le caoutchouc et l'arbre à quinquina. Le souvenir de ce colonial-là – un homme de Pavie – est toujours pieusement entretenu, un siècle après, par les colonisés d'hier… Chaque écolier vietnamien connaît le nom d'Alexandre Yersin. Sur la pierre de son tombeau, près de la ville côtière de Cam Ranh, au sud-est du Viêt Nam, est gravée une seule inscription, en français, mais écrite par une main vietnamienne : « Bienfaiteur et humaniste. Vénéré du peuple vietnamien. »

## Le royaume du million d'éléphants

Pavie est de cette trempe. Est-il pour autant un pur humaniste ? Ce n'est pas si simple. On aurait tort de ne voir en lui qu'un découvreur dilettante, routard avant la lettre, voyageur assez curieux de l'Orient pour méditer des jours entiers en lisant des manuscrits siamois dans quelque pagode ; l'homme est assez généreux de lui-même pour s'improviser médecin ou infirmier dans les villages haut perchés du nord du Laos. Il fait tout cela, c'est vrai, mais dans les faits son « œuvre » coloniale, même rapportée aux impératifs plus froids de la raison d'État, en vaut largement une autre. La France lui doit, par exemple, d'avoir pu prendre possession pendant trois quarts de siècle du Laos, ce « royaume du million d'éléphants » dont il aime tant la douceur souriante et l'insouciance légendaire. Ce n'est pas rien. On lui doit aussi d'avoir tenu en échec, dans cette région extrême de l'Asie, aussi bien les Anglais que les pirates chinois (les fameux Pavillons-Noirs). On lui doit enfin d'avoir su contenir les convoitises du puissant royaume du Siam, demeuré indépendant, et qui

Halte dans la forêt.
*Les hommes avancent péniblement sur le sol spongieux, frayant leur chemin sous la voûte sombre du feuillage, quand soudain apparaît une clairière dans une brume de peinture chinoise, délavée et grise.*

Carte du Me-Nam Khong (1890).
*Des premières cartes dressées au Cambodge en 1879 jusqu'aux dernières, établies sur la frontière chinoise en 1895, Auguste Pavie et les officiers topographes ont relevé des itinéraires sur plus de trois cent mille kilomètres, couvrant des terres d'une superficie d'environ sept cent mille kilomètres carrés. Avant eux, personne ne s'était risqué à cartographier ces pays aux jungles épaisses parcourus d'innombrables cours d'eau, depuis les hauts plateaux du centre du Viêt Nam jusqu'aux confins du Siam ou du Laos, tout près de la Chine.*

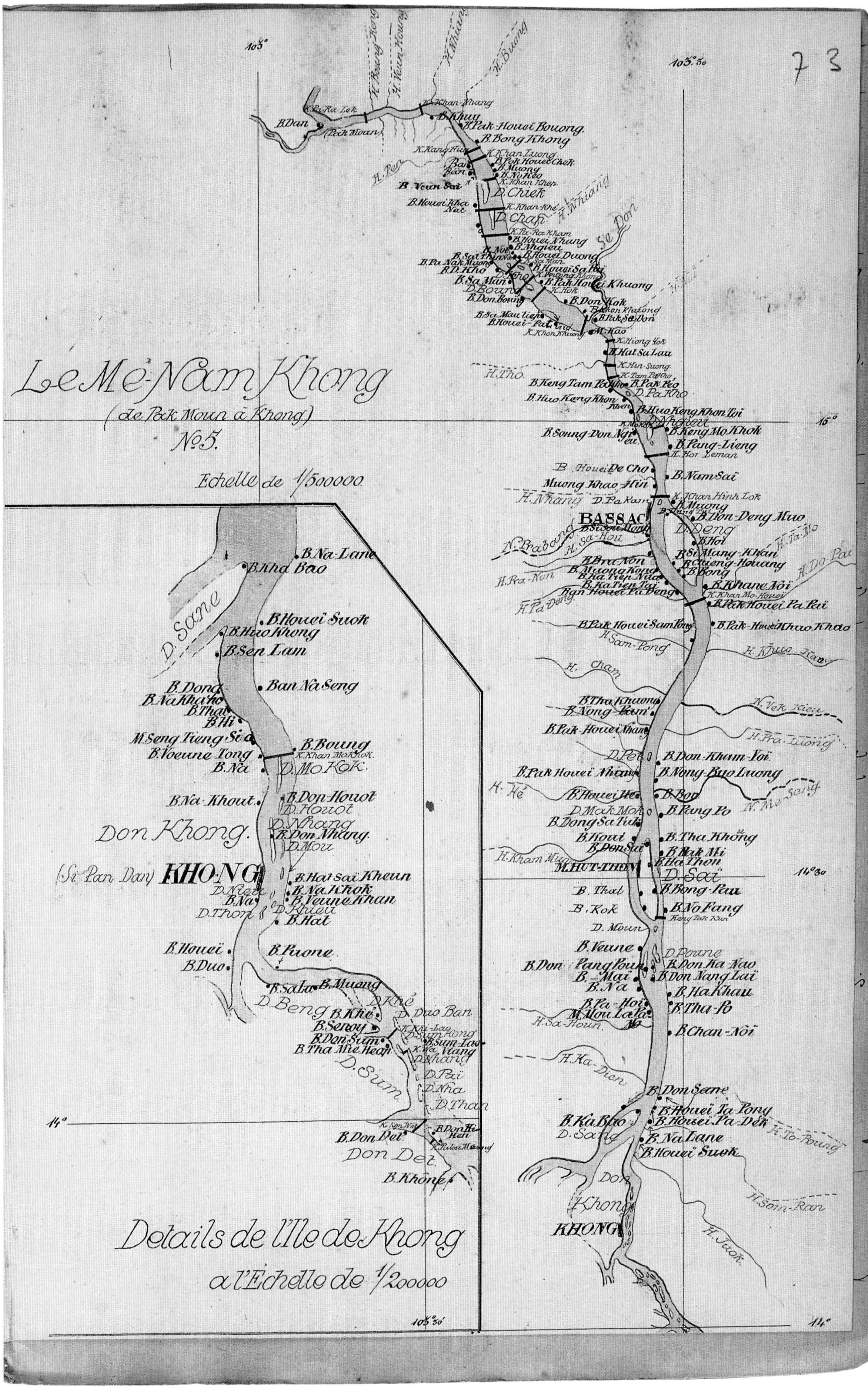
Le Mé-Nam Khong
(de Pak Moun à Khong)
No. 5.
Echelle de 1/500000
Details de l'Ile de Khong
a l'Echelle de 1/200000
105°
105° 30'
15°
14° 30
14°
BASSAC
KHONG
M. HUT-THON
Don Khong
(Si Pan Dan)
Don Det
B. Dan
B. Khuy
B. Pak-Houeï Bouong
B. Bong Khong
D. Chiek
D. Chap
Se Don
B. Pak Houeï Khuong
B. Don Kok
B. Keng Tam Pouyho
B. Pak Peo
D. Pa Kho
B. Huo Keng Khon Toi
B. Keng Mo Khok
B. Pang-Lieng
B. Nam Sai
Muong Khao-Hin
H. Nhang
B. Muong
B. Don-Deng Muo
D. Deng
N. Prabang
B. Khane Noï
B. Pak Houeï Pa Paï
B. Pak-Houeï Khuo Khao
H. Sam-Pong
H. Cham
N. Vek Kieu
H. Pra-Luong
B. Don-Kham-Toï
B. Nong-Buo Luong
N. Me Sang
B. Pang Po
B. Tha Khong
D. Saï
B. Bong-Pau
B. No Fang
D. Poune
B. Don Ka Nao
B. Don Nang Laï
B. Ha Khau
B. Tha-Po
B. Chan-Noï
H. Ka-Dien
B. Don Sane
B. Houeï Ta Pong
B. Houeï Pa-Dek
B. Ka Bao
D. Sane
B. Na Lane
B. Houeï Suok
H. To-Poung
H. Som-Ran
H. Juok
B. Kha Bao
B. Houeï Suok
B. Hao Khong
B. Sen Lam
Ban Na Seng
B. Dong
M. Seng Tieng Sè
B. Boung
B. Voeune Tong
D. Mo Kok
B. Na-Khout
B. Don-Houot
D. Houot
D. Nhang
B. Don Nhang
D. Mou
B. Hat Saï Kheun
B. Na Khok
B. Veune Khan
B. Hat
B. Houeï
B. Duo
B. Puone
B. Sala
B. Muang
D. Beng
B. Khè
B. Senoy
B. Don Sum
B. Tha Mie Heat
D. Sum
D. Dao Ban
D. Khè
D. Khang
D. Paï
D. Nha
D. Than
B. Don Det
B. Khone

Auguste Pavie à Luang Prabang.
*« La cité charmeuse », le cœur du Laos, est de toutes les villes d'Indochine celle qui est la plus familière à Auguste Pavie.*

À droite : le sceau de Luang Prabang.
*Il fut symboliquement remis à Auguste Pavie par les Pavillons-Noirs en signe de ralliement après le siège de la ville.*

*« Dans le contact constant avec les indigènes, je me familiarisais avec l'idée de vivre complètement parmi eux. »*

Auguste Pavie

Le vieux Roi.

Chef des bonzes.

songeait à annexer le petit État laotien. Sans vraiment guerroyer, sans menaces ni condescendance, Pavie atteint donc tous les objectifs qu'on lui avait fixés.

Au départ, pourtant, ces objectifs à la fois géographiques et politiques ne vont pas de soi. Pour le dire en peu de mots, Pavie est chargé en quelque sorte de délimiter les frontières de la future Indochine française, frontières la séparant de la Chine, du Siam et de la Birmanie. Géographiquement, Pavie doit pour cela explorer – en prenant de vitesse les agents secrets siamois – les régions largement inconnues entourant les premiers postes français du Cambodge et du Laos.

C'est peu de dire qu'il s'agit là d'une aventure. Avec le recul, on a du mal à réaliser à quel point les administrateurs et les soldats occupant les postes avancés français en Indochine ignoraient tout du pays profond qui les entourait. Des hauts plateaux du centre du Viêt Nam aux confins du Siam ou du Laos, jouxtant la frontière chinoise, ces jungles épaisses et ces plaines vertigineuses habitées par des indigènes n'avaient encore rien livré de leurs secrets.

Pavie doit également tenter une « percée » à travers la brousse et les montagnes pour relier les avant-postes du Laos et du Tonkin. Il faut imaginer les marches épuisantes et hasardeuses à travers des régions infestées de bêtes sauvages – des tigres notamment – qui amènent Pavie, par exemple, jusqu'à une immense cuvette perdue dans les montagnes de Muong Then dont nul ne sait encore qu'elle jouera un rôle capital dans l'histoire de la colonisation française : la cuvette de Diên Biên Phu, dont l'armée française sera chassée, au printemps 1954, par les troupes communistes du général Giap. Pavie « découvreur » de Diên Biên Phu : le symbole a du prix !

Le roi de Luang Prabang et le chef des bonzes, photographiés en 1894.
*En Asie, les monuments à visiter, lourds d'histoire et de savoir, ce sont les hommes. Le vieux monarque (ci-dessus, à gauche) est l'allié le plus fidèle et le plus dévoué d'Auguste Pavie depuis que ce dernier lui a sauvé la vie, en 1886, lors du sac de son royaume par les Pavillons-Noirs. En l'honneur de la mission, il organise des festivités au cours desquelles les mandarins et le chef des bonzes témoignent de leur gratitude (à gauche).*

Pages suivantes : pagode de Wat-Vin-Soune à Luang Prabang.

-51-
45

conyoit et des reconnaissances du poste, je répartis les charges sur les deux huyen de Cam-Mon et de Cam-Keûte, proportionnellement à leurs ressources : coolies en nombres égaux et éléphants comme trois est à deux.

Le Laï-Muc servira d'intermédiaire entre le garde principal et les autorités indigènes, le Quan-huyen pour le Cam-Mon, et le chef de Canton pour le Cam-Keûte, qui seront responsables de l'exécution des ordres donnés.

Les Bonzes de Na-Huong

314

dolman.

* * *

Parures. — Les sauvages sont, dans leur genre, très portés à la coquetterie. Les jeunes gens surtout aiment se parer de colliers de perles, de cuivre ou d'étain, de boucles d'oreille, de bracelets en laiton etc....

Ils ornent le manche de leur sabre,

la...

294

« jusqu'à l'ivresse » dit le proverbe sauvage, et chacun s'en acquitte avec la plus louable émulation.

L'accompagnement obligé de tout sacrifice est en effet la jarre de vin. Voici comment elle se prépare.

Quelques jours avant l'époque fixée pour la fête, les femmes de la maison cuisent le millet ou le maïs, et y mêlent un ferment assez fort ; puis, le mélange est tassé dans les jarres, où la fermentation peut

s'opérer ....

294

et ont, même les plus jeunes, un air vieillot, qui provient sans doute de leur surmenage.

Comme les hommes, elles portent les cheveux tordus en chignon derrière la tête, à la façon des annamites.

Les Ca-Dangs les coupent généralement sur le front.

Types de Laotiennes. M. de Malglaive

Journaux de marche
et rapports de mission illustrés.
*Capable de traduire des textes anciens ou de recueillir patiemment légendes indigènes et traditions orales, Auguste Pavie a rassemblé une moisson impressionnante d'observations et de notes. Avec ses collaborateurs, il rédigea des centaines de journaux de marche dont certains sont illustrés de dessins, de cartes et de photographies. À gauche, ceux des capitaines Pierre Cupet et Joseph de Malglaive ainsi que celui du lieutenant Rivière. Ci-contre, ceux du docteur Alexandre Yersin et notamment le voyage de Nha Trang à Stung Treng.*

*« J'ai inutilement fait chercher une pioche dans le marché. Je voudrais avoir, en cas de malheur, un instrument pour enterrer rapidement ce que je ne pourrais mettre autrement en sûreté. Quoique mon bagage soit peu important, il y a des choses que je ne puis risquer de perdre : ce sont la caisse contenant mes notes et papiers, celles du matériel photographique que j'ai apporté de Phitehay, de préférence à mes vivres. »*

Auguste Pavie

Reconnaissance dans la jungle et sentinelle du poste de Cho-Trang (Tonkin). Clichés du commandant Corneille Trumelet-Faber, collaborateur et photographe occasionnel de la mission Pavie.
*Il faut imaginer les veilles bruissantes d'insectes et d'animaux, les cris d'oiseaux, entrecoupés du feulement de « Monsieur Tigre » puisque, aux contreforts du Tonkin, du Laos et de la Chine, les peuples de la forêt parlent des bêtes comme des humains. Dans ces cathédrales de végétation, il est impossible de trouver un arpent de terre sans une épaisse couche de mousse ou un entrelacs de pierres qui ne suinte pas l'eau. La fécondité de la nature est un choc pour les Européens.*

## Un incomparable serviteur

Politiquement, la mission de Pavie durant les vingt-cinq années de sa présence en Indochine est comparable à une partie de billard à trois bandes. Soucieuse de s'installer durablement dans la région, la France, qui n'est pas en position de force, si loin de la métropole, ne peut que jouer sur les antagonismes concurrents. Présents dans la Birmanie voisine, les Anglais rêvent d'évincer la France de la région. Le Siam, on l'a vu, joue son propre jeu colonisateur. Les seigneurs de la guerre chinois, quant à eux, et les pirates qui leur sont plus ou moins inféodés ne rêvent que de poursuivre leurs trafics lucratifs dans ces zones incertaines qu'on appelle aujourd'hui le Triangle d'or. Tout l'art de Pavie consiste à se gagner les sympathies des princes ou rois autochtones, notamment laotiens, aux yeux desquels la France apparaît comme une puissance protectrice.

Du grand art, certes, mais aussi un grand courage physique. Pour ne citer qu'un seul exemple, la façon dont Pavie, au risque de sa propre vie, sauve le vieux roi du Laos et sa famille – assiégés en 1886 dans Luang Prabang par les redoutables Pavillons-Noirs du chef Deovan-Tri – en organisant leur fuite vers le Mékong. Cet exploit-là n'a jamais été oublié, que ce soit en France ou en Asie. Ni la Bretagne ni la République n'ont décidément à rougir de cet incomparable serviteur…

# La chute de Tombouctou

## *À l'assaut de la cité mythique*
## *1893-1894*

Éric Fottorino

Lt Ben Zaïan – Lt Lapervie – Lt Noël
1889

En ce matin de l'hiver 1894, depuis le point du jour, trois cents pirogues chargées de vivres et de munitions descendent le cours du Niger en direction de Tombouctou. Formée à Ségou, la colonne fluviale commandée par le colonel Bonnier progresse lentement. Est-ce la perspective d'atteindre bientôt la cité mystérieuse qui trouble les rameurs, ou le pressentiment du drame qui couve ? Quelques embarcations chavirent mais, par chance, aucune victime n'est à déplorer. La suite sera plus cruelle.

Tombouctou. Plus qu'une ville, plus qu'un nom sur le rose des anciennes cartes d'Afrique, un mythe qui charrie avec les siècles ses hommes drapés de toile indigo, ses caravanes de sel, ses légendaires rues pavées d'or et ses manuscrits enfouis dans les dunes ; une cité intellectuelle qui compta au XVe siècle quelque vingt-cinq mille étudiants férus de théologie, de droit ou de grammaire. Tombouctou capitale mondiale du savoir, Tombouctou ville bénie de l'Islam, dominée par la silhouette massive de ses lieux de prière : Sankoré la mosquée-école, bâtie aux dimensions exactes de la Kaaba de La Mecque, et Djinguereber, née sous la main d'un architecte grenadin que l'empereur du Mali ramena d'un pèlerinage en Terre sainte en 1325.

Pour le parti colonial français de la fin du XIXe siècle, Tombouctou n'est pas seulement cette ville auréolée de mystère, que d'ailleurs René Caillié a fortement terni. Premier Européen à y entrer en 1828, au terme d'un long voyage à pied, le jeune Saintongeais écrivit que, là-bas, « tout est triste dans la nature ». Sa déception n'a pourtant pas découragé ceux de ses compatriotes qui, en ces ultimes journées de 1893, suivent ses traces les armes à la main, pour raison d'État.

Depuis la conférence de Berlin qui a décidé du partage de l'Afrique entre les grandes puissances européennes (voir page 98), la France a

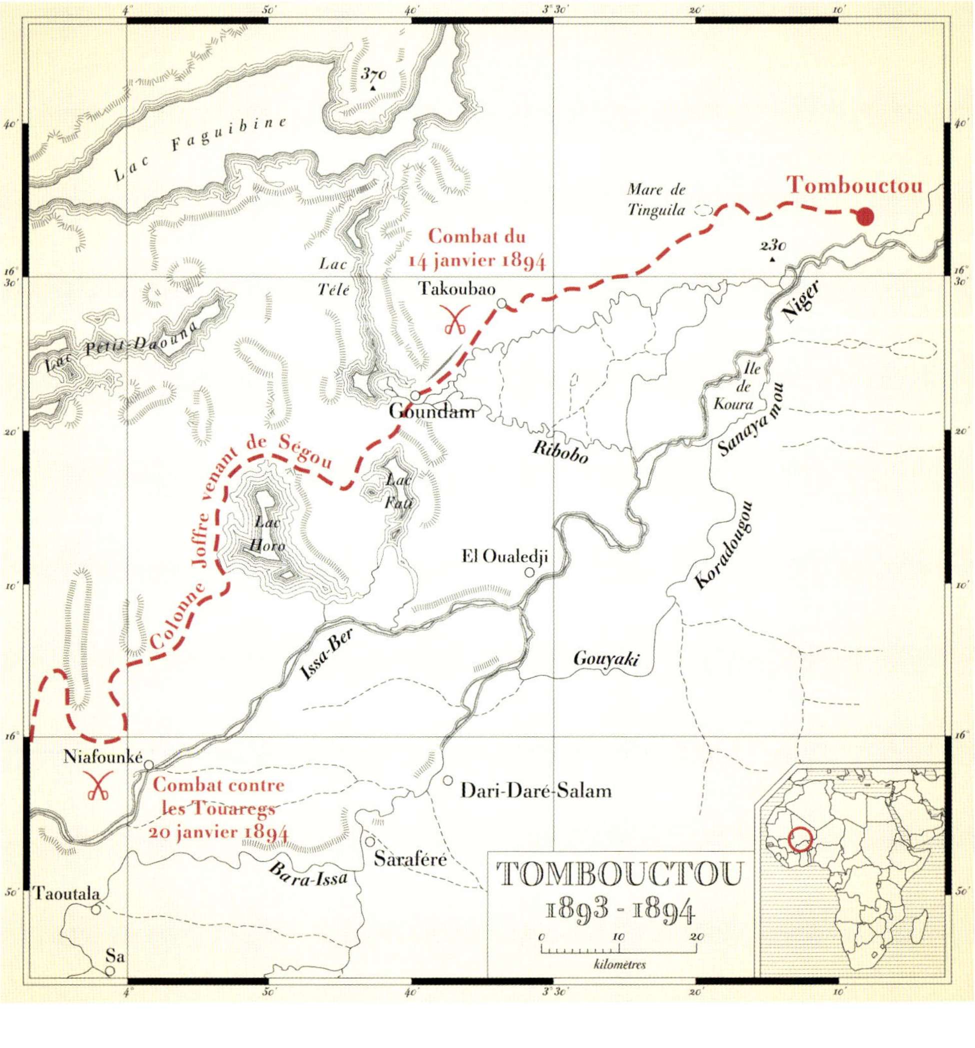


Carte de la prise de Tombouctou : *contrairement à ce que l'on pourrait imaginer, Tombouctou n'a pas été prise par une armée venue du Sahara, mais par des marins empruntant le Niger. La ville sera définitivement aux mains des Français le 20 janvier 1894 après de violents combats. Elle servira alors de base arrière à des campagnes contre les Touareg.*

Trois photographies du capitaine Laperrine.
*Après la prise de Tombouctou, le célèbre officier intègre des méharis nomades à ses propres unités pour créer les compagnies sahariennes. Il sillonnera sans relâche le désert qui entoure la ville, cet « enfer des sables ». À gauche, au centre, avec deux de ses lieutenants; en haut, interrogeant un rôdeur peul; ci-dessus, ses aides.*

entrepris d'élargir son pré carré, de l'Afrique occidentale jusqu'au lac Tchad. Elle guigne aussi un axe nord-sud reliant l'Afrique noire à l'Algérie. Tombouctou devient le nom du rêve colonial, sa clé de voûte sous l'infini des étoiles. Conquérir Tombouctou, c'est toucher du doigt une ambition de grandeur. La partie semble gagnée lorsque, le 16 décembre 1893, la ville est occupée par le lieutenant de vaisseau Boiteux. Mais le 28 décembre, une flottille d'accompagnement tombe dans une embuscade tendue par des Touareg. L'enseigne de vaisseau Aube est tué, la position française, menacée.

## « À moi la cinquième! »

Pour leur prêter main forte, la colonne de secours du colonel Bonnier se dirige vers la capitale d'empire, où elle accoste sans encombre le 10 janvier 1894. On y trouve des officiers baroudeurs, qui ont connu les campagnes du Tonkin, un interprète arabe et le capitaine Migote, chargé du service topographique et des renseignements. Une compagnie de tirailleurs ferme le ban.

Il est cinq heures du soir, ce même jour, lorsque l'artillerie et la fin du convoi se présentent à Tombouctou. Dès le lendemain, des ordres sont donnés pour que parte sur-le-champ une équipe de reconnaissance. D'après

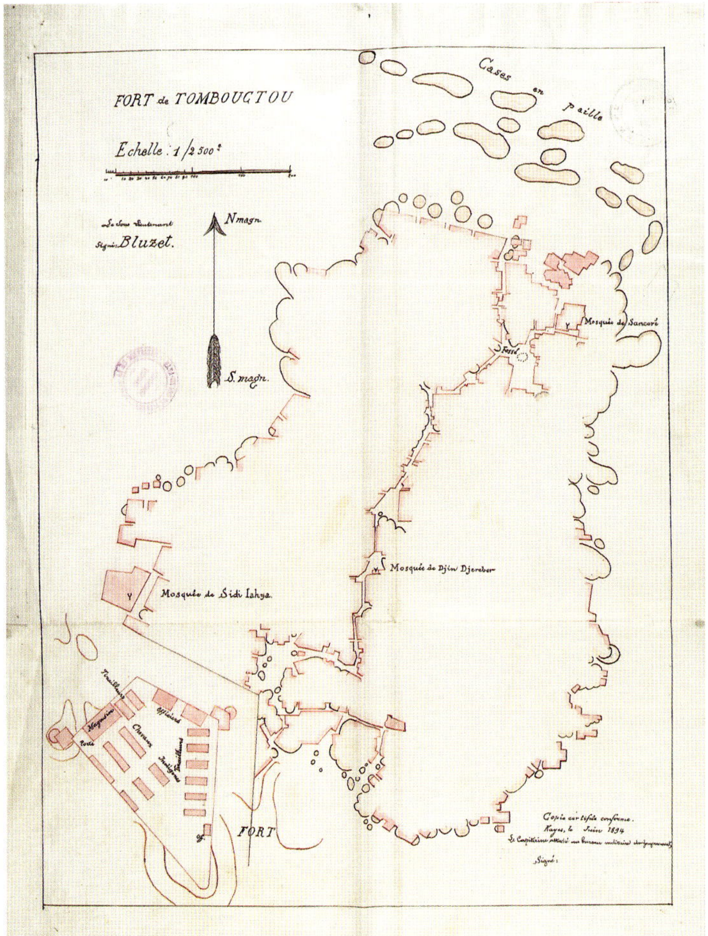


certains renseignements, des campements touaregs se sont fixés dans les environs, à l'ouest, vers Goundam. L'équipe de reconnaissance, qui se met en branle au matin du 12 janvier sous le commandement de Bonnier, forme un premier bivouac sur les bords de la mare de Tinguila, vingt et un kilomètres à l'ouest de Tombouctou. Jusqu'à Massakoré, elle prend le contrôle de plusieurs campements touaregs, constitue des prisonniers (parmi lesquels des femmes) et saisit des centaines de têtes de bétail qui ralentiront le convoi.

Une partie de la troupe reste à Massakoré. Le groupe de reconnaissance se remet en marche le 14 janvier pour gagner un chapelet de clairières bordées d'épais buissons de mimosa et d'eucalyptus. La nuit tombe, et le froid. Un froid violent, saisissant : pour marcher plus vite, les soldats ont laissé leurs couvertures derrière eux. Dans l'après-midi, quelques escarmouches de cavaliers touaregs ont mis la troupe en alerte. Au bivouac, Bonnier tente d'arracher des renseignements aux captives. En vain. Un grand feu est allumé pour permettre à deux détachements partis vers le sud de rallier le campement. Les hommes sont pris d'une sourde angoisse que ne dissipe pas la chaleur des flammes.

Vue d'ensemble et plan de Tombouctou. *Ville bénie de l'Islam avec ses hommes drapés de toile indigo, ses caravanes de sel, la légende de ses rues pavées d'or et de ses manuscrits enfouis dans les dunes, Tombouctou compta au* XV*e siècle vingt-cinq mille étudiants férus de théologie, de droit ou de grammaire. En 1900, il n'en reste que ces murs écrasés de soleil et recouverts de poussière.*

*Tombouctou est un carrefour de peuples :*
*ici, des Touareg discutant le prix d'un mouton.*

Extrait du rapport du capitaine Migote sur l'attaque du 15 janvier 1894, 5 mars 1894.

« Ces gens-là sont sur nous », dis-je alors au colonel, à la gauche duquel je me trouvais. « Oui », me répondit-il sur un ton qui me frappa. En même temps, le docteur Grall s'écriait derrière nous : « Mais ils nous attaquent ! » […] (Transcription en fin de volume.)

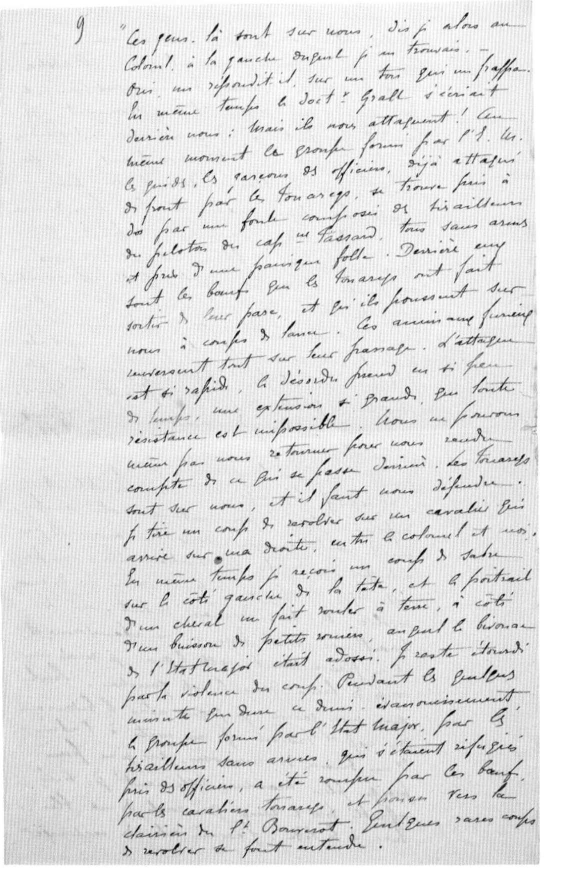

9 "Ces gens-là sont sur nous", dis-je alors au
Colonel, à la gauche duquel je me trouvais. —
Oui, me répondit-il, sur un ton qui me frappa.
En même temps le doct.r Grall s'écriait
derrière nous : Mais ils nous attaquent ! Au
même moment le groupe formé par l'É. M.
le guide, les garçons des officiers, déjà attaqué
de front par les Touaregs, se trouve pris à
dos par une foule composée de tirailleurs
du peloton du cap.ne Tassard, tous sans armes
et pris d'une panique folle. Derrière eux
sont les bœufs que les Touaregs ont fait
sortir de leur parc, et qu'ils poussent sur
nous à coups de lance. Ces animaux furieux
renversent tout sur leur passage. L'attaque
est si rapide, le désordre prend en si peu
de temps, une extension si grande, que toute
résistance est impossible. Nous ne pouvons
même pas nous retourner pour nous rendre
compte de ce qui se passe derrière. Les Touaregs
sont sur nous, et il faut nous défendre.
Je tire un coup de revolver sur un cavalier qui
arrive sur ma droite, entre le colonel et moi.
En même temps je reçois un coup de sabre
sur le côté gauche de la tête, et le poitrail
d'un cheval me fait rouler à terre, à côté
d'un buisson de petits rosiers, auquel le bivouac
de l'État-major était adossé. Je reste étourdi
par la violence du coup. Pendant les quelques
minutes que dure ce demi-évanouissement,
le groupe formé par l'État-major, par les
tirailleurs sans armes, qui s'étaient réfugiés
près des officiers, a été rompu par les bœufs,
par les cavaliers touaregs, et poussé vers la
clairière du Lt Bourcrot. Quelques rares coups
de revolver se font entendre.

Les deux pages: mission du capitaine Laperrine, 1896.
Passage du Niger: *le fleuve est la grande voie d'accès à Tombouctou. En 1894, lors de l'assaut, c'est une simple flottille de chalands qui pénétra la première dans la ville, à travers les marigots la reliant au Niger en crue.*

À droite en bas: passage du tunnel au défilé d'Iguiel.

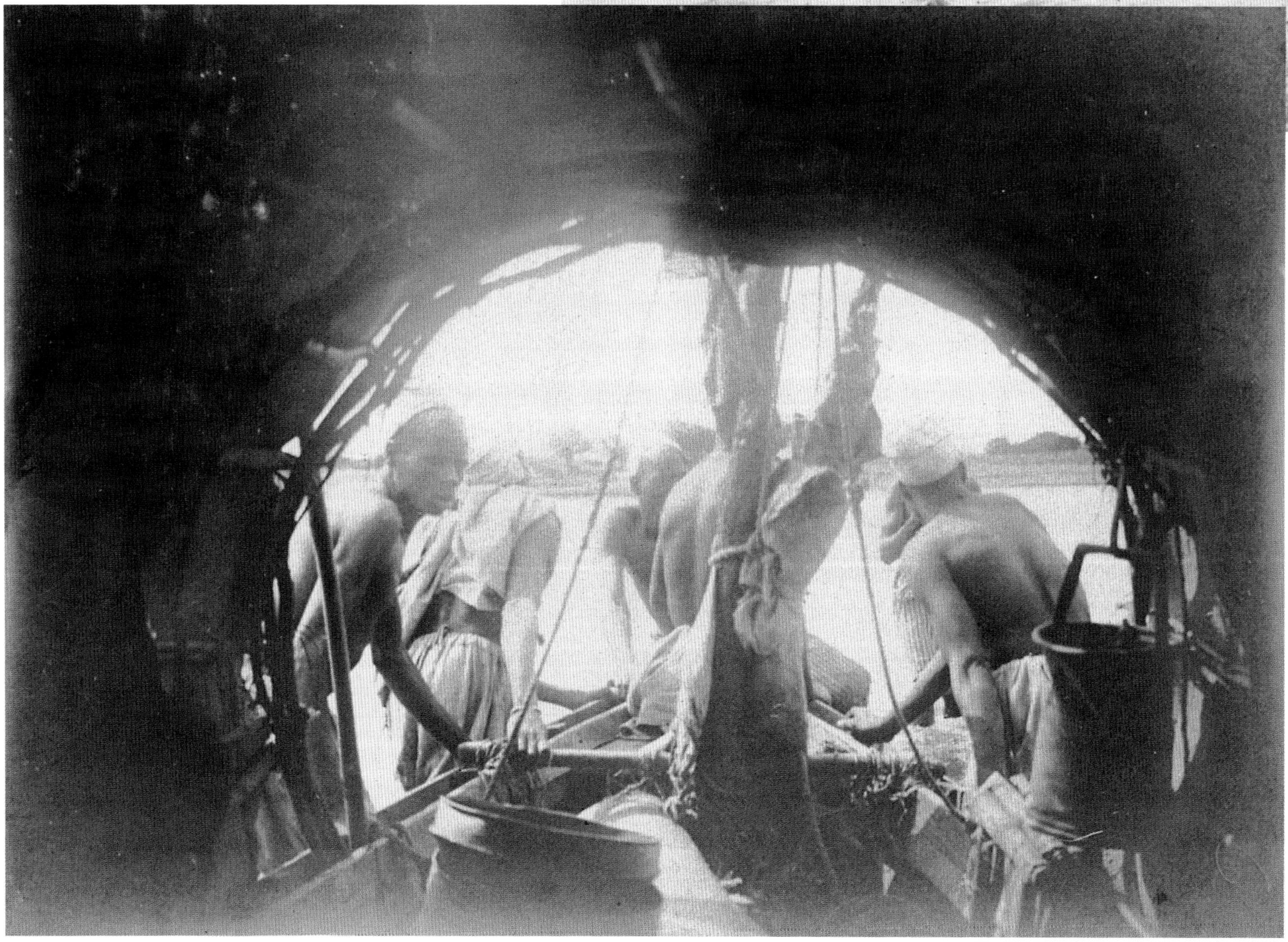

*« J'embarquais mes chameaux, mes chevaux, mes domestiques et mon bagage. J'éprouvais une joie inexprimable à me voir porté sur ce fleuve qui avait déjà coûté la vie à maints courageux explorateurs. »*

Heinrich Barth, explorateur allemand, à Tombouctou, 1854

Le commandement est plongé dans un profond sommeil lorsque, à quatre heures et quart du matin, le 15 janvier, des coups de feu éclatent. « Malgré la rapidité avec laquelle nous nous levons, raconte le capitaine Migote, nous apercevons en face de nous une masse de cavaliers qui se meut sur nous presque en ordre et en silence. Une vague rumeur s'élève de tous les côtés. Les Touareg sont à peine à quelques centaines de mètres. »

La troupe est prise d'une panique folle dans l'obscurité. Les assaillants ont fait sortir les bœufs de leur enclos pour que les bêtes en furie viennent piétiner les soldats engourdis. « L'attaque est si rapide, le désordre prend en si peu de temps une extension si grande que toute résistance est impossible », constatera le capitaine Migote, qui reçoit un coup de lance au côté gauche. Les hommes courent en tous sens et n'ont pas la présence d'esprit de ramasser leurs armes. L'ennemi sabre à tour de bras. Le colonel Bonnier s'effondre sous les coups au cri de : « À moi la cinquième ! » C'est un véritable carnage.

À l'aube, les rares rescapés, dont Migote, comptent les morts. Tous les officiers ont été massacrés, ainsi que l'équipe de reconnaissance. Le capitaine Migote donne l'ordre du départ. Après une marche harassante sur des sables mouvants, puis une nuit de bivouac, le petit groupe entre enfin dans Tombouctou le 17 janvier. Au petit matin, l'appel réglementaire résonne cruellement dans le vide. Que s'est-il réellement passé pendant cette terrible nuit de Takoubao ? « On peut sans crainte d'erreur évaluer à un millier d'hommes les Touareg qui ont pris part à la surprise », note le capitaine Migote. Dans les jours qui ont précédé l'attaque, les tribus établies sur la rive droite du fleuve avaient envoyé des renforts à celles qui, sur la rive gauche, allaient donner l'assaut fatal.

*Méharistes dans le désert et mirador d'observation, telle une sentinelle dérisoire balayée par les vents de sable (mission du capitaine Laperrine, 1896).*

Peu après, le 20 janvier, la colonne du chef de bataillon du génie Joffre défait les Touareg à Niafounké. Cette victoire permet à la France d'asseoir sa domination dans Tombouctou reconquise. Voici désormais le nom de la ville inscrit en lettres d'or et de sang dans l'imaginaire colonial français.

En 1896, c'est le capitaine Laperrine, ami du père de Foucauld, qui portera à nouveau le fer contre les Touareg du Hoggar. Ce jeune officier décide d'intégrer des méharis nomades à ses propres unités et sillonne sans relâche le désert qui entoure Tombouctou, cet « enfer des sables », selon René Caillié. En grand nombre, les tribus de la boucle du Niger se soumettent. C'est le coup d'envoi des célèbres compagnies méharistes, qui survivront de longues années à leur fondateur.

*« Mes enfants, on croit que je connais*
*le désert, mais personne ne le connaît.*
*C'est moi qui ai fait votre malheur…*
*J'ai traversé dix fois le Sahara*
*et j'y resterai la onzième fois. »*

Capitaine Lapperine, quelques heures avant sa mort, le 5 mars 1920

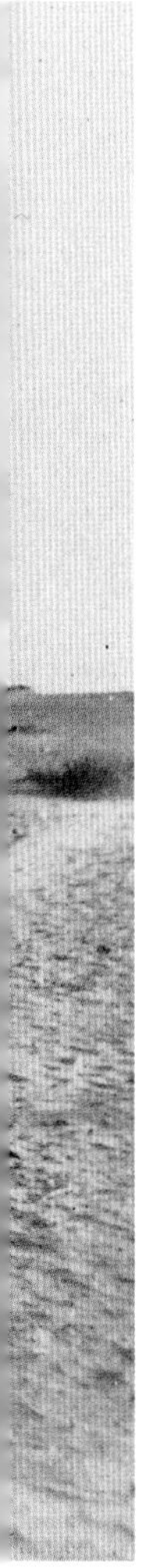

# Le bâtisseur d'empire

## *Louis Gustave Binger dans l'enfer vert de la forêt ivoirienne 1887-1893*

Elikia M'Bokolo

Dans les années 1880-1890, explorer l'Afrique n'est plus une affaire de passion ou de goût de l'aventure. Il s'agit déjà d'un métier. Il y faut des connaissances scientifiques, des terres vierges et cette légitimité que seul peut fournir un État. Le capitaine Binger réunit toutes ces conditions. À dix-sept ans, il a quitté l'Alsace, annexée par l'Allemagne, pour s'engager dans l'armée française. C'est un jeune homme volontaire, un patriote farouche, animé d'une grande ambition personnelle. Il est persuadé que seule la conquête d'un empire rendra à la France son statut de grande puissance.

Dès 1882, il sert au Sénégal sous les ordres du général Dodds. En 1884, il parcourt le Haut-Sénégal en compagnie du capitaine Monteil. Puis il devient officier d'ordonnance du général Faidherbe. Cette rencontre est la chance de sa vie. Faidherbe, qui a gouverné le Sénégal, est un modèle pour tous ceux qui rêvent de se couvrir de gloire. Il apprécie ce jeune sous-

Le capitaine Louis Gustave Binger.
*Il incarne l'archétype des officiers explorateurs, bâtisseur d'empire, ethnologue et aventurier, sûr de la supériorité de la France. Alors qu'aucune photographie n'a été prise lors de sa première mission, c'est Marcel Monnier, en 1892, qui se chargera du reportage publié ici.*

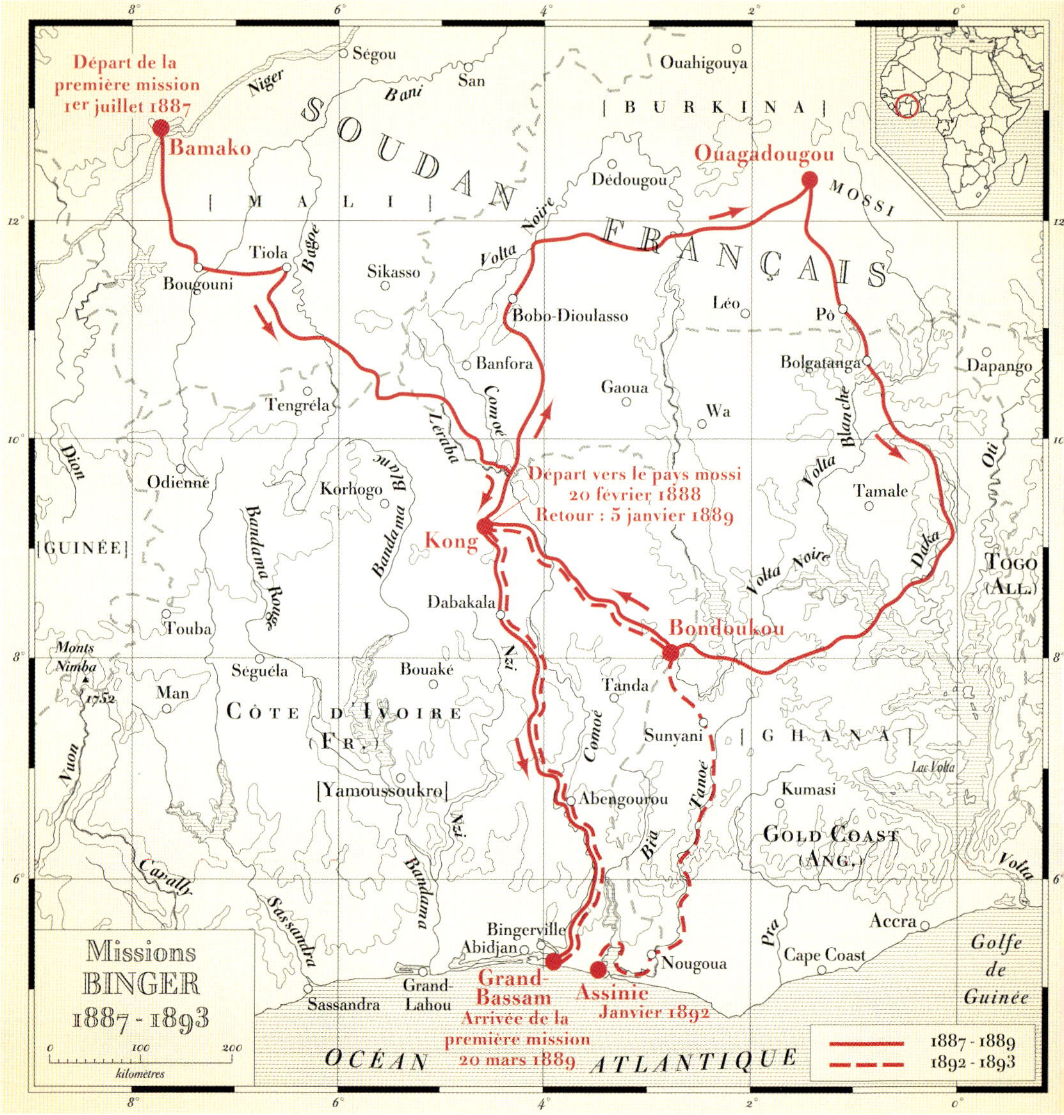

lieutenant et devine en lui un « bâtisseur d'empire ». Il l'initie aux méthodes ethnographiques qu'il a pratiquées au Sénégal et lui inculque ses idées sur la colonisation.

« Vide », « vierge », l'Afrique ne l'est que pour ceux qui la regardent de l'extérieur. Les régions les plus mal connues, situées entre les comptoirs côtiers et le Haut-Niger sont en pleine mutation. Sous l'impulsion de conquérants comme Samory, les héritiers des anciennes dynasties tentent de préserver leur indépendance et d'accroître leurs territoires. L'islam progresse, par l'épée des conquérants, l'action des commerçants et l'enseignement de maîtres réputés.

Les inquiétudes comme les espoirs de ces sociétés, les Européens les ignorent quand Louis Gustave Binger se voit confier l'exploration de la région. Nous sommes en 1887. Le but de sa mission est avant tout politique : il doit évaluer les forces de Samory, ce grand chef de guerre qui entrave depuis tant d'années la progression de la France au Soudan (voir page 140). Binger quitte Bamako le 1er juillet 1887, sans escorte militaire. Après avoir croisé Samory, qui assiège alors Sikasso, il atteint Kong le 20 février 1888 puis se dirige vers le nord, à travers le pays mossi. Il y est d'abord bien accueilli par le *morhonaba*, le chef suprême, qui lui fait visiter Ouagadougou puis le prie de quitter le pays. Binger descend donc vers le sud, vers le confluent des deux Volta.

Les membres de la mission à Élima
au début du voyage (janvier 1892).
*Louis Gustave Binger, le docteur Crozat, le lieutenant Braulot et Marcel Monnier photographiés avec les employés de la factorerie.*

Pages suivantes : arbre tombé dans la forêt de Sanwi.
*La mission entre dans « l'enfer vert » : un entrelacement inouï de racines, d'arbres écroulés, de brousailles épineuses.*

*« La monotonie est terrible*
*dans ces régions.*
*Comme ce silence est imposant ! »*

Louis Gustave Binger

De retour à Kong, le 5 janvier 1889, il retrouve l'explorateur Treich-Laplène, venu de la côte à sa recherche. Malgré l'hostilité d'une bonne partie des quinze mille habitants, farouchement attachés à l'indépendance de leur ville, les deux Français obtiennent des Ouattara, la famille régnante, la signature d'un traité avec la France, puis regagnent la côte.

De Bamako à Grand-Bassam, où il arrive le 20 mars 1889, Binger a parcouru près de quatre mille kilomètres en vingt et un mois. Cette prouesse, il la doit certes à ses propres capacités, mais également aux Africains. À ses porteurs d'abord, recrutés à Bamako : il n'en reste que quatre à l'arrivée. Il la doit aussi aux cadeaux en nature – bœufs, moutons, poulets, poisson sec, viande de chasse, singe boucané, riz, mil, sorgho, igname – et aux précieux conseils qui ont facilité sa route. Le capitaine s'est même fait des amis, au point de se retrouver « papa honoraire » d'un petit Karamokho-Oulé-Binger. Ce qui ne l'a pas empêché de toujours se comporter en colonial et d'écrire : « J'estime qu'un Blanc, quel qu'il soit, ne doit pas se prosterner devant un roi noir, si puissant qu'il soit. » Il était venu en Afrique gagner sa part de gloire ; il a réussi.

Désormais célèbre, le voilà de retour en 1891. Il a mission d'établir des frontières définitives entre la Côte d'Ivoire et la Gold Coast (Ghana). Alors qu'il était seul en 1887, il est cette fois accompagné par trois Français :

Deux images de la jungle : passerelle sur un marigot et halte des porteurs dans une clairière.
*La route est un sentier à peine tracé, coupé de ravins et de marigots. Des troncs d'arbres et des câbles de lianes doivent être franchis en rampant ou grâce à des contorsions épuisantes. Des nids de termites tombent des branches. En l'absence de gué, il faut s'enfoncer dans la vase jusqu'à mi-corps. C'est l'aventure sans romantisme, éprouvante et cruelle. Les porteurs, haletants, épuisés, doivent se contenter d'une poignée de riz et d'une tranche de viande fumée. En 1887, des premières recrues de Bamako, seuls quatre porteurs toucheront au but et verront la mer.*

le docteur Crozat, un scientifique, le lieutenant Braulot, commandant de l'escorte d'une vingtaine de tirailleurs sénégalais, et Marcel Monnier, reporter-photographe (voir page 86). Forte de cent cinquante hommes, la mission française doit travailler en liaison avec la mission anglaise du capitaine Lang, qui comprend deux cent cinquante porteurs et cinquante soldats, interprètes et chefs porteurs.

Au mois de janvier 1892, les deux missions posent leurs bagages à Assinie, sur la côte. Elles marcheront d'abord séparément, les Français par le Sanwi et l'Indénié, les Anglais par le pays ashanti, puis se retrouveront du côté de Bondoukou. Rendez-vous est pris à Attiébentékrou, un petit village situé au nord de la grande forêt, où commenceront les négociations avec les chefs rivaux de la région.

Après une remontée en pirogue de la Tanoé, Binger et ses compagnons pénètrent dans la grande forêt. Désormais, c'est à pied qu'ils devront rejoindre Kong et le Soudan méridional : partie la plus périlleuse de la mission, à tous points de vue. Politique d'abord : il faut compter avec les intrigues des Britanniques qui, contrairement à ce qui était initialement prévu, suivent les Français dans le Sanwi et l'Indénié. Quant aux chefs africains, qui ne veulent se soumettre ni aux Anglais ni aux Français, ils font semblant d'être les

Scènes de la vie dans le camp d'Attiébentékrou (avril 1892). *Du 1er au 15 avril 1892, les Français dressent leur camp en dehors du village où ils ont donné rendez-vous à la mission britannique, avec laquelle ils doivent progresser de concert. Une centaine de mètres à peine séparent les camps des Français et des Britanniques. Les hommes se rendent visite et parlent de la pluie et du beau temps. Lang et Binger (à gauche), les deux chefs rivaux, correspondent par dépêches.*

Ci-dessus : *la hutte des tirailleurs sénégalais donne une idée de la pauvreté des moyens de la mission et de la difficulté de l'entreprise pour les supplétifs.*

*« La seule vue d'un sentier à peine ébauché qui coupe le vôtre est cause d'une joie infinie. On se dit : "Il y en a donc d'autres aussi qui traversent ces solitudes". »*

Louis Gustave Binger

*Sous la grande tente, le docteur Crozat (au centre), qui mourra de fièvres quelques semaines plus tard, lit les dernières missives britanniques. À la suite d'un différend diplomatique sur la répartition des zones d'influence, les deux missions se sépareront. Les Français continueront seuls.*

sujets tantôt des uns, tantôt des autres. Enfin, dans ces régions où la nature elle-même est hostile, Binger va devoir faire face sept mois durant aux désertions de ses porteurs, et, alors qu'il arrive dans le Baoulé, à une mutinerie.

### « Décrit-on un cauchemar ? »

L'expédition entre dans « l'enfer vert » le 10 février : cent lieues de forêt, à franchir en une quarantaine d'étapes. Binger l'a déjà traversée en 1887, malade et porté en hamac – un très mauvais souvenir. Il sait ce qui l'attend : des lianes, des arbres d'où tombent des nids de termites, des feuilles sèches et des rameaux pourris. D'énormes bois morts, suspendus à plus de vingt mètres, s'effondrent au moindre choc. « La monotonie est terrible dans ces régions, écrit-il. […] Comme ce silence est imposant ! » Pas de soleil. Pas de fougères, pas de fleurs. Rien qui réconforte, qui parle au cœur, à l'âme. On ne songe qu'à revoir le jour, et un peu d'herbe.

Le reporter, Marcel Monnier, a connu la jungle amazonienne. Pourtant, de la traversée entre Nougoua et N'Gakin, il note : « Je n'ai pas souvenir d'un terrain semblable. La végétation en masque les reliefs, de proportions surprenantes. Ce ne sont que ressauts, ravins profonds encaissés entre des parois presque verticales. […] De sentier, point. Les pas ne laissent aucune empreinte sur l'épais tapis de feuilles qui recouvre le sol. On chemine à tâtons, ceux qui marchent en tête ralliant leurs camarades par de fréquents appels, des sons de trompe. […] Les indigènes eux-mêmes ont peine à s'y retrouver et les gens de N'Gakin nous ont avoué que leurs chasseurs se perdaient fréquemment. »

À droite : camp d'Attiébentékrou (avril 1892).
*Les tentes ont été dressées en pleine brousse et la « salle à manger » est installée sur un carré de terrain nettoyé tant bien que mal par le feu.*

Ci-dessous : les cuisiniers du roi de Krinjabo, au service de la mission.
*C'est auprès d'un petit État de la côte ivoirienne que Binger a recruté la plupart des cent porteurs, piroguiers et gens de service qui lui sont nécessaires. Chaque homme touche vingt-cinq francs par mois, en plus de sa ration. Les désertions et les mutineries vont être le lot quasi quotidien de l'expédition.*

Le camp à Dibi, dans la forêt (pays de Sanwi, février 1892).
*Ni le vent ni le soleil ne pénètrent dans les ténèbres sous les frondaisons. C'est à peine si les hommes aperçoivent un oiseau. Ceux-ci préfèrent les cimes, à l'orée de la lumière. De temps à autre, les membres de la mission entendent fuir un gibier, qui, en se sauvant, paraît tout briser sur son passage ; ce n'est pourtant qu'une gazelle, à peine plus grande qu'une chèvre, mais le moindre bruit se répercute à l'infini. C'est la forêt, l'immense forêt des origines.*

*« Dans cette ombre, supposez un entrelacement inouï de racines, d'arbres écroulés, de broussailles épineuses ; dans le repli de chaque vallon, un marigot aux eaux dormantes où l'on s'enlise jusqu'à mi-jambe ; des haleines fétides montent de tous les détritus végétaux en décomposition : ajoutez les exhalaisons de la fourmi-cadavre et vous aurez une idée, bien faible encore, de cette jungle africaine. En réalité, elle est indescriptible. Décrit-on un cauchemar ? »*

Marcel Monnier

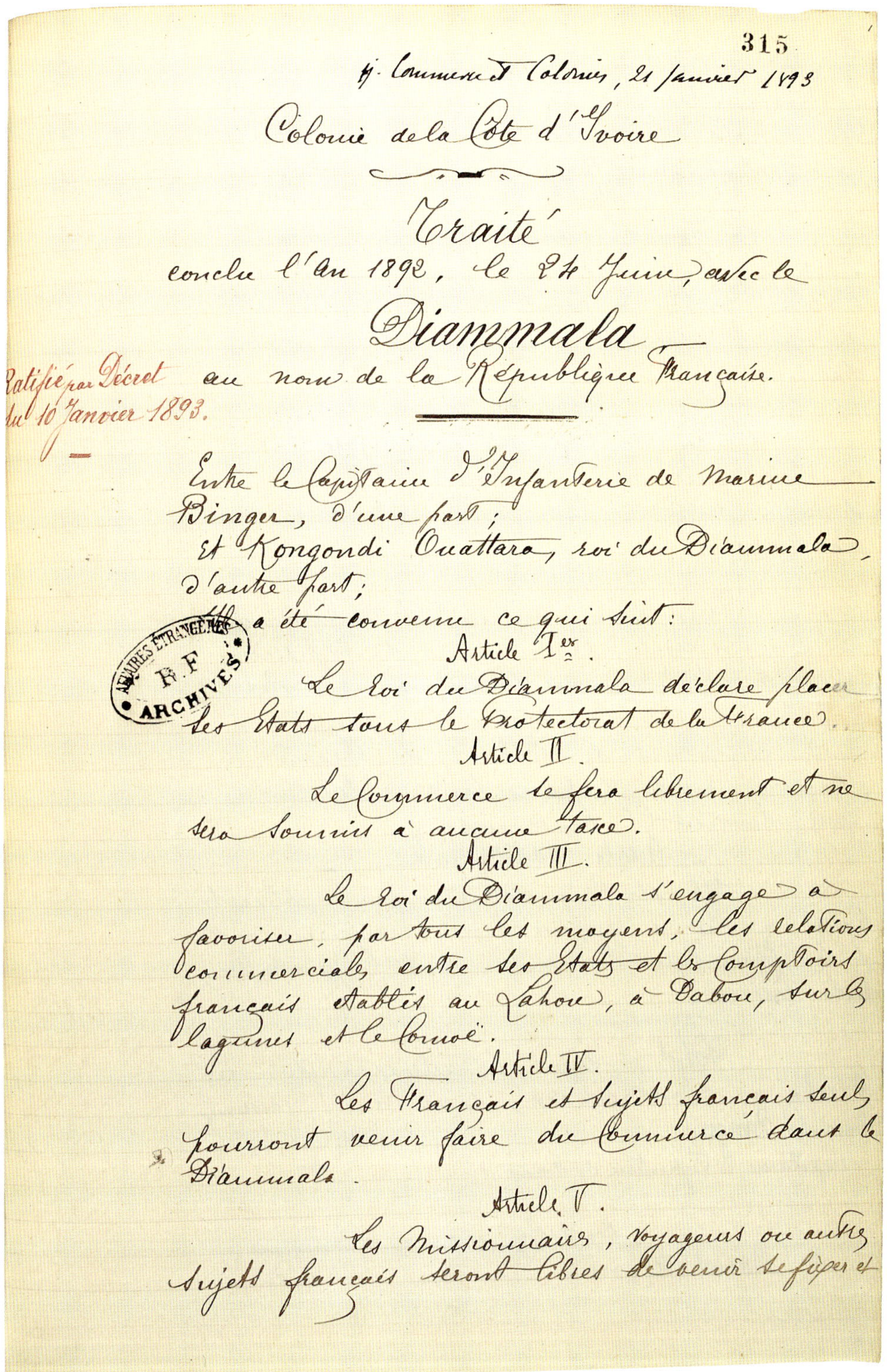

315

Aff. Commerce et Colonies, 21 janvier 1893

Colonie de la Côte d'Ivoire

Traité

conclu l'An 1892, le 24 Juin, avec le

Diammala

au nom de la République Française.

Ratifié par Décret du 10 Janvier 1893.

Entre le Capitaine d'Infanterie de marine Binger, d'une part;
et Kongondi Ouattara, roi du Diammala, d'autre part;
Il a été convenu ce qui suit:



Article Ier.

Le Roi du Diammala déclare placer ses Etats sous le Protectorat de la France.

Article II.

Le Commerce se fera librement et ne sera soumis à aucune taxe.

Article III.

Le Roi du Diammala s'engage à favoriser, par tous les moyens, les relations commerciales entre ses Etats et les Comptoirs français établis au Lahou, à Dabou, sur les lagunes et le Comoé.

Article IV.

Les Français et sujets français seuls pourront venir faire du Commerce dans le Diammala.

Article V.

Les missionnaires, voyageurs ou autres sujets français seront libres de venir se fixer et

Première page du traité signé entre le capitaine Binger et le roi de Diammala, le 24 juin 1892.
*Les amitiés que Binger a nouées avec certains chefs l'aident à consolider la présence française. Il faut parlementer, expliquer, promettre. Les échanges d'homme à homme scellent des accords qui vont décider de l'Histoire pour un demi-siècle. (Transcription en fin de volume.)*

En haut: le chef de Yacassé.
*Les chefs africains ne veulent se soumettre ni aux Français ni aux Anglais et font semblant d'être les sujets tantôt des uns, tantôt des autres. Mais les Européens comprennent-ils les espoirs ou les inquiétudes du « pays des Noirs » ?*

Ci-contre: les porteurs de la mission au repos.
*Ils ont tout connu, tout subi, traversé mille épreuves, surmonté la faim et l'épuisement. Ils sont les héros anonymes de cette aventure.*

À droite: extrait du rapport de mission du capitaine Binger (la liste des porteurs).

En bas: l'arbre des palabres à Zaranou.

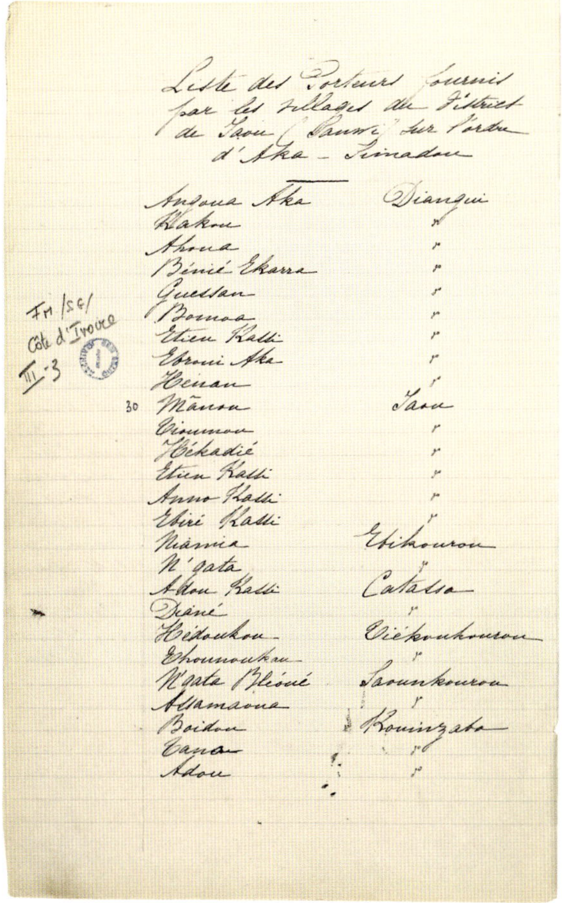

FM/SG/
Côte d'Ivoire
III-3

Liste des Porteurs fournis par les villages du District de Jaou (Sanwi) sur l'ordre d'Aka-Simadou

| | |
|---|---|
| Ansoua Aka | Diangui |
| Kakou | ″ |
| Ahoua | ″ |
| Bénié Ekarra | ″ |
| Guessan | ″ |
| Bonnoa | ″ |
| Etien Kalli | ″ |
| Ebroni Aka | ″ |
| Heinan | ″ |
| 30 Mãnou | Jaou |
| Oiroumou | ″ |
| Hékadié | ″ |
| Etien Kalli | ″ |
| Anno Kalli | ″ |
| Ebiré Kalli | ″ |
| Niãmia | Etikourou |
| N'gata | ″ |
| Adou Kalli | Catalsa |
| Diané | ″ |
| Hédoukou | Oiékoukourou |
| Ehounoukau | ″ |
| N'gata Bléoué | Jaounkourou |
| Assamaoua | ″ |
| Boidou | Kouinzata |
| Cana | ″ |
| Adou | ″ |

Lorsque l'expédition sort de la forêt, d'autres surprises l'attendent. Certes, la marche dans la brousse de l'Indénié est plus facile, mais le rendez-vous avec les Anglais à Attiébentékrou tourne à l'incident diplomatique. Pour le capitaine Lang, le pays de Sanwi fait partie de la zone d'influence britannique de la Gold Coast. Binger est d'un avis contraire. Lang ne voulant rien décider sans de nouvelles instructions de Londres, les deux missions se séparent. Les Français poursuivent alors seuls leur route vers Bondoukou et Kong, où ils signeront notamment un traité avec le roi du Diammala.

À Paris, la mission de Binger est considérée comme un succès et en 1893, il est nommé gouverneur de la Côte d'Ivoire. Plus tard, Binger s'engagera activement dans la défense de la colonisation française en Afrique. En homme de terrain, il n'ignore pas que la colonisation sera une entreprise difficile. « Civiliser » les Africains, quel sens cela a-t-il? Il a connu une Afrique multiple, parfois « encore sauvage », parfois « civilisée » déjà. Il a connu différentes « races » soumises à des influences réciproques; devine-t-il que, si l'Afrique doit changer, cela se fera grâce aux Africains eux-mêmes?

Coloniser, civiliser… Nul doute que l'explorateur Binger, personnage inclassable aux talents divers, était en accord avec cet objectif. Bien sûr, il a tenu un autre langage devant les Africains, allant jusqu'à déclarer aux gens de Kong: « Les Français ne veulent pas s'emparer du pays des Noirs. » Il ne déclina pourtant pas le rare privilège de voir, de son vivant, son nom donné à une ville africaine. De 1900 à 1934, la capitale de la Côte d'Ivoire s'est nommée Bingerville…

Vues de Kong, métropole musulmane
de Haute-Côte d'Ivoire.

*Lors de son premier voyage, Binger séjourne deux fois à Kong, à l'abri derrière ses cubes de terre brune, aux portes du Sahel. Il est ému par cette cité marchande très animée dont les notables professent un islam tolérant. Il déambule dans les ruelles, à la rencontre des enfants accroupis, affairés, qui mélangent, jouent et content, en d'interminables palabres. Mais un an plus tard, la sanglante « colonne de Kong », conduite par le gouverneur Monteil et lancée à la poursuite des armées de Samory, empruntera le même itinéraire. Les femmes faisant la lessive dans le lit de la Comoé ou de la Tanoé, les peseurs d'or et les joueurs de trictrac (ci-dessous), avec qui Binger aimait à discuter, verront alors passer des officiers d'un autre style.*

*« Tu peux considérer la ville comme la ville de ton père ; et tu y resteras tant que tu voudras. Quand tu auras choisi un chemin, nous te donnerons des guides et des recommandations ; du moment que l'on sait que tu viens d'ici, on ne te demandera pas autre chose. »*

Diawary Ouattara, maire de Kong,
à Louis Gustave Binger

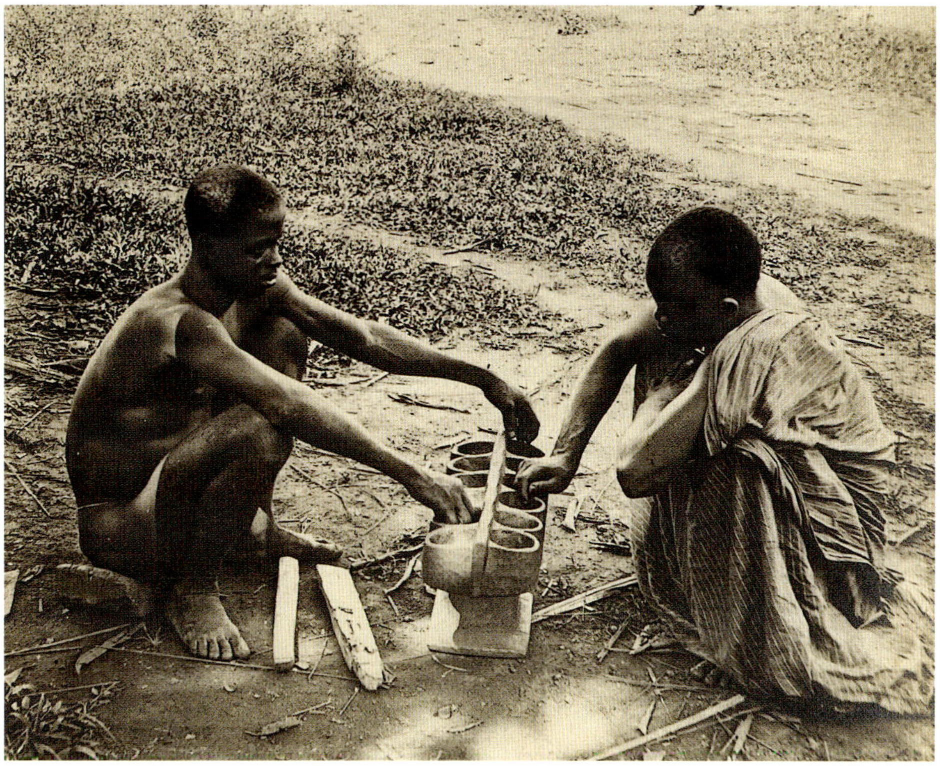

# Les derniers jours de Samory

## *Le capitaine Gouraud, vainqueur du « Napoléon des savanes » 1898*

Ahmadou Kourouma

Jeune, il se fit esclave pour libérer sa mère, captive des Cissé. Son nom : Samory. Il est le fils parfait et le parfait fils. Selon la mythologie des Malinké, il subit pour le bonheur de sa mère tant les sacrifices que des bénédictions, de bienfaisantes bénédictions. Et c'est ainsi, captif lui-même, qu'il apprend le métier des armes. Rien de surprenant, alors, qu'un tel apprentissage ait porté le Malinké Samory à la tête d'une armée et fait de lui l'un des plus grands stratèges de la guerre coloniale.

Samory naquit vers 1835 dans le Bas-Konyan. Son père s'appelait Laafila Touré. C'était un Malinké du Sud. Ses aïeux, des commerçants musulmans, avaient quitté le nord de l'empire du Mali au début du XVIIIe siècle. Comme tous les Malinké du Sud, ils en étaient arrivés, à force de métissage avec les populations locales et les immigrants du nord, à adopter la façon de vivre de leurs hôtes. Laafila Touré, le père de Samory, ne faisait plus ses cinq prières journalières : il était devenu agriculteur et animiste.

La mère de Samory s'appelait Marsona Kamara : une animiste du terroir, une fille de cette terre. Dès qu'il fut sevré, elle le confia, comme il était de règle chez les Malinké, à la coépouse de sa mère. Des anecdotes, nombreuses, circulent sur l'enfance de Samory. Bilakoro – c'est-à-dire non-initié par la circoncision –, il était toujours entouré d'une bande d'enfants de son âge qu'il commandait d'une main de fer. Vers l'âge de quinze ans, il dut, comme tous les animistes du Bas-Konyan, subir l'initiation. On le circoncit. On le présenta au *djo* (l'ancien). Il devint un homme. Peu après, il fut attaché à une caravane pour apprendre le métier de dioula (commerçant).

Alors qu'il allait faire fortune, sa mère, a-t-on dit, fut capturée par une expédition des Cissé et prise comme esclave. Comme il n'était pas assez riche pour la libérer, il se fit captif à sa place. Ce fut sa chance. Chez les Cissé, les jeunes captifs apprenaient le métier des armes. Samory s'aperçut

Le capitaine Henri Gouraud, photographié en 1894 lors de la campagne du Dahomey.
*Gouraud est l'un de ces « Africains » qui ont consacré leur carrière aux conquêtes coloniales. La capture de Samory, véritable coup de tonnerre, le 29 septembre 1898, fera aussitôt de lui le plus célèbre des officiers coloniaux.*

À gauche : le roi Samory.
*Altier, les traits durs, le regard mobile, Samory est un grand chef de guerre. Son allure affable contraste avec la ruse et le sens diabolique de certaines de ses manœuvres. Sur la rive droite du fleuve Niger, il réussit à lever jusqu'à vingt mille hommes. À son apogée, en 1890, son empire mandingue couvre trois cent mille kilomètres carrés, et, pendant huit ans, il sera la hantise de l'armée française.*

Ci-contre : carte de l'empire de Samory.
*À partir des années 1880, s'étant rendus maîtres du Sénégal, les Français s'efforcent de progresser vers l'est, en direction du fleuve Niger. Sur la rive gauche, Ahmadou Chékou règne sur l'empire toucouleur où il affronte Gallieni et les commandants du Haut Fleuve (voir page 62). Sur la rive droite du fleuve, c'est l'immense fief de Samory, aux frontières mouvantes.*

ainsi que sa vocation n'était pas le commerce, mais la guerre. Il acquit la dignité de *kélétigui*, ce qui correspond au grade d'officier. Et, selon la légende, après sept ans, sept mois et sept jours, il s'enfuit de chez les Cissé et entra dans l'armée des Bérété. Il y démontra de telles qualités, tant dans la bravoure que dans la stratégie, que tous les officiers et les hommes de troupe en firent leur chef, et se révoltèrent contre les Bérété.

## Un empereur de vingt-cinq ans

Et voilà Samory, Samory qui n'a pas vingt-cinq ans, à la tête d'une armée ! Il sait pratiquer la ruse comme la violence : il se taille rapidement un empire dans le Konyan. Il soumet des régions entières. On dit que Samory sait se faire accueillir dans les villages. Que le gros de sa troupe, peu après, le suit. Qu'après avoir envahi le village, les guerriers exposent leurs armes et font sécher au soleil une quantité impressionnante de poudre. Les villageois sont émerveillés par tant d'hommes, tant d'armes et tant de poudre.

Dans les années 1880, Samory est parvenu au faîte de sa puissance. Maître d'un empire occupant toute la vallée du Milo et du Haut-Niger, il commande une armée de près de vingt mille fusils. Sa cavalerie est redoutable ; et ses forgerons, capables de fabriquer des armes aussi fiables que celles qu'il achète, en échange de nombreux esclaves, en Sierra Leone. Mais son empire se trouve dans la zone d'Afrique attribuée à la France lors de la

Porteurs de la colonne

> « Pour prendre Samory,
> il ne nous faut pas un combat.
> Il faut une surprise complète. »
>
> Henri Gouraud

conférence de Berlin (voir page 98). Pour les Français, Samory représente donc l'obstacle majeur à leur expansion dans la région.

Dès qu'il a assuré son pouvoir dans la région, il entame des pourparlers avec eux. Des traités sont signés. Mais les Français savent d'avance qu'ils n'en respecteront pas les termes.

Samory s'improvise alors diplomate, politique, cherche à opposer l'Angleterre à la France. Il rencontre les Anglais en Sierra Leone, tente de s'entendre avec eux : ils se contentent de faux-fuyants. La situation est sans issue. Et, à partir de 1891, c'est une véritable guerre que la France engage contre lui. Elle envoie des moyens très importants en matériel et en hommes sur le théâtre des opérations. Il s'agit de lutter contre les « palefreniers » de Samory – ses *sofas* : c'est le nom qu'il donne à ses soldats qui, tous, sont des cavaliers.

## La fin d'un règne

Sept ans plus tard, en 1898, on retrouve Samory assiégeant Sikasso. Le roi local a entouré sa ville d'une forteresse en terre de près de dix mètres d'assise et de plus de deux mètres de hauteur, imprenable par les moyens dont Samory dispose. Il va y consacrer toute son énergie, et les Français s'en frottent les mains : leurs deux plus redoutables adversaires en Afrique de l'Ouest, Samory et le roi de Sikasso, s'affrontent. Ils en profitent pour s'emparer des régions du Milo et du Bas-Niger et les occuper.

Quand il comprend son erreur, Samory lève le siège de Sikasso. Trop tard. Son armée s'est épuisée dans un long siège inutile. Ne pouvant plus revenir chez lui, il se taille, de bric et de broc, un nouvel empire dans des zones habitées par des peuples hostiles à son action. Les troupes françaises sont à ses trousses. Ses *sofas* et lui doivent pénétrer dans la forêt, où les chevaux ne servent à rien, et où vivent les peuples qui le combattent avec le plus d'acharnement.

Sur les deux pages : la poursuite.
*L'empire de Samory se déplace au cours des affrontements vers l'est, dans le nord de l'actuelle Côte d'Ivoire. Sa stratégie de guérilla et la pratique de la terre brûlée sont un casse-tête pour les troupes françaises, qui le cherchent toujours là où il a déjà levé le camp. Mais, en 1898, Samory commet l'erreur fatale d'assiéger longuement la citadelle de Sikasso où se retranche un roi qui refuse sa loi. Les Français le localisent et lancent aussitôt une colonne à ses trousses.*

Ci-dessus : *les porteurs dans la brèche de Sikasso (à gauche). Petit canon fabriqué par les forgerons de Samory (à droite).*

Ci-dessous : *une batterie de la colonne de Sikasso traversant un cours d'eau.*

À droite : sur la route de Sikasso, en avril 1898.
*La mission Blondiaux se trouve encerclée dans le village de Mari (en haut). Une sentinelle observe plusieurs centaines de guerriers à l'affût. L'attaque aura lieu deux heures après ce cliché. Traversée d'un marigot par la cavalerie de la colonne Audéoud, avril 1898 (en bas).*

Son armée, après sa défaite devant Sikasso, n'est plus « la grande armée ». Elle est totalement désorganisée. L'attaquant audacieusement au passage de Diougou, le lieutenant Voeffel lui a enlevé une partie de ses troupes, mortes ou enfuies avec des chefs fameux : Koumady, Kétéba, Fourouc, Moussa. Au total, ce sont près de vingt-cinq mille hommes qu'a perdus Samory.

Apparaît alors le capitaine Gouraud. Son détachement fait partie des forces françaises qui sont chargées d'empêcher Samory de se déployer vers l'ouest. Le 23 septembre de cette année 1898, il se voit confier la mission d'interdire à Samory le passage de Diougou. Il a deux cent huit fusils. Dès le début de sa marche, il ne trouve devant lui que des villages détruits, sans âme qui vive. Pour se défendre et rendre la terre déserte et inhabitable par les Français, l'almany (c'est le nom religieux de Samory) pratique systématiquement la politique de la terre brûlée.

Tous les villages sont des ruines jonchées de squelettes et de cadavres. On ne trouve rien, absolument rien à manger, nulle part. Parfois, dans la forêt, on tombe sur des « traînards » ; ils n'ont pas pu suivre Samory et ses troupes. Les malheureux, à moitié morts de faim, sont incapables de donner le moindre renseignement. Mais, du peu qu'ils bredouillent, on comprend que l'armée de Samory est en pleine déconfiture. Ce que confirment les villageois, que la stratégie de la « terre brûlée » a obligés à suivre Samory mais qui n'ont pu résister aux longues marches : le capitaine et ses hommes les retrouvent partout sur leur route, épuisés, errant. C'est ainsi qu'on amène à Gouraud un déserteur accompagné de deux camarades. Lequel, « craignant de nouvelles souffrances »,

Ci-dessus : deux planches de l'album *Prise de Samory* appartenant au commandant de Lartigue, à qui fut remis le roi, après sa capture.
*Au cours des dix dernières années de son régime, Samory, surnommé par Gouraud « le Nouvel Attila », a fait régner la terreur : réquisitions, famines, violences à l'encontre des populations animistes, répression sanguinaire… Il faisait trancher la tête à ceux qui osaient prononcer son nom. À la nouvelle de sa capture, les villages sont en liesse.*

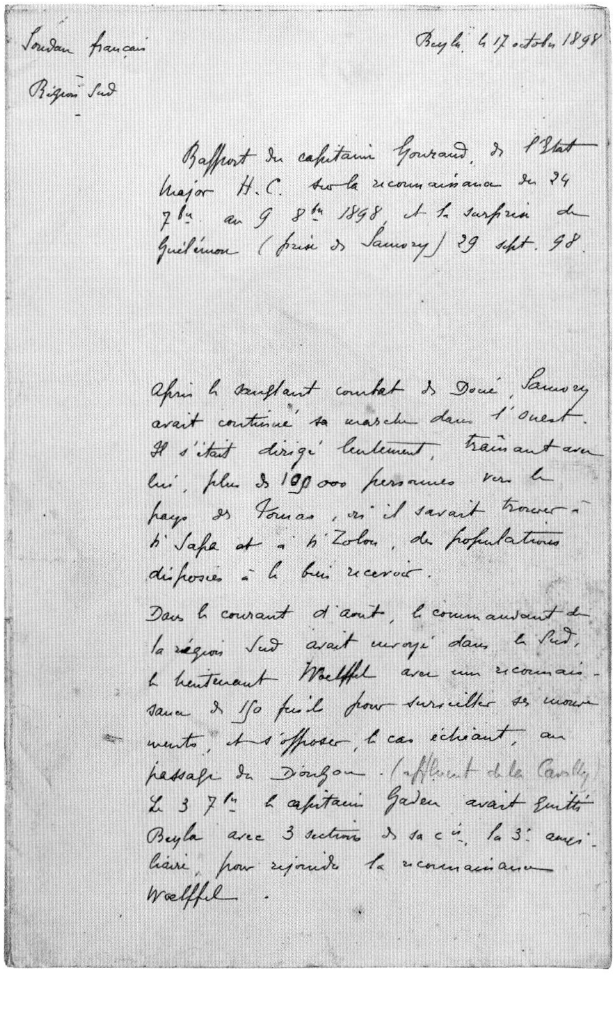

Soudan français

Région Sud

Beyla le 17 octobre 1898

Rapport du capitaine Gouraud, de l'État major H.C. sur la reconnaissance du 24 7bre au 9 8bre 1898, et la surprise de Guélémou (prise de Samory) 29 sept. 98.

Après le sanglant combat de Doué, Samory avait continué sa marche dans l'ouest. Il s'était dirigé lentement, traînant avec lui, plus de 100 000 personnes vers le pays des Touras, où il savait trouver à n'Safa et à n'Zolou, des populations disposées à le bien recevoir.

Dans le courant d'août, le commandant de la région Sud avait envoyé dans le Sud, le lieutenant Wœlffel avec une reconnaissance de 150 fusils pour surveiller ses mouvements, et s'opposer, le cas échéant, au passage du Diougou (affluent de la Cavally). Le 3 7bre le capitaine Gaden avait quitté Beyla avec 3 sections de sa cie, la 3e auxiliaire, pour rejoindre la reconnaissance Wœlffel.

Extrait du rapport du capitaine Gouraud, le 17 octobre 1898.

Après le sanglant combat de Doué, Samory avait continué sa marche dans l'ouest. Il s'était dirigé lentement, traînant avec lui plus de cent mille personnes vers le pays des Touras, où il savait trouver à n'Safa et à n'Zolou, des populations disposées à bien le recevoir. […]
Pour prendre Samory, en effet, il ne nous faut pas un combat. Si heureux qu'il soit, il donnerait à l'almany le temps de fuir. Il faut une surprise complète. Après une nuit très froide, le bivouac est levé au petit jour. Par un heureux hasard, Maci Amara avait été affecté la veille au camp par son frère, et les quelques *sofas* qu'il a laissés, surpris par notre arrivée inopinée se rendent sans essayer de fuir. D'ailleurs l'escouade du caporal Fové Sankari, envoyé la nuit et embusqué, leur barre la route.
De ce village part une route sur Touba qu'a prise, il y a quelques jours, le messager de Samory, son fils Tidiranki Mory, mais que lui-même s'est bien gardé de suivre. Vers 7 h 30, nous débouchons de la forêt sur des pentes dénudées et à 2 ou 3 km on aperçoit derrière une longue croupe boisée, des fumées qui m'indiquent un campement considérable: c'est là.[…]
(Transcription en fin de volume.)

Ci-contre : Samory et le capitaine Gouraud, photographiés quelques jours après la capture de Samory.
*L'homme ne baisse pas la garde. Il reste fidèle à lui-même, silencieux et altier. Contraint d'assister à la montée des couleurs françaises, il se cachera la figure avec ses mains. Plus tard, il devra prendre le chemin de l'exil vers le Gabon, mais le seigneur des savanes ne survivra pas longtemps à l'humidité de la forêt équatoriale.*

*Bracelet de cuivre que les femmes de Samory portaient à leurs chevilles.*

a abandonné Samory : « On nous a poursuivis, ajoute-t-il. Et ils ont été pris, capitaine. On leur a coupé la tête. » Il indique la situation géographique des différents camps de l'armée de Samory. « Le sien, il est à Guélémou. »

Guélémou. À ce nom, Gouraud et ses hommes comprennent qu'ils sont parvenus à environ quinze kilomètres des troupes de Samory, sans que personne ait signalé leur présence. C'est la preuve de la désorganisation de ses services de renseignement. Dans ces conditions, à quoi bon s'opposer de front à son armée ? Il suffira d'un coup d'audace, d'une attaque par surprise. Gouraud fera habiller ses soldats en *sofas* : ils pénétreront dans le camp et s'empareront de Samory sans coup férir avant qu'il ait pu s'enfuir. Le capitaine est convaincu qu'alors les hommes de l'almany déposeront les armes.

*« Samory Touré s'est montré supérieur à tous les chefs noirs qui ont été nos adversaires sur le continent africain, possédant l'audace, l'énergie, l'esprit de suite et de prévision et par-dessus tout une ténacité irréductible, inaccessible au découragement. »*

Commandant Baratier

## Une surprise totale

Les dispositions pour l'exécution du plan sont prises. On déguise les tirailleurs en *sofas* ; ils partent avec leurs chefs de section, le lieutenant Jacquin et le sergent Brattières. L'ordre leur a été donné de ne tirer qu'en cas d'impérieuse nécessité. La colonne se dirige vers un immense campement, admirablement situé dans un cirque de montagnes et de forêts. C'est là que Samory a séjourné jusqu'au 24 septembre. La colonne monte un bivouac pour passer la nuit. Il fait froid. Au petit jour, on reprend la marche.

Plus loin, le premier camp dans lequel pénètre la colonne est celui de Maci Amara, l'un des fils de Samory. Par un heureux hasard, l'almany n'y est pas. Les tirailleurs s'en emparent et réduisent les *sofas* au silence. Vers sept heures et demie, la colonne parvient à la lisière de la forêt. Devant eux

Prisonniers de Samory

s'étendent des pentes dénudées où, deux ou trois kilomètres plus loin, derrière une longue coupe boisée, montent des fumées indiquant l'emplacement d'un très vaste campement. C'est là !

La colonne accélère l'allure. Arrivée aux abords du camp, elle découvre de très nombreuses huttes. Elle s'avance. Une foule en sort et, plus étonnée que craintive, regarde passer les tirailleurs. Ceux-ci, tout en poursuivant leur marche, intiment à tous ces gens de se taire et de s'asseoir. Plus loin, la colonne franchit deux marigots où elle ne trouve que des femmes, occupées à la lessive. Elle traverse ensuite un petit bois à la sortie du village. Entraînée par le lieutenant Jacquin, elle arrive près de Samory dans le plus grand silence.

La surprise est totale : selon ses habitudes, le roi africain lit le Coran assis devant sa case. Il n'a que le temps de se redresser et de s'enfuir. Il n'a pas d'armes et se précipite dans la direction de la route de Touba. Là, il pense trouver un cheval. Sur ses talons, les tirailleurs lancés à sa poursuite lui crient : « *Ilo, ilo* Samory ! » (« Arrête, Samory, arrête ! ») Il fuit toujours. Le sergent Brattières l'a presque rattrapé et lui crie à son tour : « *Ilo* Samory ! »

À bout de souffle, Samory se laisse saisir par le Blanc. Puis il s'assied sur le sol et demande aux tirailleurs de le tuer. Le lieutenant le fait ramener à sa case. Il était temps : les *sofas*, passé le premier moment de stupeur, se sont

Ci-dessus : *la capture par surprise de Samory a évité un combat frontal et sans doute un carnage. Les soldats français pénétrèrent dans un entrelacs de huttes et de marigots, devant un peuple interdit, avant d'investir le campement du chef de guerre, qui, n'ayant pas le temps de prendre ses armes, doit se rendre. La journée est ensuite employée à mettre un peu d'ordre dans toutes les prises : fusils, munitions de toutes sortes, bœufs, chevaux…*

Pages suivantes : chasse à l'éléphant.
*Cette épreuve bleutée est un cyanotype réalisé par un des officiers de la colonne Gouraud. Procédé de tirage inventé en 1842, facile, peu coûteux, très résistant à la lumière, il séduit les amateurs de l'époque.*

Chasse à la panthère

Anthropophages.

*Au cours des guerres contre Samory, les Français prennent de nombreuses photographies évoquant les mœurs de tribus anthropophages, comme s'il fallait prouver au public les vertus civilisatrices de leurs conquêtes. Il s'agit le plus souvent d'images de qualité très médiocre, montrant les restes macabres découverts dans un village en ruine.*

armés et se portent à leur rencontre. Le face-à-face est tendu. Le lieutenant Jacquin braque son revolver sur Samory. L'almany fait signe à ses hommes de ne pas tirer. En un clin d'œil, la nouvelle de sa capture se propage à tout le camp. Tous capitulent. Un cavalier est envoyé aux fils de Samory (Sansankéguy, Mocktar et Daouda) pour leur annoncer l'événement. On leur ordonne de rentrer immédiatement et de se soumettre aux Français s'ils ne veulent pas voir leur père et leur mère mis à mort.

Ainsi fut vaincu, par la ruse et non au combat, le « Napoléon des savanes ». Ce grand combattant aurait mérité que les Français le laissent se retirer, après sa capture, et vivre comme une personne privée. Bien que déjà très âgé, il n'obtint pas ce privilège. Il fut envoyé en exil au Gabon, sous un climat torride et en pleine forêt. Lui, l'homme des savanes, n'y résista pas plus de deux ans : il mourut de pneumonie le 2 juin 1900. Ses restes, telle la dépouille d'un héros, seront transférés et inhumés en Guinée par le président Sékou Touré. Dictateur du pays de 1958 à 1984, Sékou Touré était vraisemblablement l'un des arrière-petits-fils du grand résistant Samory.

Planche de l'album *Prise de Samory*.
*Plusieurs fils de Samory n'étaient pas au camp au moment de l'attaque. Ils montaient la garde à l'écart, à la tête d'une centaine de guerriers armés de fusils. Les Français envoyèrent un cavalier pour exiger qu'ils se rendent, en menaçant d'exécuter leur mère. Ils leur promirent en retour la vie sauve.*

# Une blessure française

## *Du Congo au Nil Blanc, l'honneur perdu du commandant Marchand 1896-1899*

Marc Michel

Six mille kilomètres à pied à travers l'Afrique. Il fallait des hommes jeunes pour tenter une telle aventure. Ils sont douze, ils ont à peine trente ans : au printemps 1896, en compagnie de cent cinquante tirailleurs, ils partent de la côte du Congo et se lancent dans la traversée de l'Afrique, jusqu'au Nil. C'est la mission Congo-Nil, plus connue comme la mission Marchand, du nom de son chef. Jean-Baptiste Marchand a trente-trois ans ; ses seconds sont encore plus jeunes : Charles Mangin en a trente, Albert Baratier, trente-deux, le docteur Jules Émily et le capitaine Emmanuel Largeau, vingt-neuf ; le benjamin, l'enseigne de vaisseau Alfred Dyé, a vingt-deux ans. Ils sont presque tous devenus camarades quelques années plus tôt au cours des campagnes du Soudan, sous les ordres d'Archinard.

À l'époque, ils ne sont plus tout à fait des inconnus. Marchand vient de s'illustrer dans une exploration aventureuse en Côte d'Ivoire (il y a gagné le surnom de « Kpakibo », « Fend la forêt »). Au retour, il a mis au point un grand projet : frapper au cœur de la « croix anglaise » en Afrique. Qu'est-ce que cela signifie ? Pour le comprendre, il faut se mettre à la place d'officiers coloniaux persuadés que la Grande-Bretagne poursuit un rêve de domination sur le continent mystérieux, du sud au nord, du Cap au Caire, et de l'ouest à l'est, de l'Atlantique à l'océan Indien. Ils n'ont plus les yeux fixés sur la ligne

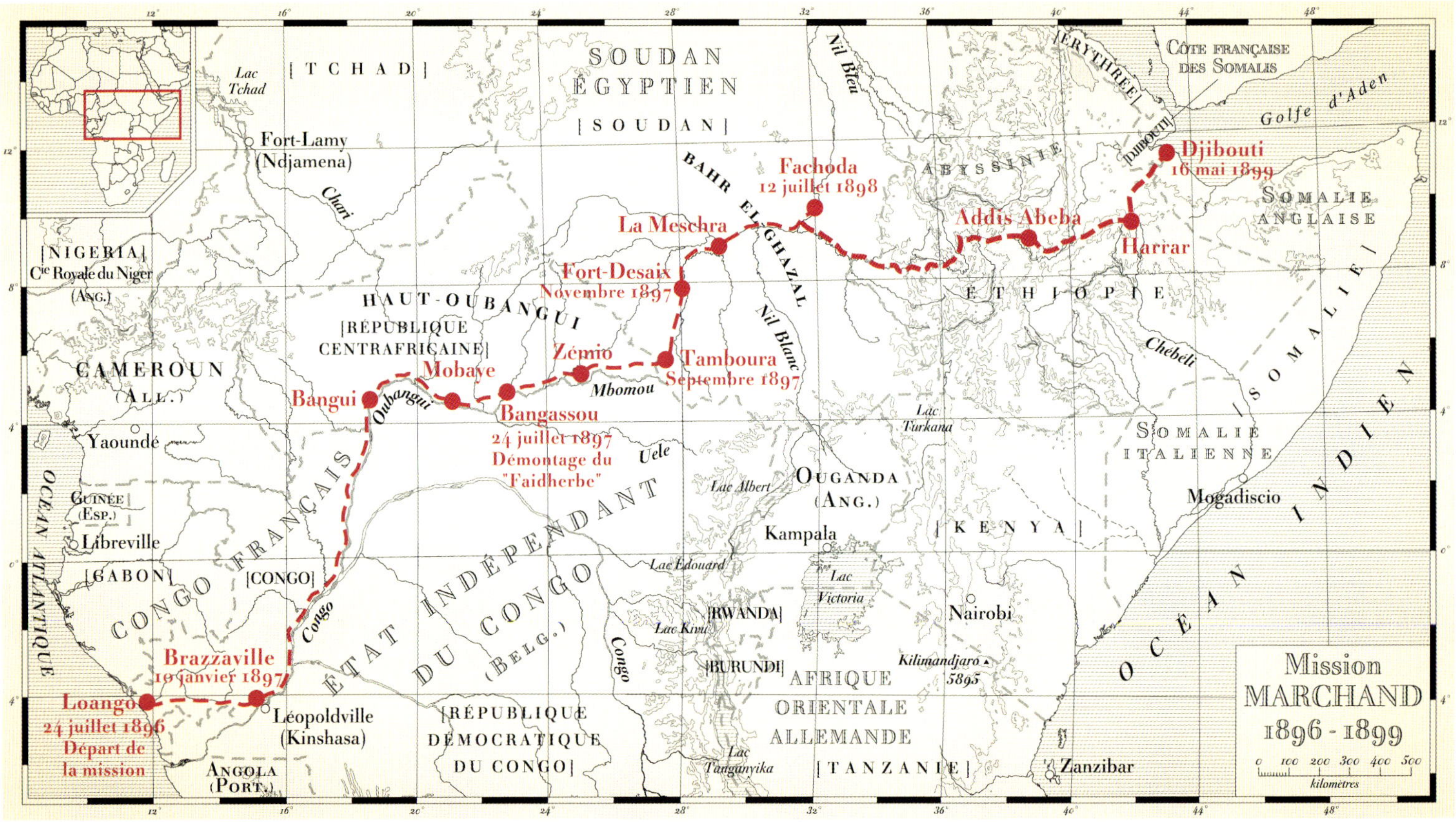

bleue des Vosges; ils veulent travailler à la grandeur de la France en la portant au-delà des mers, vers ces horizons lointains que découvre alors une Europe avide et curieuse. Là, on ne se heurte pas à l'Allemagne, mais à l'Angleterre, hostile à toute initiative susceptible de menacer son autorité sur la moindre parcelle d'un empire « où le soleil ne se couche jamais ». Peu nombreux – quelques dizaines –, ces jeunes officiers ambitieux ont, depuis 1880, commencé à conquérir l'Afrique noire.

## Un nouveau partage de l'Afrique

Leur « grand projet » n'a rien d'un rêve; il est largement soutenu par des personnalités très diverses – journalistes, professeurs, écrivains, quelques hommes d'affaires – et surtout par des hommes politiques qui se réclament de Gambetta, de Jules Ferry et de Delcassé, et veulent œuvrer au « rayonnement extérieur de la République ». Dans les années 1890, leur lobby a ses entrées auprès de quelques décideurs, en particulier Gabriel Hanotaux, le puissant ministre des Affaires étrangères, auquel Jean-Baptiste Marchand présente son projet: débarquer sur la côte du Congo, traverser l'Afrique jusqu'au Haut-Nil; et là, selon l'expression de Marchand, y prendre des « gages », c'est-à-dire s'installer dans un ancien poste égyptien (dont le nom deviendra célèbre: Fachoda). Bref, y affirmer la présence française et, mettant ainsi les Anglais devant le fait accompli, provoquer un nouveau partage de l'Afrique.

La mission Marchand posant dans la brousse, entre Harrar et Djibouti, en 1899, un an après l'expédition.
*Ces hommes qui, pour la plupart, n'ont pas trente ans en paraissent dix de plus. L'épreuve a inscrit son empreinte sur les corps et creusé les visages. Au premier rang: capitaine Largeau, docteur Émily, capitaine Germain (second de l'expédition), interprète Landeroin, capitaine Baratier, commandant Marchand, enseigne Dyé; au second rang: sergent Venail, lieutenant Fouque, sergent Fouque, sergent Dat, capitaine Mangin.*

Dessin d'un palmier sur la route de Kimbédi, à deux cents kilomètres environ de Brazzaville. Document tiré du carnet inédit du capitaine Baratier.

Carte de la mission de Marchand.
*La mission Marchand part au milieu de 1896 de la plage de Loango et revient par Djibouti en mai 1899. Elle a franchi plus de six mille kilomètres à pied de l'Atlantique à l'océan Indien et tenu le poste de Fachoda pendant près de cinq mois.*

Quelques figures de l'aventure. *Jean-Baptiste Marchand, officier sorti du rang, servit au Soudan et en Côte d'Ivoire. Après Fachoda, il démissionna de l'armée. Albert Baratier, officier de spahis au Soudan, ami et homme de confiance de Marchand. Il fut tué au front en 1917, comme général. Charles Marie Emmanuel Mangin, extraordinaire meneur d'hommes, devint ensuite le chantre de* La Force noire. *Jules Émily était médecin de marine au Sénégal, mis à la disposition de Marchand.*

De gauche à droite et de haut en bas: *Marchand, Baratier, sergent Bernard, sergent Venail, Mangin, Largeau, docteur Émily.*

À droite: *de juin à septembre 1896, la mission doit traverser un massif qui dresse une barrière forestière redoutable. Elle emprunte une piste fréquentée par les convois depuis des siècles. Mais il faut parfois défricher la forêt, construire ou solidifier des ponts.*

Défilé des porteurs chargés de colis et de « caisses Conza » (du nom du bénéficiaire du marché du transport), encadrés par des tirailleurs, sur le pont de la N'Gani.
*Les forêts étouffent les hommes sous une moiteur malsaine. Ils subissent plusieurs crises de paludisme. D'une précédente mission, Marchand avait gagné le surnom de « Kpakibo », « Fend la forêt ». Cette photo de la colonne est un classique de l'imagerie des missions.*

Hanotaux, qui paraît d'abord très réticent, finit par donner son accord. Il pense que la mission, lancée sous le prétexte d'une expédition scientifique, permettra, si elle réussit, de placer la France en position de force sur le Nil. En accord avec Delcassé, il espère ainsi rouvrir la question de l'Égypte, où les Anglais se sont installés sans mandat depuis 1882, et contraindre l'empire britannique à des concessions territoriales.

Marchand obtient donc des crédits. L'affaire est censée demeurer confidentielle ; mais, dès le mois de décembre 1896, ce n'est plus qu'un secret de polichinelle. À l'Assemblée, Jean Jaurès lui-même parle de « vote national » à l'occasion du débat sur le budget des Colonies. Et, à Londres, on s'inquiète ; ce genre d'initiative, prévient-on solennellement, serait considéré comme un « acte inamical ». Le pari de Hanotaux, en effet, est osé. Le général anglais Kitchener a commencé la reconquête du Soudan ; les Britanniques envoient des troupes vers le Haut-Nil. La France risque dès lors un conflit qu'elle n'a ni les ressources militaires ni les moyens diplomatiques de remporter face à une présence coloniale anglaise déterminée, forte et sûre de son droit.

### « Au cœur des ténèbres »

Qu'importe. La mission commandée par Marchand débarque au Congo. Sur l'inhospitalière plage de Loango, on entasse, entre la fin avril et la fin juin, des centaines de tonnes d'équipement, de vivres et de marchandises.

« *Souvent il faut s'aider de ses mains, pour gravir cette route toujours humide et glissante de l'éternelle humidité de la forêt qui ne connaît pas le soleil ; on glisse sur les racines rouges des acajous qui se tordent en travers du chemin, polies par les pieds des porteurs.* »

Capitaine Baratier

L'expédition sera longue et il faudra négocier au passage avec les chefs locaux. Marchand pense avoir tout prévu : la pacotille, les tissus (des milliers de mètres de calicot et de batiste), les habits de prestige, les perles (quatorze tonnes), quelques armes de traite qui serviront de monnaie d'échange pour obtenir des porteurs, des pagayeurs et des aliments frais. Il y a même des alcools, du vin, du champagne et du foie gras ! Jamais on n'avait vu cela au Congo.

Jamais non plus on n'avait eu tant de « charges » (c'est ainsi qu'on appelle les fardeaux des porteurs) à transporter : vingt-cinq à trente kilos, au cours d'étapes de vingt à trente kilomètres par jour, sur les cinq cents kilomètres d'une mauvaise route dite « piste des caravanes », seule voie menant de la côte à Brazzaville. Or, Savorgnan de Brazza, créateur du Congo français mais piètre administrateur, n'a ni prévu de ravitaillement, ni recruté de porteurs. En outre, Brazza et Marchand, l'aristocrate italien naturalisé français et le jeune officier d'origine roturière, ne s'entendent guère. L'attitude de Marchand et de ses compagnons à l'égard du commissaire général n'est d'ailleurs pas exempte de préjugés : « Me voilà en face de Brazza, grand, sec, la tête de côté, ne vous regardant jamais en face, écrit Baratier, Italien jusqu'au bout des ongles, Napolitain même, ce qui est pire. » Les entrevues sont orageuses. Le capitaine décide donc de passer outre et de réquisitionner les porteurs qui lui sont nécessaires, sans tenir compte des besoins de l'administration et du commerce.

## Entre la vie et la mort

L'expédition se met en route au milieu de 1896. Les caravanes traversent d'abord le massif du Mayombe, dont les forêts étouffent les hommes sous une moiteur malsaine. Les Européens de la mission subissent déjà la « fièvre hématurique », c'est-à-dire de terribles accès de paludisme. Marchand lui-même doit être transporté en *tipoye* (sorte de hamac) et, malgré les soins du docteur Émily, reste entre la vie et la mort pendant deux semaines. Tandis que ses compagnons sillonnent le pays, il trouve cependant le courage, presque chaque soir, de rédiger d'une écriture fine et serrée de longues lettres et des rapports.

Les premiers ennuis commencent dans les savanes du Niari, quand les caravanes entrent dans un pays en insurrection. Là, les populations n'admettent ni les réquisitions d'hommes, ni la perte de leurs droits de péage. La résistance aux Blancs y est animée par des chefs religieux (que les Français qualifient de « sorciers »). Il faut employer la force. On assiège le plus important de ces chefs dans une grotte et on l'y enfume. Cela entache une mission qui se voulait pacifique. Marchand en est conscient ; Baratier aussi, qui écrit : « [Nous serons] peut-être accusés par les philanthropes du Parlement d'être des “sauvages”. » Mais il ajoute aussitôt : « Pouvions-nous faire autrement ? »

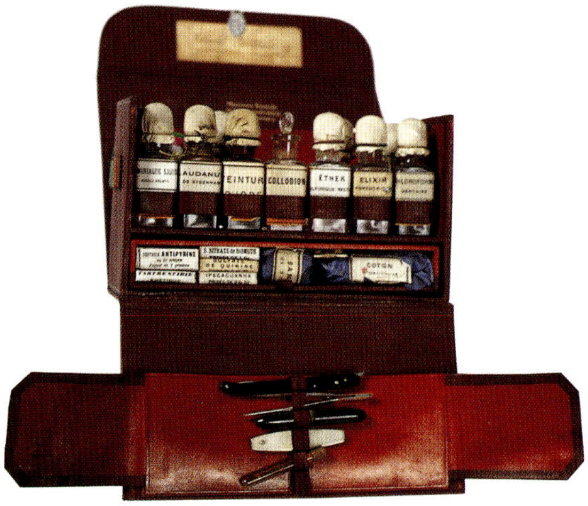


Pharmacie d'expédition.
*Les produits venaient pour la plupart en droite ligne de la pharmacopée du XVII^e^ siècle.*

Pagayeurs au repos sous la véranda de Georges Bruel, administrateur des Colonies en Oubangui.
*Maigreur, jeunesse et promiscuité. L'ampleur des réquisitions en hommes et en vivres opérées par la mission a aggravé la misère des villages, déjà régulièrement ponctionnés par les chasseurs d'ivoire et d'esclaves.*

Ci-contre : la visite médicale du docteur Émily en août 1897 chez le « sultan » Tamboura.
*Sur la gauche se tiennent au garde-à-vous des soldats du sultan, avec le torse bandé. L'attirail déployé sur la table et dans la caisse à pharmacie impressionne les populations.*

À gauche : percheurs banziri à l'avant d'une pirogue.
*Les Banziri, les Yakoma et les Sango sont des peuples vivant près de l'Oubangui-M'Bomou ; ils contrôlent le commerce du fleuve. La mission utilisera les services de plus de deux mille deux cents piroguiers.*

À peine parvenue à Brazzaville, la mission doit continuer avec quatorze mille charges, soit plus de quatre cents tonnes. Il faut remonter trois cours d'eau, le Congo, l'Oubangui, puis le M'Bomou, pour atteindre les marécages du Bahr el-Gahzal, car Marchand a renoncé à couper droit vers le nord-est à travers des pays déserts et trop dangereux. Il doit aussi renoncer à emprunter le gros bateau du bouillant et irascible évêque du Congo, Mgr Augouard, qui lui a refusé son concours avec hauteur. Le capitaine se contente donc d'un petit vapeur de la misérable flottille de l'État : le *Faidherbe*.

En amont de Bangui, les rivières sont coupées par des rapides infranchissables et les biefs sont difficilement navigables, même par un navire aussi petit que le vapeur. Que faire ? C'est là que l'enseigne de vaisseau Dyé fait preuve de toutes ses qualités de marin. Selon lui, il n'y a qu'une solution : il va falloir

Le *Faidherbe*. Petit vapeur « très rapide » de 100 ch, démontable, appartenant à l'administration du Gabon-Congo, il fait figure d'embarcation dérisoire face à l'ampleur du périple et à ses dangers.

Ici et pages suivantes, le « film » du démontage et du transport à bout de bras du *Faidherbe*.
*Rapidement, il apparaît que le bateau ne peut par remonter le cours de rivières, de plus en plus sinueuses, encombrées de végétation et manquant de tirant d'eau. Il faut alors démonter l'ensemble et porter les pièces principales, qui ne sont pas détachables. La coque et la chaudière pèsent à elles seules plusieurs centaines de kilos. Des travaux de terrassement sont même nécessaires. Au total, Marchand estime qu'il faut construire « une route de cent soixante kilomètres de long et cinq mètres de large à coups de haches, de pioches et de mélinite ». Le* Faidherbe *arrivera le 14 octobre à la rivière du Soueh, en pièces détachées, prêt à être remonté. Quatre mois plus tard, il parvient, entier, dans le Bahr el-Gahzal. Pour contourner les rapides, il faut tirer le vapeur par un chemin de halage. Chaque mètre gagné, dans la chaleur écrasante, est, à lui seul, une victoire.*

Ci-dessus:
*Premier mouvement: mettre le* Faidherbe *face à la berge préalablement creusée et recouverte de rondins pour faciliter son extraction.*

À droite:
*Deuxième mouvement: ici commence la partie la plus périlleuse. Il s'agit de tirer le bateau tout en évitant qu'il soit emporté par le courant.*

Ci-contre :
*Troisième mouvement : le courant entraîne l'arrière du* Faidherbe *à la dérive. Il est de plus en plus difficile de l'extraire des eaux.*

En bas :
*Quatrième mouvement : le petit vapeur est couché sur le flanc. Des dizaines de porteurs et de villageois sont réquisitionnés pour empêcher le bateau de partir à la dérive et pour le hisser sur les premiers rondins.*

Ci-contre :
*Cinquième mouvement : le* Faidherbe *est sauvé. La proue du vapeur repose sur la berge. Le soulagement se lit sur les visages.*

Ci-dessus:
*Sixième mouvement: les porteurs de la mission sont aidés par les habitants du village pour hisser le bateau en haut de la berge.*

En bas:
*Septième mouvement:* le Faidherbe *est mis sur cale. L'opération de démontage de la chaudière et des différents éléments du vapeur peut commencer.*

Pages suivantes:
Le Faidherbe *est transporté en pièces détachées jusqu'à un nouveau point navigable. Ici, des porteurs ont été réquisitionnés pour acheminer l'armature de la coque.*

Ci-contre : tel un rituel, les danses rythment chaque étape. *La coutume voulait que les sultans offrissent des femmes aux voyageurs de marque. Les hommes de la mission ont, semble-t-il, eu droit à ces mœurs d'un autre âge.*

À droite : *les villages sont constamment incendiés ou pillés pour recruter des porteurs ou trouver des vivres. Déjà, dans le Bas-Congo, Marchand lui-même s'en était indigné : « On brûle tous les villages de la route – un nombre formidable si j'en crois les rapports – on se bat des demi-journées entières à bout portant contre mille cinq cents Batéké et on tue cent cinquante ennemis au moins. » Comme tant d'autres, la mission impose souvent sa férule par la force.*

Ci-dessous : ouverture d'une route dans les sultanats. *Sur le tracé de la carte, il faudrait souligner en rouge les tronçons conquis sur la brousse pour en estimer le prix.*

démonter le *Faidherbe* et le transporter en pièces détachées sur le M'Bomou. Reste à régler la question même de ce transport : comment trouver les pirogues et les pagayeurs nécessaires ?

Depuis 1891, l'autorité française est représentée dans la région par Victor Liotard, délégué du commissaire général. Cet homme remarquable a réussi à pousser l'influence de la France presque jusqu'« au cœur des ténèbres », selon le titre d'un des romans les plus célèbres de Joseph Conrad. Mais Victor Liotard ne dispose d'aucun moyen de coercition pour obliger qui que ce soit à prêter main-forte à l'expédition. Marchand doit s'en remettre à lui-même, à ses propres talents de chef de mission – talents d'improvisateur et

d'homme de conviction. Talents peu négligeables, certes, puisqu'il parvient à recruter des centaines de pagayeurs banziri et yakoma.

### Des pays à feu et à sang

Ces hommes excellent sur les biefs de l'Oubangui. La mission avance. Mais, au-delà de la confluence avec l'Ouellé, elle s'enfonce dans d'étranges contrées encore sous l'emprise de potentats qualifiés de « sultans » dans la littérature de l'époque. En réalité, des vrais sultans, ils n'ont guère emprunté que des signes superficiels : une mode vestimentaire, un peu d'arabe, des gardes personnelles dont les soldats, appelés « bazingueurs », sont armés de fusils. Malgré une légende encore vivace en France, ils ne sont pas musulmans. Marchand doit en passer par eux pour obtenir des porteurs, qui sont choisis parmi des populations qui fuient les malheurs du temps : plus on s'aventure au cœur du continent, plus sont visibles les ravages de la disette et de la chasse aux esclaves à destination du Soudan, Khartoum, encore dominé par les mahdistes.

Bangassou est le premier de ces sultans rencontrés par la mission. C'est un despote dont Baratier trace un portrait peu flatteur : « Quand il est assis au milieu de ses courtisans, sa pipe à la bouche, et qu'il regarde danser quelques-unes de ses nombreuses femmes, il ne paraît être qu'un brave homme. Nul ne se douterait qu'il est capable d'être sévère jusqu'à la cruauté. » Sous le vernis de leurs manières musulmanes, Bangassou et les autres sultans de la région, Zémio, Rafaï, Tamboura, souverains tyranniques des Zandé, ne sont que des chasseurs d'esclaves. « Ils ne sont que cela », estime même Baratier.

Chasser pour vivre.
*L'eau, comme la nourriture, est l'une des préoccupations quotidiennes de la mission. Aussi la chasse n'est-elle pas une activité de loisir, mais bien de nécessité. Les sultanats, terres de savanes, sont des pays de grand gibier: lions, antilopes, éléphants, girafes et hippopotames. Les trophées sont l'occasion de clichés de triomphe (ici et pages suivantes avec les hippopotames tués dans les rivières du Bahr el-Gahzal).*

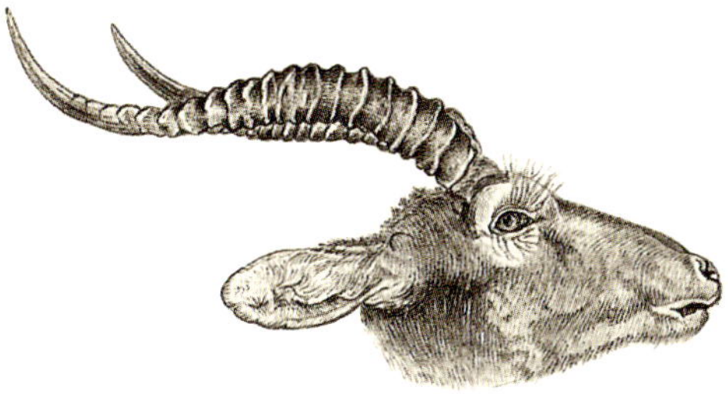

*« Ce midi, le convoi entre dans une vasque en eau profonde où vingt-cinq hippopotames rassemblés paraissent fort ennuyés d'être dérangés. Pour mettre le comble à leur ennui, Marchand en massacre huit. Immédiatement, on les dépèce pour les fumer, aussi pour s'en repaître sur l'heure. On en charge environ sept cents kilos et il en reste environ dix mille kilos sur le sable pour les caïmans, les poissons, les hyènes et les vautours. »*

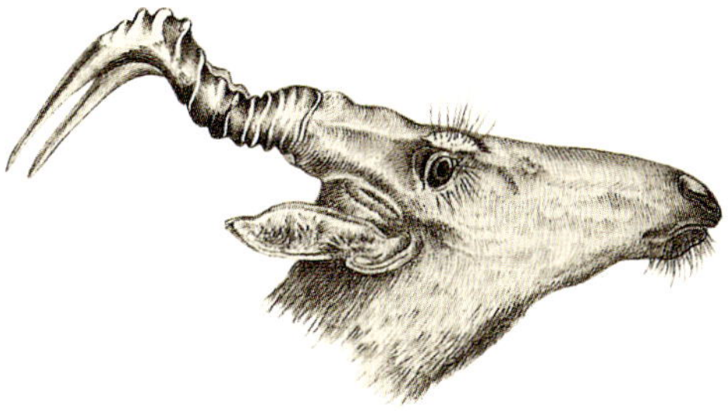

Extrait du journal du capitaine Baratier

Attirés par les profits de la traite, ils ont mis à feu et à sang les pays conquis pour fournir des hommes et de l'ivoire aux marchands khartoumiens du Bahr el-Gahzal. Aussi, pour le compte de la mission Congo-Nil, n'ont-ils aucune hésitation à se faire négriers : c'est leur métier. Des milliers d'hommes sont levés de force et soumis à un travail harassant : « Pour certains voyages de dix-huit à vingt jours, avec trente kilos sur la tête, [ces esclaves] ont un épi de maïs dans leur petit sac ; les plus fortunés ont en plus deux ou trois poignées de sauterelles rôties », rapporte Baratier. Les Européens de la mission ne peuvent rester insensibles à leur sort, mais n'y remédient que par des moyens de fortune : traquer du gibier (voir pages précédentes) et réquisitionner quelques vivres dans les villages. Selon Marchand, les sultans, potentats insatiables, « sont responsables de cette misère ». À chaque étape, il leur offre des costumes chamarrés, des sabres d'apparat, des tissus de prix et des « articles de Paris », des décorations, voire quelques fusils ; il les paie avec des perles provenant de Venise ou de Bohême. Les sultans sont polis, mais insatisfaits. Ce qu'ils désirent, ce sont ces fusils à tir rapide qu'ils connaissent pour en avoir acheté aux marchands du Nil.

*La descente du Soueh et la traversée du Bahr el-Gahzal dura six mois, à travers un maquis d'herbes coupantes et de vase, sous des nuées de moustiques. Les barges construites par la mission semblent perdues dans le grand marais, comme une exception à peine tolérée par la nature. L'un après l'autre, les chenaux sont explorés par les tirailleurs, plongés à mi-corps dans l'eau. Un de ces hommes y trouva la mort, victime d'une charge d'hippopotames.*
*Les hommes harassés après des journées d'efforts incessants somnolent, entassés dans les chalands, anéantis par la chaleur.*

## Enfin le Nil Blanc

Cependant, dès 1897, des rumeurs se répandent en France, où ne parviennent que des nouvelles rares et contradictoires. Tantôt on croit la mission perdue, tantôt on lui prête les pires exactions. En réalité, le transport de milliers de charges et du vapeur *Faidherbe* en pièces détachées sur des pistes tracées « à coups de haches, de pioches et de mélinite » et les négociations avec les sultans ont occupé la mission Congo-Nil pendant des mois. Jamais elle n'a rien commis de comparable à ce dont se rend coupable au même moment la malheureuse et sanglante mission Voulet-Chanoine au Niger.

*« À chaque coude du fleuve, je m'attends à voir s'ouvrir devant moi cette mer d'herbe que les Égyptiens ont nommée la mer des Gazelles ["le Bahr el-Gahzal"]. »*

Extrait du journal du capitaine Baratier

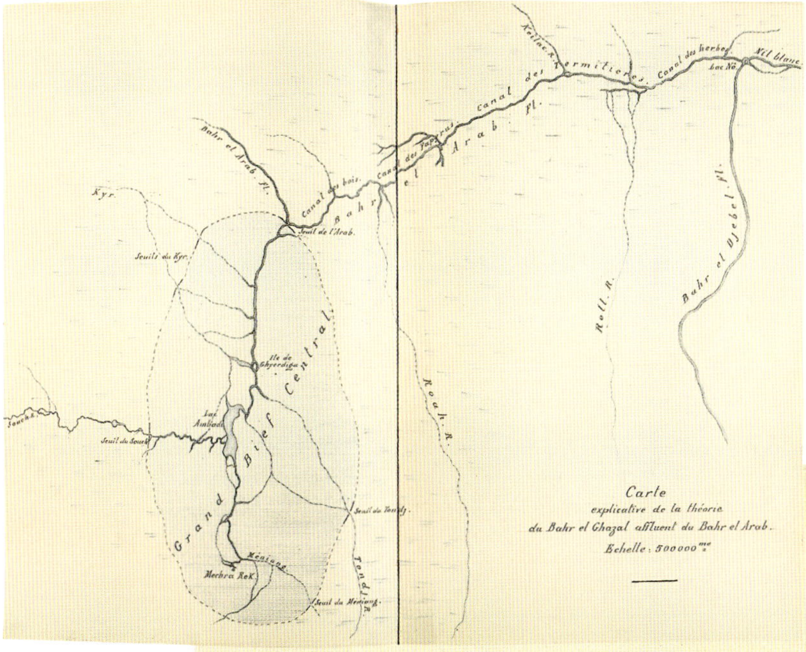


Carte de la mission.
*Bloquée au sud du Bahr el-Gahzal près de six mois depuis juillet 1897, en attendant les hautes eaux du Soueh, les hommes de Marchand ne peuvent s'engager dans le « grand marais » qu'à partir de janvier 1898. La région est quasiment inexplorée. Les zeribas (postes fortifiés) des Égyptiens sont à l'abandon ; les caravanes de marchands d'esclaves évitent ces zones insalubres et dépeuplées, où le docteur Émily et quelques compagnons faillirent mourir de faim lors d'une reconnaissance.*

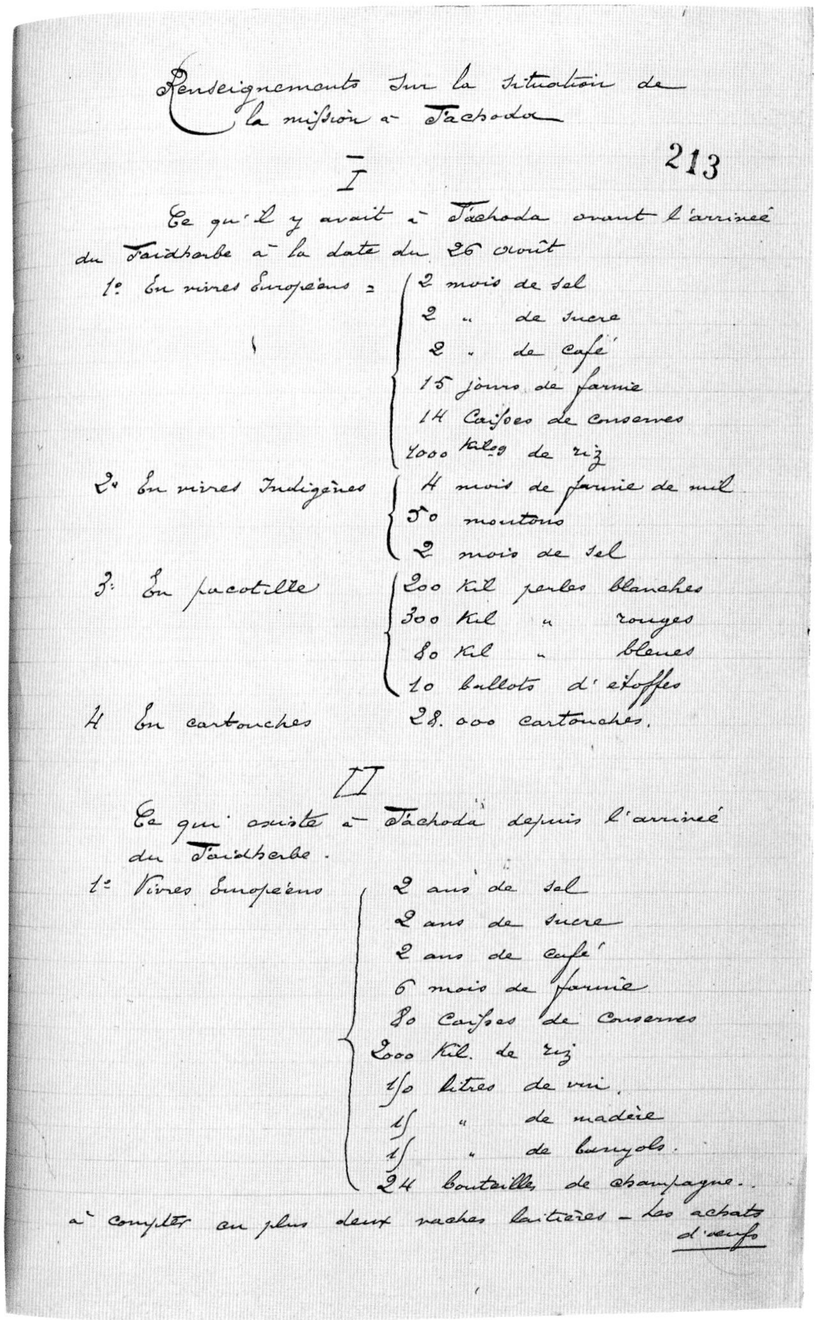

Renseignements sur la situation de la mission à Fachoda

213

I

Ce qu'il y avait à Fachoda avant l'arrivée du Faidherbe à la date du 26 août

| | |
|---|---|
| 1° En vivres Européens : | 2 mois de sel |
| | 2 " de sucre |
| | 2 " de café |
| | 15 jours de farine |
| | 14 Caisses de conserves |
| | 1000 kilos de riz |
| 2° En vivres Indigènes | 4 mois de farine de mil |
| | 50 moutons |
| | 2 mois de sel |
| 3° En pacotille | 200 Kil perles blanches |
| | 300 Kil " rouges |
| | 80 Kil " bleues |
| | 10 ballots d'étoffes |
| 4 En cartouches | 28.000 cartouches. |

II

Ce qui existe à Fachoda depuis l'arrivée du Faidherbe.

| | |
|---|---|
| 1° Vivres Européens | 2 ans de sel |
| | 2 ans de sucre |
| | 2 ans de café |
| | 6 mois de farine |
| | 80 Caisses de conserves |
| | 2000 Kil. de riz |
| | 150 litres de vin |
| | 15 " de madère |
| | 15 " de banyuls |
| | 24 bouteilles de champagne. |

à compter en plus deux vaches laitières – les achats d'œufs

Fachoda : un nom mythique et un lieu désolé. *Un ancien fort égyptien en ruine, sur la rive du Nil, entouré de quelques palmiers (ci-dessous). L'unique intérêt du lieu est un arbre à large ombrage, le seul aux environs (à droite). Les Français avaient vu dans Fachoda un point d'appui pour étudier la construction d'un barrage sur le Nil qui permettrait de contrôler le cours du fleuve puis, grâce à des traités locaux, de rouvrir la « question de l'Égypte ». La liste des approvisionnements est éloquente (ci-dessus) ; elle montre qu'ils entendaient bien s'installer là pour longtemps.*

La traversée du Bahr el-Gahzal est marquée ensuite par les péripéties les plus héroïques de l'aventure. On y entre au début de 1898, après avoir attendu près de six mois la crue du Soueh, seule rivière permettant de l'atteindre en venant du sud. Ce pays de marais, quasi inexploré et presque impénétrable, est couvert d'une épaisse végétation d'herbes parfois gigantesques, et les hommes y sont rares. C'est donc dans des conditions effroyables que le *Faidherbe* et les pirogues de la mission s'enfoncent dans l'inconnu. Il leur faudra errer près de six mois parmi les méandres des marais pour atteindre enfin le Haut-Nil.

Intense émotion que Baratier décrit en quelques lignes : « Nous glissons rapidement sur la surface immobile du lac, sans le moindre bruit ; les tirailleurs se sont tus car, depuis si longtemps qu'ils entendent parler du Nil, le grand fleuve représente à leur esprit quelque chose de mystérieux, d'un peu sacré ; eux aussi regardent et écoutent religieusement le bruissement de l'eau qui court le long du bateau… Une multitude de points noirs émergent devant nous comme des têtes de rochers, de loin je croyais voir des paquets

d'herbes, plus près, je reconnais des morceaux de bois, mais, au moment où l'étrave va les frôler, ces troncs flottants bondissent hors de l'eau qui jaillit de tous côtés et disparaissent dans un immense remous. Gardiens du fleuve sacré, les gigantesques crocodiles dormaient à l'entrée du Bahr el-Abiod. Nous sommes sur le Nil Blanc. »

Le 12 juillet 1898, Marchand et ses compagnons peuvent hisser le drapeau tricolore sur les ruines de l'ancien poste égyptien de Fachoda et sabrer le champagne en grande tenue sur les rives du Nil. Ils y construisent un fort et repoussent une attaque des mahdistes. Qu'en est-il de la mission franco-éthiopienne venue d'Abyssinie ? Ils n'ont pu faire la jonction avec elle : elle s'est repliée quinze jours avant leur arrivée.

Ils sont seuls. Maintenant, il n'y a plus qu'à attendre.

## « Two flags policy »

Le coup de théâtre a lieu trois mois après leur installation : voici qu'arrivent les Anglais. Certes, les Français croient s'être assuré quelques avantages. Mais que pèsent ces maigres atouts face à une armée anglo-égyptienne qui compte

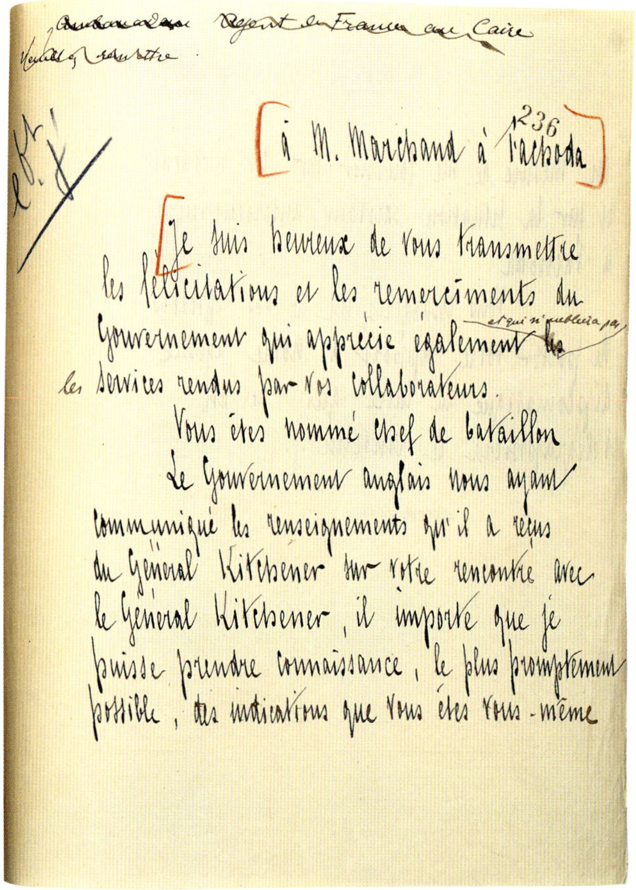

236

à M. Marchand à Fachoda

Je suis heureux de vous transmettre les félicitations et les remerciments du Gouvernement qui apprécie également et qui n'oubliera pas les services rendus par vos collaborateurs.

Vous êtes nommé chef de bataillon

Le Gouvernement anglais nous ayant communiqué les renseignements qu'il a reçus du Général Kitchener sur votre rencontre avec le Général Kitchener, il importe que je puisse prendre connaissance, le plus promptement possible, des indications que vous êtes vous-même

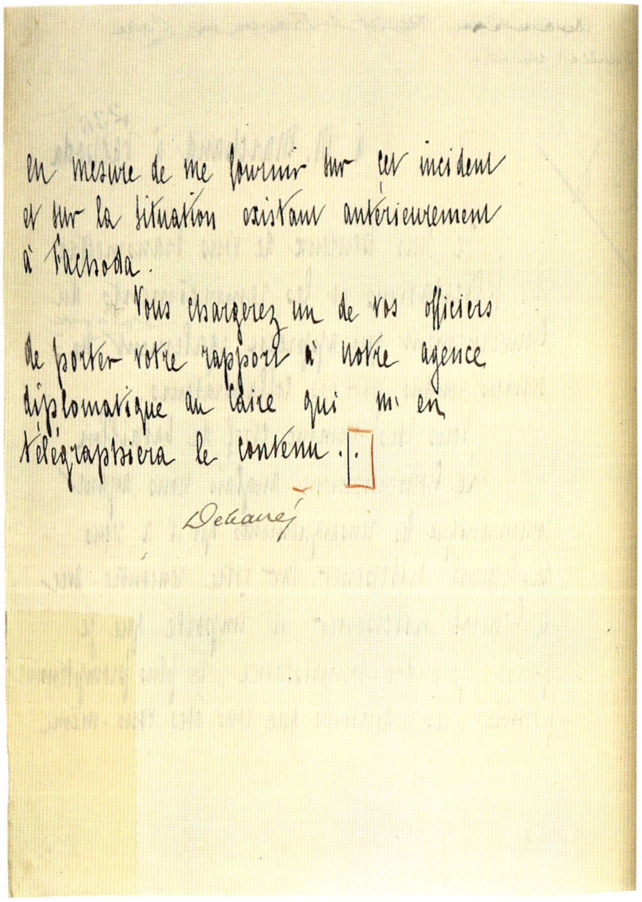

en mesure de me fournir sur cet incident et sur la situation existant antérieurement à Fachoda.

Vous chargerez un de vos officiers de porter votre rapport à notre agence diplomatique au Caire qui m'en télégraphiera le contenu.

Delcassé

Le 4 novembre, Marchand prend connaissance au Caire du télégramme de Delcassé (ci-dessus) ordonnant l'évacuation de Fachoda et le nommant, en guise de compensation, chef de bataillon. Si la colonne a remporté une victoire militaire, elle a perdu la bataille politique. La mission Marchand se termine en fiasco.

plus de vingt mille hommes et qui possède des mitrailleuses ? La rencontre du 19 septembre est courtoise ; le général et « Sirdar » Kitchener n'en est pas moins clair avec Marchand : c'est à Londres et à Paris de régler le différend. Paradoxe de la situation, Marchand ne peut correspondre avec Paris que par l'intermédiaire du télégraphe anglais ! Dans ces conditions, les initiatives du bouillant lieutenant Mangin ressemblent plus à des rodomontades qu'à des actes raisonnables. Ne parle-t-il pas de soulever les éléments égyptiens de l'armée de Kitchener ? De partir vers l'est à la recherche d'hypothétiques renforts venus d'Abyssinie ? À Paris, le gouvernement, déjà secoué par une affaire Dreyfus à son paroxysme, est conscient de la vanité d'une résistance à l'Angleterre. Pour quel enjeu ? De misérables marais au cœur de l'Afrique ? Malgré l'opinion qui se déchaîne contre lui en France, Delcassé, approuvé et appuyé par le président de la République Félix Faure, a le courage d'ordonner à Marchand d'abandonner Fachoda.

## Une épopée glorieuse et inutile

Néanmoins, le gouvernement prend soin d'entourer le nouveau héros national (comparé à Jeanne d'Arc!) de précautions et d'honneurs extraordinaires. Lorsque, après une traversée glorieuse de l'Abyssinie qui les conduit jusqu'à Djibouti, les membres de la mission rejoignent la France, ils sont accueillis dans la ferveur par les antidreyfusards et les antirépublicains. Heureusement pour le gouvernement de la République, Marchand, officier loyal, refuse de céder aux avances des ultranationalistes de la Ligue des patriotes et décourage toute menée subversive qui utiliserait son nom.

Quel bilan tirer de la « politique du Nil » ? Ce fut sans conteste un désastre, mais un désastre paradoxal : utilisé plus tard par certains (après Mers el-Kébir, par exemple) pour rappeler la « brutalité » anglaise, l'épisode de Fachoda eut aussi pour conséquence de faciliter la liquidation des différends franco-britanniques en Afrique, préludant ainsi à l'Entente cordiale. Quant à la mission Marchand, il en restera le souvenir d'une épopée glorieuse et inutile, un nom – Fachoda – longtemps symbole de l'orgueil national blessé.

À gauche, en haut : Horatio Herbert Kitchener. *D'origine irlandaise, il commandait l'armée anglo-égyptienne qui remontait le Nil avec plus de vingt mille hommes, des canons, des mitrailleuses, des bateaux blindés. Il pouvait en outre renforcer ses troupes depuis l'Égypte par le chemin de fer. Aussi les défis de Mangin, promu commandant du fort par Marchand, ressemblent plus à des rodomontades qu'à un véritable danger pour les Anglais.*

Ci-dessus : le 19 septembre 1898, Kitchener reçoit Marchand à bord du navire *Sultan* auquel s'adjoint une flottille de canonnières et de barges. *L'entrevue est courtoise ; les Français arrivent en arborant un grand pavillon tricolore à l'arrière de leur chaloupe. Les deux adversaires conviennent d'un compromis, dit « two flags policy », par lequel les deux drapeaux peuvent être arborés à Fachoda, en attendant la décision des gouvernements. Elle ne tardera pas.*

# 3.

Un consul solitaire
*Auguste François sur les pentes du Yunnan*
CLAUDE B. LEVENSON

Le savant sur le toit du monde
*Charles-Eudes Bonin aux marches du Tibet interdit*
CLAUDE B. LEVENSON

Un voyage sans retour
*Henri Moll aux frontières du Cameroun*
ABDOURAHMAN A. WABERI

L'impossible voie
*Crampel, Dybowski, Maistre et Gentil sur la route du Tchad*
ANNIE-FRANCE RENAUDIN

Les rêveurs du Sahara
*Fernand Foureau et François-Joseph Lamy, de l'Algérie au Soudan*
LOUIS GARDEL

Le soldat de l'empire
*Henri Gouraud dans le désert de Mauritanie*
LOUIS GARDEL

La crise de Fachoda a entravé les rêves des officiers coloniaux. Mais la diplomatie européenne a quelques mérites. L'alliance franco-russe et l'Entente cordiale ouvrent la route aux immenses espaces dominés par les alliés de la France : le Tibet, la Mongolie, l'Afghanistan, le Turkestan…

Passé la grande commotion de la guerre des Boxers en Chine, la volonté d'établir des rapports étroits entre l'Indochine et l'empire du Milieu relance les équipées vers le Yunnan et le Sichuan. Deux des consuls de France chargés d'arpenter les routes chinoises, Auguste François et Charles-Eudes Bonin, s'approchent du Tibet interdit, sans jamais pouvoir y pénétrer. Leur équipement est par trop voyant. Les voyageurs solitaires, plus discrets, y parviennent mieux et les premières femmes exploratrices, Isabelle Massieu ou bientôt Alexandra David-Neel, posent un pied dans ces régions dont l'accès fut longtemps interdit.

Si le Tibet hante l'esprit de bien des voyageurs, le rêve d'Afrique n'est pas mort. Les déserts et les fleuves recèlent encore bien des mystères : le Sahara, le lac Tchad, l'Oubangui. Les projets utopiques continuent de faire couler beaucoup d'encre : submerger une partie du Sahara pour en faire une mer intérieure, construire un chemin de fer transsaharien. Plus sérieusement, on songe surtout à relier les possessions du Maghreb et du Soudan. Pour cela, il faut traverser le Sahara du nord au sud, le Soudan d'ouest en est, ou bien remonter l'Oubangui à partir de Brazzaville. Et assurer la jonction en un point crucial qui, une fois conquis, fera de la France la première puissance africaine : le lac Tchad.

S'avancer dans ces régions, en ordre dispersé, c'est courir vers une mort certaine. Il faut donc mettre sur pied des missions dotées de moyens considérables : Fernand Foureau réclame mille chameaux pour relier Alger au lac Tchad, Henri Gouraud en veut autant pour pacifier l'Adrar. Devant l'ambition – et le coût financier – des projets, beaucoup restent prudents : tant d'échecs ont déjà brisé le rêve. Le plus retentissant a été, en 1880, le massacre de la mission Flatters sur les contreforts du Hoggar, qui a retardé de vingt ans l'exploration du Sahara.

Mais il en faut davantage pour décourager des hommes comme Foureau, Dybowski, Maistre, Gouraud, Gentil, Moll… Sur ces « bâtisseurs d'empire », la savane, le désert, la forêt, les fleuves exercent un envoûtement que rien ne peut distraire. Chez certains, cette passion peut tourner à la folie meurtrière. Et l'épisode de la mission Voulet-Chanoine restera dans les mémoires. Les deux capitaines, chargés en 1899 de la Mission Afrique centrale qui doit rejoindre la mission Foureau-Lamy sur le lac Tchad, commettent de tels excès à l'encontre des populations que leurs supérieurs, alertés, s'en émeuvent. Le lieutenant-colonel Klobb, envoyé pour reprendre le commandement, est assassiné par Voulet, qui sera lui-même abattu, comme Chanoine, par ses tirailleurs.

Quelle force pousse ces hommes à aller vers l'inconnu ? Peut-être l'atmosphère étouffante de la France d'alors, divisée par l'affaire Dreyfus, minée par une guerre civile larvée autour de la question de la séparation de l'Église et de l'État, du sort des congrégations enseignantes… Ces rebelles, hostiles au régime républicain, à l'esprit casanier des petits-bourgeois et au matérialisme ambiant, trouvent dans les expéditions lointaines une échappatoire à leur mal d'être. Une poignée d'insoumis, aussi différents dans leur personnalité que le général Lyautey ou le consul Auguste François…

# Un consul solitaire

## *Auguste François sur les pentes du Yunnan 1896-1903*

Claude B. Levenson

En ce temps-là, Yunnan-Fou (aujourd'hui Kunming, capitale de la province du Yunnan) n'est qu'une bourgade chinoise comme les autres, barricadée chaque nuit derrière ses murailles crénelées, aux avant-postes de régions où règne encore le chaos des commencements. Après avoir exercé ses fonctions à Long-Tchéou, dans le Kouang-Si (Guangxi), et à Mong-Tseu, Auguste François, consul de France, en a fait son fief et sa base d'exploration. De 1896 à 1904, ce diplomate atypique, à la plume acide et aux yeux bleu de glace, aura préféré les aléas d'un terrain mal connu aux intrigues des grandes concessions internationales installées sur la côte ou le long du Yang-Tsé Kiang, le fleuve Bleu. Comme ses écrits, toujours perspicaces, ses clichés témoignent d'un étonnant sens de l'observation. Ce qu'il a vu et deviné de l'empire du Milieu ne sera jamais démenti par les faits.

Lorrain d'origine, apprenti forestier à ses débuts, Auguste François devient diplomate un peu par hasard, après des études de droit. Un premier séjour en 1886 au Tonkin lui fait aimer d'emblée cet Orient extrême. Mais la mentalité coloniale et la corruption généralisée l'éloignent assez vite de Saïgon et de Hanoï. Dix ans plus tard, il est chargé par le gouvernement français d'étudier le tracé d'une ligne de chemin de fer entre l'Indochine et la Chine.

*Boîtes de plaques de verre et l'un des sept appareils photographiques d'Auguste François.*

À droite : retraite du Yunnan au Tonkin, juin 1900. *Après avoir été assiégé dans son consulat de Yunnan-Fou lors de la guerre des Boxers, Auguste François parvient à gagner le Tonkin avec vingt-deux de ses compatriotes qu'il a sauvés du massacre.*

En bas : carnet de route. *Pêle-mêle, parmi les observations consignées au jour le jour: altitude, température, pluviométrie, végétation, rencontres…*

Carte des itinéraires d'Auguste François. *De 1895 à 1898, consul à Long-Tchéou, il explore surtout le Si-Kiang. À partir de 1899, il sillonne quatorze mois durant le Yunnan. En 1900, la guerre des Boxers interrompt ses voyages. Il y reviendra après un séjour à Paris et à Londres, avant de rentrer définitivement en France par les confins tibétains.*

Parti de Yunnan-Fou, il passe par Tong-Hay, puis Mong-Tseu, avant d'atteindre enfin Lao Caï, et de poursuivre sa route plus au sud, le long du fleuve Rouge, dans ce qui était encore alors le Tonkin. Les complications, les dangers, il s'en moque. Imperturbable, il dresse, comme personne avant lui, le portrait paradoxal d'une Chine en pleine mutation peuplée d'hommes croyant pourtant à l'éternité de toute chose.

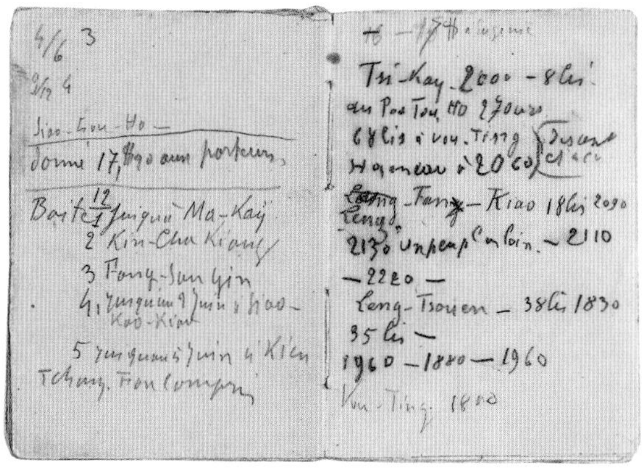


Sentinelle solitaire, ce consul est un aventurier, un homme libre et indépendant. Toujours curieux d'en voir et d'en savoir davantage, il se hasarde sur des chemins inexplorés, entre pics ennuagés coiffés de neige, entre gorges profondes et escarpements lancés à l'assaut du ciel. Le décor est grandiose, mais ce n'est qu'un décor. Celui de sa véritable aventure, une aventure tout intérieure: Auguste François se mesure à lui-même.

Le plus souvent, il se déplace à pied, à la surprise à peine dissimulée de ses serviteurs, et, lorsqu'il s'arrête, c'est pour prendre des notes, calculer une

*« Voilà bientôt six mois*
*que je bourlingue sur des bateaux,*
*que j'avance à la vapeur,*
*à la voile, à l'aviron, à la cordelle*
*et à la perche, que je me traîne*
*sur des fleuves et que je descends*
*des rapides… Je suis devenu cet être*
*à part qu'est le voyageur lointain,*
*noyé dans un milieu*
*qui ne peut l'absorber*
*et étranger à celui*
*qui ne le contient plus. »*

**Auguste François**

*Grande jonque descendant le Yang-Tsé.*
*À l'intérieur, il est difficile de se tenir debout. Le piétinement des hommes sur les planches incertaines du pont résonne comme un tambour, « une grosse caisse surmontée de cymbale qui battrait la charge ». Auguste François embarque néanmoins plus de cent cinquante livres, en plusieurs langues, « toute la bibliothèque du voyageur en Chine ».*

*La rivière Si-Kiang longe les falaises dans le Guangxi.*

*Hissé au mât de la jonque, le pavillon français éveille la curiosité des riverains. Dans cette Chine immense, il est le signe d'un orgueil bravache et chevaleresque, bien à l'image du consul.*

À droite : Auguste François au sextant.
*Le voyageur n'établira pas moins de cent vingt cartes au cours de son périple, à partir de milliers de relevés. En haut, son baromètre.*

*« Pour moi, l'idéal consiste à vivre à ma guise, et à ne pas m'enliser dans la banalité. Vivre d'action et puis, le moment venu, souffler ma chandelle en souhaitant le bonsoir à la compagnie. »*

Auguste François

position, une altitude, ou relever un détail significatif. Mais il est aussi un observateur en mission. Sous l'apparence quasi touristique du « consul aux champs », calé dans son fauteuil de bambou, Auguste François noircit ses feuillets pour les ingénieurs qui auront à élaborer les plans et à suivre le chantier de la voie ferrée.

Loin du fourmillement anonyme des foules chinoises, il croise des hommes, des visages, des regards qu'il photographie. Tout ici semble immuable et n'est pourtant qu'éphémère. Les rizières grignotent chaque pouce de terrain plat au milieu des parois montagneuses ou à flanc d'éperon. La forêt s'éclaircit, cédant lentement devant l'avance humaine. La région est en voie de colonisation.

Avant lui, seuls les caravaniers et les marchands s'aventuraient sur ces voies d'eau cachées frayant leur passage entre les amas rocheux : il leur fallait connaître les gués et les tourbillons, mesurer au rythme des bêtes le temps nécessaire pour les franchir. Auguste François emprunte leurs routes : « Voilà bientôt six mois que je bourlingue sur des bateaux de tous les types, qu'il passe de l'eau salée et de l'eau douce sous la quille de mes navires, que j'avance à la vapeur, à la voile, à l'aviron, à la cordelle et à la perche, que je me traîne sur des fleuves qui se transforment en rivières, en ruisseaux, en torrents et en cascades… »

Singapore - Vue prise de
de l'Europe.
O.
2a

À force de la sillonner, il se prend de passion pour cette Chine méridionale, et il ne tarde pas à mesurer la vanité de l'entreprise qu'on lui a confiée. Car il y a un abîme entre les décisions élaborées dans les bureaux feutrés des chancelleries parisiennes et les réalités du terrain. Inlassablement, rapport après rapport, il explique : « La voie ferrée Lao Caï - Yunnan-Fou est un cadeau à nos frais à l'envahisseur possible et même probable de notre Indochine. » Peu diplomate dans l'âme, il défend ses certitudes, et nul, bien sûr, ne tient compte de ses avertissements. Le gouvernement réalisera les travaux au prix de quelque douze mille vies humaines annamites et d'environ deux cent cinquante millions de francs or. Cinquante ans plus tard, cette même voie ferrée transportera les renforts par milliers du Viêt Nam vers Diên Biên Phu. « Cadeau à nos frais à l'envahisseur possible » : le consul avait eu raison.

Quand il oublie la politique, l'explorateur Auguste François observe. Mais d'un œil froid. Il demeure, profondément, un Européen. Il l'admet et, peut-

En haut : vue panoramique de Hou-Tchéou.
*À cet endroit, les Anglais établiront un consulat.*

Ci-dessus : album légendé de la main du consul sur les sites de Wou-Tchéou-Fou et Singapour.

À gauche : toilette « rudimenaire et inconfortable » au lever du jour pour le chancelier Beauvais et son consul.

*« J'ai passé dans un monde irréel, dont il ne restera certainement rien. À d'autres, le reste. »*

Auguste François

être, le revendique : « Je m'emplis les yeux, écrit-il, de scènes et de décors étrangers. Je suis un spectateur de l'existence chinoise dans ce qu'elle peut avoir de plus parfait. Je crois qu'il n'y aura pas eu d'empire ayant duré aussi longtemps et demeurant moins connu. Je ne vois aucune publication qui me satisfasse pour représenter ce pays sous son véritable jour. Je l'entrevois à peine, dans beaucoup de brouillard. »

Malgré ce « brouillard » – à cause de lui ? –, jusqu'en 1904, il parcourra, en chaise à porteurs, à pied ou à cheval, les routes « mandarines, aux dalles aplanies par la seule nature, et semées avec la plus large insouciance des joints ». Il fera retraite dans les pagodes des alentours de son fief de Chine du Sud. Il rôdera sur les confins toujours interdits du Tibet. Jamais il n'aura franchi les grands cols qui gardent les hauts plateaux de transhumance des nomades tibétains. En a-t-il gardé de la nostalgie, le regret jamais dit de n'avoir su pousser l'aventure à son comble ? Qui le sait ?

Une photo, sans doute parmi les plus connues du consul de Yunnan-Fou, résume assez bien son aventure : celle du pont jeté au-dessus d'un torrent

(voir pages suivantes). C'est une frontière naturelle, et traditionnelle, entre le Tibet et la Chine. L'eau n'en finit pas de bouillonner sous le vieux pont de bois. Au milieu, sur les planches branlantes, un vertige prend le voyageur – comme si le tumulte des eaux, en contrebas, devenait un chant de sirènes attirant ce nouvel Ulysse. Au creux de ce pont, Auguste François est entre deux mondes, au cœur d'un choix. À moins qu'il n'ait plus le choix, qu'il ne lui reste qu'un rêve, devenir « l'être à part qu'est le voyageur lointain, noyé dans un milieu qui ne peut l'absorber et qui se trouve étranger à celui qui ne le contient plus » ? À moins qu'Auguste « Ulysse » François n'ait perdu en Chine son Ithaque ? Mais l'y a-t-il vraiment perdue ?

Femmes Tchouang à la rivière.
*Les seaux, emplis d'ordures à la descente de la rivière, sont chargés d'eau au retour.*

Étrave de la jonque, sur le fleuve Rouge.
*La tradition veut que l'on embarque un chien porte-bonheur. Ainsi, lorsque l'on passe devant certains temples, il convient de le sacrifier aux génies du lieu en le jetant à l'eau.*

Lettre d'Auguste François à Jean-Baptiste Beau, le 2 janvier 1899.
(Transcription en fin de volume)

*« Entre la France et moi un brouillard s'élève.*
*Nous ne vivons plus dans la même atmosphère.*
*J'ignore tout ce qui a pris naissance là-bas*
*depuis que j'ai repris ma vagabonde existence.*
*Je ne puis que rapporter des événements*
*insipides pour vous, qui sont pourtant ma vie,*
*ma raison d'être dans ces parages perdus. »*

Auguste François, lettre à Mme de B., 1901

Pont suspendu à Lou-Tin-Kiao.
*Cet ouvrage spectaculaire marque la frontière naturelle entre le Tibet et la Chine, deux univers qui, en profondeur, ne cesseront jamais d'être étrangers l'un à l'autre. Les ponts à chaînes de fer excitent l'imaginaire. Les villageois attribuent des pouvoirs surnaturels aux artisans, mi-forgerons, mi-alchimistes, qui parcouraient autrefois le pays pour construire ces ponts suspendus. Enrichies par les bardes ambulants, des dizaines de légendes attribuent des prodiges à ces maîtres du fer et du feu.*

*« J'ai parcouru son sol,*
*ses fleuves, sur des milliers de lieues ;*
*mes semelles ont même couvert*
*plus de huit mille kilomètres*
*de ce qu'on nomme des routes ;*
*je n'attends plus beaucoup d'inconnu*
*et cependant, au moment de quitter*
*cette Chine, je me sens entraîné*
*par une sorte de vertige à m'enfoncer*
*encore dans sa masse, à faire le tour*
*de son énormité. »*

Auguste François

# Le savant sur le toit du monde

## *Charles-Eudes Bonin aux marches du Tibet interdit 1895-1900*

Claude B. Levenson

« Froid extrême dans la nuit. Moins dix au lever du soleil sous la tente. La terre est gelée et tout est couvert de neige au réveil. Nous partons à midi : ascension à 4 240 mètres. À cette hauteur s'étale un immense champ de neige bordé de sapins et de rhododendrons sans oiseaux ni bêtes. Vent glacé de l'est. » En ce matin de décembre 1895, Charles-Eudes Bonin se trouve au cœur de la haute Asie, aux confins de la Chine et du Tibet. Parti de Hanoï, il a emprunté les itinéraires les plus difficiles, affronté les sentiers les plus haut perchés et le vertige des à-pics, jusque dans ces régions perdues de l'empire où des fonctionnaires impuissants tentent d'imposer la loi du Fils du ciel à des populations rétives.

Comme d'autres avant et après lui, Bonin, savant archiviste-paléographe, n'a qu'un but : poser le pied sur le toit du monde, isolé, imprenable depuis des siècles. Et d'abord atteindre Tatsien-Lou, passage obligé des caravanes de thé, transporté à dos d'homme jusqu'au Tibet central.

Quatre mois durant, il parcourt mille kilomètres, préférant les routes peu fréquentées pour éviter les pirates, croisant ici et là des nomades, fantômes en

Bonin croise l'explorateur suédois Sven Hedin, sur la route de la soie, au cours de son troisième voyage. Échanges de civilités, puis chacun poursuit sa route, Hedin vers Lhassa, qu'il n'atteindra jamais, et le Français le long du quarantième parallèle.

Carte de la mission Bonin : en l'espace de cinq ans, Charles-Eudes Bonin fait trois grands voyages. Le premier l'entraîne sur les frontières occidentales de la Chine, du Tonkin aux confins sibériens. Au cours du deuxième, il espère relier l'ouest de la Chine à la Sibérie, via le Tibet, mais l'hostilité des habitants à Tatsien-Lou l'oblige à revenir à Pékin. Pour le troisième, il traverse l'Asie le long du quarantième parallèle, de Pékin à Samarkand, cheminant en partie sur la route de la soie.

En bas : chevaux, mules, chameaux et yacks sont les bêtes de caravane préférées des voyageurs pour les déplacements au long cours.

Pages suivantes : dans le Tarim.
*Charles-Eudes Bonin, au centre, entouré de son escorte, rompue aux rudesses du climat et aux aléas du danger.*

Ci-dessous : passeport chinois de Charles-Eudes Bonin.
Un détail, page de gauche.

lourdes houppelandes. Lancé à l'assaut de l'un des lieux les plus élevés du monde, en altitude comme en esprit, Bonin n'en reste pas moins un voyageur pragmatique : les frais occasionnés par les montures, les provisions, les fourrures achetées aux chasseurs font l'essentiel de ses notes… Mais cette première incursion au Tibet est un succès. L'explorateur s'est senti si chaleureusement accueilli à Tatsien-Lou qu'il n'a plus qu'un désir : y revenir et pousser au-delà des confins occidentaux de la Chine. Dès 1897, il en aura l'occasion car il reçoit pour mission de relier l'ouest de la Chine à la Sibérie, *via* le Tibet.

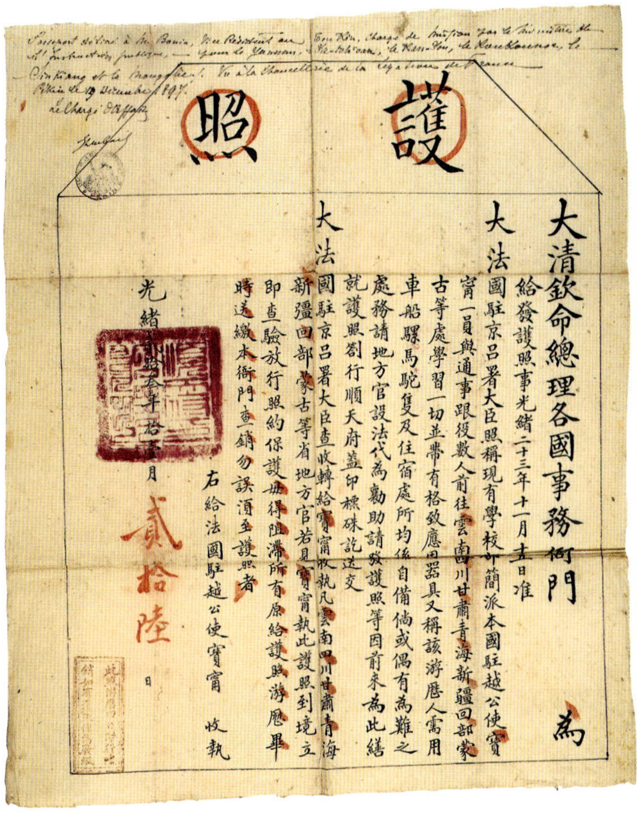

護照

大清欽命總理各國事務衙門 為
給發護照事光緒二十三年十一月五日准
大法國駐京呂署大臣照稱現有學校 簡派本國駐越公使寶
甯一員與通事跟役數人前往雲南四川甘肅青海新疆回部蒙
古等處學習一切並帶有格致應用器具又稱該游歷人需用
車船騾馬駝隻及住宿處所均係自備倘或偶有為難之
處務請地方官設法代為勸助請發護照等因前來為此繕
就護照劄行順天府蓋印標硃訖送交
大法國駐京呂署大臣查收轉給寶甯收執凡雲南四川甘肅青海
新疆回部蒙古等省地方官若見寶甯執此護照到境立
即查驗放行照約保護毋得阻滯所有原給護照游歷畢
時送繳本衙門查銷勿誤須至護照者
右給法國駐越公使寶甯 收執
光緒二十三年十一月 日
貳拾陸

## Au mépris du danger

Il repart, sous la protection cette fois d'une quinzaine de tirailleurs annamites, puis pénètre dans les territoires des Mossos et des Lolos, « tribus » tibétaines de mauvaise réputation qui s'en prennent à tout étranger de passage. Dans le sud du Sichuan, comme des milliers de pèlerins, Bonin gravit l'Ö-Mei-Chan, la très vénérée « Montagne sainte ». Une tradition multiséculaire affirme qu'à l'aube on y voit « la gloire du Bouddha ». Bonin l'a-t-il vue ? Sans doute pas, ou bien elle n'a pas suffi à le protéger : lui et ses hommes se font attaquer. Le ton du télégramme diplomatique envoyé au ministre de France à Pékin ne laisse planer aucun doute : complot, tentative d'assassinat sur sa personne, d'empoisonnement de son interprète et de meurtre de son escorte (voir page 199). L'explorateur renonce et revient vers Pékin.

En route, il fait étape dans plusieurs « chrétientés ». Là, les bons pères ne s'épargnent aucun effort, apprennent la langue vernaculaire, revêtent l'habit local, osent la controverse avec des lamas bouddhistes. Tout leur est bon pour former des prosélytes. En vain. Jacqueries et querelles ethniques grondent alentour.

Les pères des missions étrangères de Paris :
le père Genestier, le père Mussot, le père Soulié.
*Chemin faisant, Bonin s'arrête chez les missionnaires. Ils ont beau apprendre la langue, revêtir l'habit local, converser avec les lamas, expliquer leur foi, rien n'y fait dans ce pays rude où le relief déjà est un obstacle. Si loin de tout, ils ont le regard des étrangers et la réserve des ermites.*

À droite : télégramme envoyé de Tchong-King au ministre de France à Pékin, le 9 novembre 1898.
*Les difficultés s'accumulent pour Bonin : après l'aridité du climat et du terrain, l'hostilité des hommes. La caravane se fait attaquer dans le sud du Sichuan. Échaudé, l'explorateur rebrousse chemin.*

Ci-contre : jugement d'un voleur tibétain par un Mandarin.
*Dans ces régions aux marches du Tibet, les nomades ont la réputation de se muer parfois en brigands. Aussi les Mandarins chinois se montrent-ils impitoyables dès qu'ils ont l'occasion de mettre la main au collet d'un voleur, surtout lorsqu'il est tibétain.*

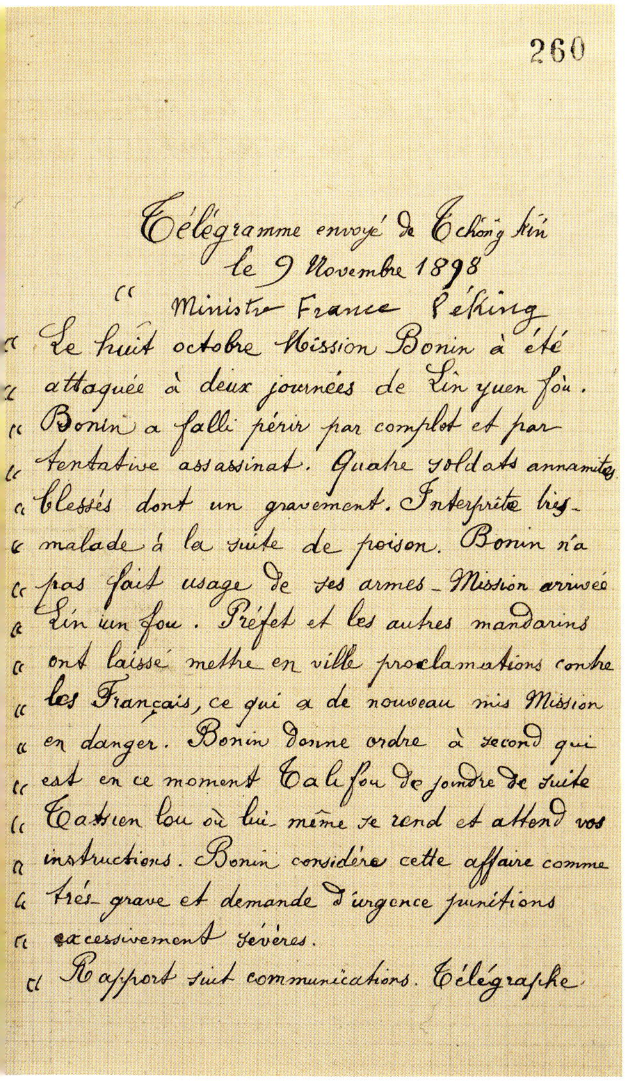
260

Télégramme envoyé de Tchong kin
le 9 Novembre 1898

« Ministre France Péking
« Le huit octobre Mission Bonin à été
« attaquée à deux journées de Lin yuen fou.
« Bonin a falli périr par complot et par
« tentative assassinat. Quatre soldats annamites
« blessés dont un gravement. Interprète très-
« malade à la suite de poison. Bonin n'a
« pas fait usage de ses armes - Mission arrivée
« Lin uen fou. Préfet et les autres mandarins
« ont laissé mettre en ville proclamations contre
« les Français, ce qui a de nouveau mis Mission
« en danger. Bonin donne ordre à second qui
« est en ce moment Tali fou de joindre de suite
« Tatsien lou où lui-même se rend et attend vos
« instructions. Bonin considère cette affaire comme
« très-grave et demande d'urgence punitions
« excessivement sévères.
« Rapport suit communications. Télégraphe

Bonin n'est pas homme à se décourager. Dès le printemps 1899, il repart, déterminé à longer le quarantième parallèle aussi loin que le conduiront ses pas. Il remonte le fleuve Jaune pendant une quarantaine de jours, entre pics et rapides. En barge, en jonque ou en sampan, il franchit des eaux tumultueuses. Les montagnes succèdent aux montagnes. Bonin parvient enfin à Koum-Boum, « les mille images », célèbre monastère de l'Amdo, université réputée pour la science de ses érudits. Dans de grandes envolées de toges lie-de-vin, novices et moines s'y livrent à d'âpres discussions dialectiques tandis que des lamas, moins portés sur l'étude, s'activent aux corvées quotidiennes ou marchandes.

La dialectique, fût-elle bouddhiste, n'intéresse guère Bonin. Il est, nous l'avons dit, un explorateur et un pragmatique. Il poursuit sa route jusqu'au KouKou-Nor, le grand lac Bleu. Les troupeaux des nomades mongols et tibétains y paissent, sans se mélanger, au milieu des dunes de sable d'or. L'hospitalité y est une tradition. On l'accueille. Sous la tente, les hommes s'enquièrent du prix du sel, procèdent au troc coutumier – drap du Tibet contre fourrures. Les coupes de thé beurré et salé circulent autour du foyer, tandis qu'un lama poursuit, devant l'autel familial, sa litanie de prières. Dehors, les vents fous de la nuit décoiffent les crêtes et semblent faire entendre la respiration du monde.

Plus tard, visitant le tombeau de Gengis Khan, Bonin se pliera au rituel de l'offrande et assistera à la cérémonie du « vingt et unième jour du troisième mois » : des milliers de Mongols, « cavaliers chevauchant le vent », sont venus rendre hommage au « Grand Seigneur ». Les notes de l'explorateur l'attestent. Pourtant, les chercheurs d'aujourd'hui prétendent que le temps et les aléas de l'histoire ont effacé depuis longtemps toute trace de ce tombeau nomade. Alors ? Qu'en conclure ? Que le pragmatique Charles-Eudes Bonin sut aussi aller jusqu'au bout de ses rêves – et même au-delà…

# Un voyage sans retour

## *Henri Moll aux frontières du Cameroun 1906-1907*

Abdourahman A. Waberi

Carte de la mission Moll.
*En quelques mois, Moll et ses collaborateurs parcourent plus de vingt mille kilomètres pour délimiter une frontière longue de deux mille kilomètres et dresser la première carte d'une région jusqu'alors inconnue.*

Palabre dans une clairière de la forêt équatoriale, région du N'Biémou.
*L'explorateur ne perd pas de vue les finalités politiques et économiques de son périple et noue des contacts avec les chefs locaux. Le 5 décembre 1906, il obtient ici la soumission des tribus et l'accès aux richesses naturelles de caoutchouc et d'ivoire.*

Vanneuse mundang, 1907.
*L'élégance de cette Vénus africaine fera la une de* L'Illustration. *Le mythe du bon sauvage fait place à une fascination pour les corps, leur grâce libre et spontanée.*

Il est des êtres sur lesquels, très tôt, la providence se penche. Ils en gardent dans l'œil ou la voix une part de mystère, une candeur intelligente, quand les autres traînent toute leur vie un visage de carton d'emballage. Il me plaît d'imaginer qu'Henri Moll fut de ceux-là. Né le 16 mars 1871, ce fils de percepteur entre à Saint-Cyr en 1889 pour en sortir major et intégrer l'infanterie de marine, son rêve de gosse. Très tôt, son entourage remarque son attirance pour l'Afrique. C'est en terres africaines qu'il vivra les plus belles années de sa brève vie, c'est en terres africaines qu'il mourra à moins de quarante ans.

### Désir d'Afrique

Après une première partie de sa carrière vouée au Tonkin et à l'Extrême-Orient, le jeune lieutenant se lance dans l'aventure africaine et fait ses premiers pas dans le vaste Soudan d'alors. Un Soudan immense, qui va des côtes sénégalaises aux confins du lac Tchad, ce poumon de l'empire français.

À la fin de 1899, le voilà à pied d'œuvre sous le soleil ardent d'Afrique. Son arrivée à Kayes le voit doté d'un troisième galon alors qu'il n'a que vingt-neuf ans. On dit qu'il parcourt la région autant en géographe qu'en militaire. Quelques semaines plus tard, le voici à la tête du poste de Dounzou, bâti sur une île du Niger entre Gao et Say. Il trépigne d'impatience et déborde d'énergie. L'heure est à l'euphorie colonisatrice. Il administre les populations locales avec doigté, leur assurant protection et sécurité, tout cela dans l'acception coloniale de l'époque. Et pour cause, Henri Moll n'est qu'un des multiples soutiers de la *pax colonica* imposée par les armes dès 1880…

Ensuite, il s'enfonce dans la brousse soudanaise, vers l'est, pour rejoindre son nouveau cantonnement. Trois mois durant, il marche dans une zone aride sans perdre un seul homme et atteint la région de Zinder, au Niger. Là, il forme une troupe de méharistes pour barrer les Touareg qui lancent des rezzous dans la région d'Agadez et pillent la grande caravane annuelle venant de Tripoli… La trajectoire du lieutenant Moll est, on l'a compris, ascendante.

Un bref séjour en métropole et l'explorateur est chargé d'une mission géographique importante aux yeux de Paris : délimiter la frontière entre le Soudan

français et le Nigeria anglais. Il accomplit sa tâche sans anicroche, réalisant un important travail de géodésie et de topographie. Succès pour sa mission. Moll est promu chef de bataillon, devenant ainsi le plus jeune officier de l'armée française. En 1906, nouvelle mission, franco-allemande cette fois, entre le Cameroun et le Congo français. Sur les cartes d'alors, la région est marquée d'une vaste tache blanche, envahie de forêts et de savanes, jamais explorées. Voilà de quoi faire rêver le jeune officier. Il ne part pas seul, entraînant dans son sillage quatre officiers et trois experts : Étienne Muston, Eugène Brussaux et le docteur Ducasse. Les effectifs de l'escorte sont réduits, à peine une poignée de tirailleurs. Moll souhaite que son expédition soit strictement pacifique, mais peut-il agir autrement ? Pour les porteurs, il innove, choisissant de recruter localement et pour de courtes distances. Résultat, pas de victimes ! Cet exploit, qui n'est pas le moindre de la mission, sera salué par la presse française...

## L'épais manteau de la grande forêt

Sur le bateau qu'ils prennent à Anvers, les Français et les Allemands font connaissance. L'équipée remonte la Sangha en vapeur et s'arrête à Nola à la mi-novembre 1906. L'explorateur répartit alors les hommes en plusieurs groupes et distribue les tâches aux officiers topographes.

Son principal objectif est de pénétrer dans le Mibiémou, le long de la Kadeô et de la Sangha, puis de sortir sans incidents de cette vaste région, couverte de l'épais manteau de la grande forêt. À cet endroit, la vie se concentre dans des hameaux disséminés nichés au plus profond des vallées, au creux de minuscules et inaccessibles clairières. C'est le règne des Babinga,

tueurs d'éléphants et de gorilles, des Koapuli et des Biacombo, qu'on dit farouchement hostiles. Quitte à retarder la marche, Moll s'efforce de nouer des contacts avec les chefs locaux. Le 5 décembre, au cours d'une solennelle palabre (voir page précédente), il obtient la « soumission » des tribus. Dès lors il est convaincu que cette région, si riche en caoutchouc et en ivoire, est ouverte à la pénétration européenne. Car Moll ne perd pas de vue les finalités économiques de son périple, et, partout où il passe, il pense aux intérêts de l'Association cotonnière et de l'Association coloniale du caoutchouc.

Plus au nord, les Français atteignent la brousse – où des herbes de plusieurs mètres de haut couvrent à perte de vue les vallonnements du terrain –, puis la savane. C'est une illumination. La région est accueillante. Les peuples le sont tout autant. Dans les pays de Léré, les Mundangs, les Toubouris et autres peuples exercent une véritable fascination sur les explorateurs. La beauté sculpturale des corps leur inspire quantité de superlatifs. *Black is beautiful!*, dirait-on aujourd'hui.

## Mort en terre africaine

Le tout jeune lieutenant-colonel de trente-huit ans accepte en 1908 le poste, peu sollicité il est vrai, de commandant des pays sous protectorat du Tchad, territoire rétif, difficile à administrer. Le plus dangereux de l'Afrique française, au dire des fonctionnaires coloniaux. Ses populations, notamment les nomades du Borkou et de l'Ouaddaï, sont promptes au soulèvement et pratiquent rezzous et razzias. En 1908, une guerre, une de plus, est signalée dans la région d'Abéché. Moll rassemble toutes les forces disponibles du territoire, dont deux compagnies de tirailleurs sénégalais récemment arrivées de Dakar. Après des mois de combats, les autochtones sont défaits. Mais Moll meurt le 9 novembre 1910, atteint à la nuque. Il avait trente-neuf ans.

Porteurs toubouris.
*L'escorte de Moll est réduite à une poignée de tirailleurs. Il avance pacifiquement et recrute localement, pour de courtes distances, des porteurs volontaires, qui revinrent tous sains et saufs. C'est l'une des plus belles réussites de la mission.*

À droite : une des planches de la mission Moll consacrée à la population mundang du pays du Léré.
*La beauté de cette région fascina tant les photographes qu'ils firent confectionner plusieurs albums au retour et en offrirent un au président de la République.*

Pays de Léré 152

153
Jars Moundans

Le Mayo-Kabbi à Léré 154

155
Greniers à grains Moundans

Léré 156

Revenant de la plantation
157

Chien Moundan 158

Commerçant Haoussa
159

# L'impossible voie

## *Crampel, Dybowski, Maistre et Gentil sur la route du Tchad 1890-1900*

Annie-France Renaudin

Au XIX^e siècle, la mer intérieure du lac Tchad garde tout son mystère pour les voyageurs européens. Peu s'y aventurent. Mais, à partir de 1890, le cœur du continent africain se retrouve au centre des rivalités coloniales.

Les diplomates ont décidé du découpage de cette partie de l'Afrique avant même que les explorateurs n'y parviennent. Moins de cinq ans après la conférence de Berlin de 1885 (voir page 98), les puissances européennes se sont partagé le bassin du Congo. Cependant, la région intermédiaire entre le lac Tchad et l'Oubangui dessine toujours une tache blanche sur les cartes. Les voies fluviales restent à découvrir : on sait depuis les voyages de l'Allemand Barth que le Chari se jette dans le sud du lac, mais ses principaux affluents, le Bamingui, le Gribingui ou le Logone, sont encore inconnus.

À la fin du siècle, donc, les visées impérialistes ont gagné du terrain en Afrique centrale. Les Belges et les Français sont les premiers à comprendre l'intérêt de la grande voie fluviale Congo-Oubangui, qui ouvre vers le nord-est sur le Bahr el-Ghazal et le haut Nil. La compétition sur le fleuve est serrée. Pour l'emporter, la France s'appuie sur le domaine congolais (le Gabon), acquis de 1875 à 1885 par Savorgnan de Brazza (voir page 50). Mais disputer l'Égypte aux Anglais (la crise de Fachoda va bientôt se nouer, voir page 152) n'est plus le seul objectif. Dans les milieux parisiens, on caresse un nouveau projet : faire la jonction entre les possessions du Soudan occidental, du Sahara et du Congo. De ce vaste domaine africain, l'Oubangui sera la frontière méridionale et le lac Tchad, le pivot.

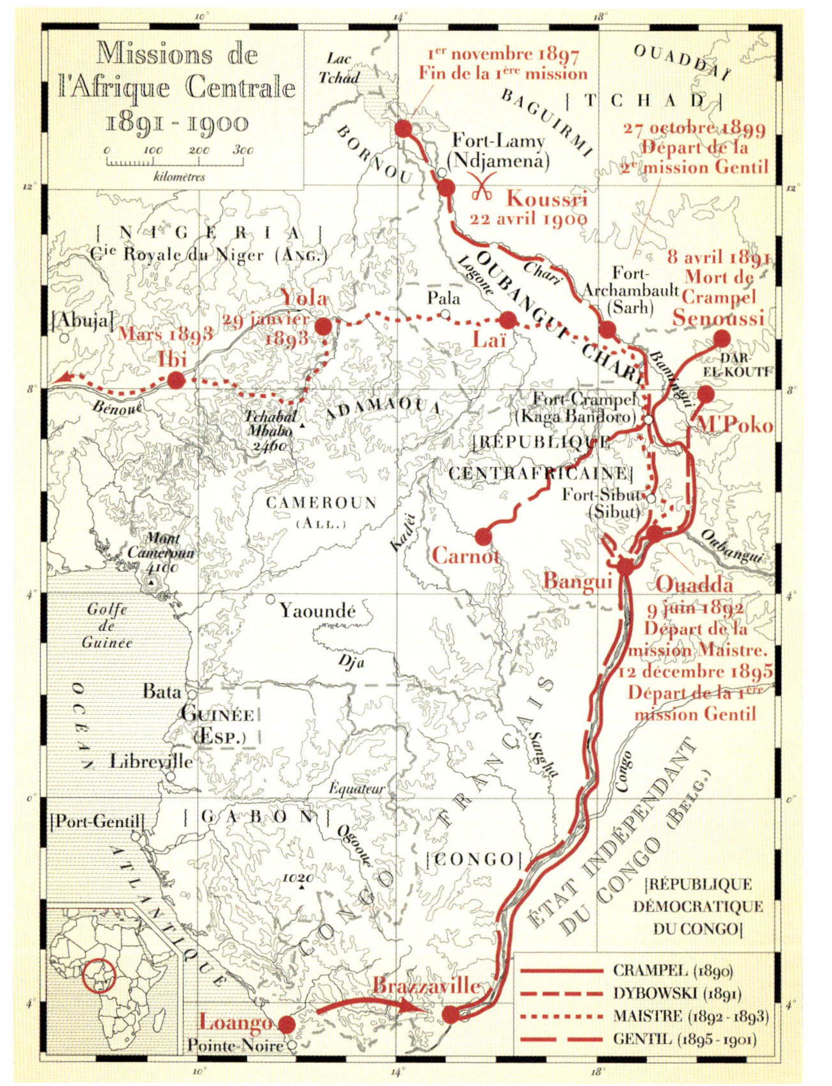


### Crampel, le pionnier

L'entreprise est dangereuse. Les régions du sud du lac sont dominées par le puissant État esclavagiste du sultan noir Rabah. Ce chef de guerre venu de la province de Khartoum s'est taillé en quelques années un empire s'étendant sur le Bornou et le Baguirmi. Il contrôle les petits États musulmans situés plus au sud, qui lancent périodiquement des incursions chez les populations païennes du seuil Oubangui-Chari pour le compte des trafiquants du nord. En tentant de remonter dans le bassin du Chari, les Français vont inévitablement se heurter à eux.

Un jeune homme de vingt-six ans, Paul Crampel, ancien secrétaire de Savorgnan de Brazza au Gabon, veut être le premier à tenter la liaison. Appuyé par un groupe de pression favorable à l'expansion française en Afrique, le futur comité de l'Afrique française, soutenu par Eugène Étienne, sous-secrétaire

Carte des missions : *les quatre expéditions empruntent le même itinéraire au départ : d'abord les six cents kilomètres de la voie terrestre entre la côte (Loango) et Brazzaville, c'est la piste des caravanes, puis la voie fluviale pour atteindre le poste de Bangui, point de départ vers le nord. Le long de la voie de pénétration dans le bassin du Chari seront ouverts de nouveaux postes, dont Fort-Lamy, aujourd'hui Ndjamena.*

Départ de la mission Dybowski à bord de l'*Alima*, le 28 juillet 1891. *Un premier vapeur, le Ndjoué, est parti une semaine plus tôt, emmenant une partie du personnel et cent cinquante colis. À son tour, l'Alima quitte Brazzaville avec à son bord et dans un bateau en fer qu'il traîne le reste de la mission. Ci-dessous : le professeur Dybowski.*

À gauche : *boîte de plaques de verre de la mission Gentil-Robillot.*

Départ

Photos tirées de l'album de la mission Dybowski.
*Dans cette partie de l'Afrique, où il n'y a pas d'animaux de trait, tout ce qui ne peut être transporté par voie fluviale l'est à dos d'homme. Il faut recruter les porteurs sur la côte (car à l'intérieur c'est plus difficile), puis résoudre le problème épineux du contenu des colis et de la répartition des charges. Outre le strict nécessaire (matériel de campement, instruments de précision, médicaments), le chef de mission doit prévoir des cadeaux (étoffes, perles) qui serviront à acheter des vivres, à rémunérer guides et piroguiers ou à se concilier les chefs locaux… Le ravitaillement des porteurs est un souci permanent.*

Pirogue banziris en marche transportant la mission

*Lente remontée de l'Oubangui sur les traces de Crampel, dans des pirogues manœuvrées par les Banziri, habitants de la région et remarquables navigateurs.*

Le vapeur Antoinette
de la Société Hollandaise.

Canonnière du Congo

Hommes du Kassaï
porteurs de la Mission.

Depeçage d'un éléphant
tué dans le Congo

*« Au bout de quelques heures de navigation, mes jambes sont complètement engourdies et j'ai grand peine à me lever pour descendre à terre… À plusieurs endroits, nous apercevons des crocodiles plonger dans la rivière en entendant le bruit des pagaies… »*

Casimir Maistre

Tête d'hippopotame

*« On voyait particulièrement sur la carte un fleuve, un grand fleuve puissant, qui ressemblait à un immense serpent déroulé, la tête dans la mer, le corps au repos, infléchi sur de vastes distances, la queue perdue au fond du pays. »*

Joseph Conrad

d'État aux colonies, Crampel réunit les fonds nécessaires pour monter une expédition. Il est à Brazzaville en août 1890, puis remonte le Congo et l'Oubangui et atteint Bangui, limite extrême de l'occupation française et point de départ vers le nord, en septembre. De là, il s'enfonce dans des régions inconnues à la recherche de la ligne de partage des eaux entre le bassin de l'Oubangui et le bassin du Chari. Mais l'aventure tourne court. Crampel, affaibli par la maladie, manque cruellement de moyens. Il part en éclaireur chercher auprès du sultan Senoussi, vassal de Rabah, les porteurs et les vivres indispensables à la poursuite de son voyage, mais il est assassiné à Dar el-Kouti, le 8 avril 1891, par les hommes de Senoussi.

### Le semi-échec de Dybowski

Sans nouvelles de l'explorateur, le comité de l'Afrique française envoie aussitôt une nouvelle expédition chargée de se porter à son secours. C'est un naturaliste, cette fois, qui en prend la tête: Jean Dybowski, professeur à l'école d'agriculture de Grignon, connu pour ses voyages d'étude dans le Sahara algérien. Ce scientifique donne à l'expédition un caractère pacifique sans en occulter l'objectif politique. À Brazzaville, en juin 1891, Dybowski découvre le massacre de la colonne Crampel. Il la venge par une expédition punitive puis explore les régions du nord du coude de l'Oubangui et fonde un poste fixe au confluent de ce fleuve avec la rivière Kémo. Mais, malade et manquant de moyens, il renonce à s'aventurer dans le bassin du Chari et prend le chemin du retour au début de 1892. Son travail scientifique est extrêmement fécond, mais sa mission reste, politiquement, un échec.

Entre-temps, l'annonce de la mort de Crampel a fait grand bruit à Paris et c'est une troisième expédition qui est envoyée sur l'Oubangui par le comité afin de prêter main forte à celle de Dybowski. Elle est confiée à un jeune explorateur de vingt-quatre ans, Casimir Maistre, qui s'est fait remarquer lors de ses voyages à Madagascar. Lorsqu'ils se rencontrent à Brazzaville, en avril 1892, Dybowski a déjà décidé de regagner la France, Maistre se retrouve donc commandant de l'expédition. À la tête d'une escorte plus nombreuse (cent quatre-vingts hommes avec les porteurs), il reprend l'itinéraire de ses prédécesseurs et s'enfonce plus loin au nord-est. C'est lui qui marquera une avancée décisive en parvenant, par le Gribingui, jusqu'à un confluent avec le Chari. Reste à trouver des embarcations pour descendre le fleuve et arriver au lac Tchad. Mais l'expédition atteint la limite sud des régions contrôlées par Rabah. Les populations locales se dérobent, les porteurs désertent. Maistre sent-il à ce moment qu'il met la vie de ses

Journal de marche de François-Joseph Clozel, membre de la mission Maistre (1892-1893).
*La pluie et les fièvres sont des compagnes quotidiennes. L'humidité rend pénible chaque mouvement et affaiblit les organismes.* (Transcription en fin de volume)

Ci-contre : Fort-Crampel, janvier 1900.
*Émile Gentil, commissaire du gouvernement au Chari, regarde l'arrivée d'une caravane par la route de France.*

À gauche : au début de 1892, Dybowski, malade, renonce à poursuivre dans le bassin du Chari et fait demi-tour.
*Semi-échec sur le plan politique, sa mission fut très féconde d'un point de vue scientifique. Ce naturaliste rassembla plus de sept mille échantillons qu'il envoya au Muséum d'histoire naturelle de Paris.*

*À Fort-Archambault, les femmes se baignent dans le Chari.*

Journal de marche du lieutenant Kieffer, membre de la mission Gentil. *Ce jeune officier, benjamin de l'état-major, vit sa première grande aventure en Afrique. Chargé de tenir le journal de route, il y raconte, sous forme de croquis, les marches d'approche de la colonne pour encercler l'armée de Rabah.*

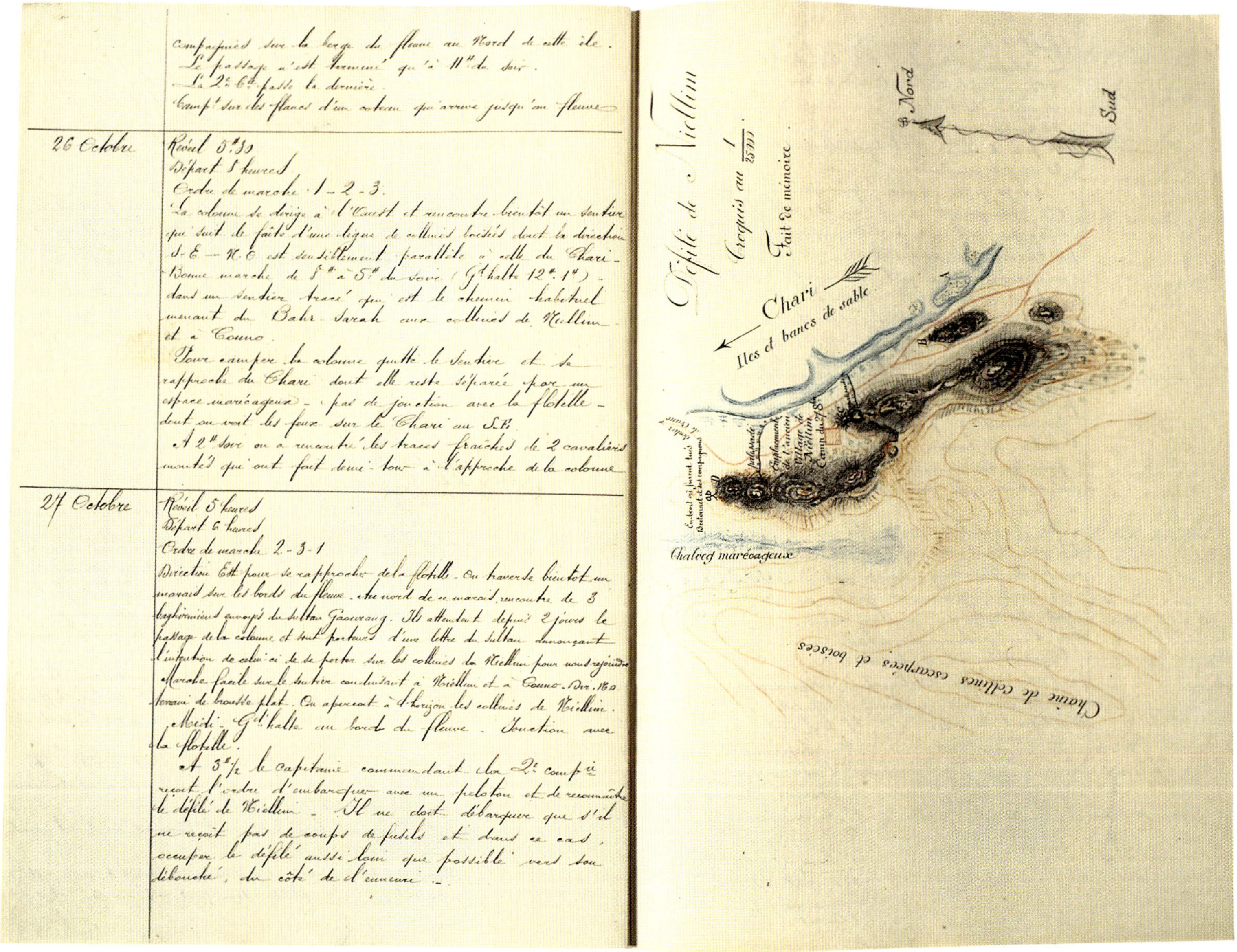

compagnies sur la berge du fleuve au Nord de cette île.
Le passage n'est terminé qu'à 11h du soir.
La 2e Cie passe la dernière.
Campt sur les flancs d'un coteau qui arrive jusqu'au fleuve

| | |
|---|---|
| 26 Octobre | Réveil 5h30<br>Départ 8 heures<br>Ordre de marche 1-2-3.<br>La colonne se dirige à l'Ouest et rencontre bientôt un sentier qui suit le faîte d'une ligne de collines boisées dont la direction S-E – N-O est sensiblement parallèle à celle du Chari. Bonne marche de 8h à 5h du soir (Gde halte 12h-1h) dans un sentier tracé qui est le chemin habituel menant du Bahr Sarah aux collines de Niellim et à Couno.<br>Pour camper la colonne quitte le sentier et se rapproche du Chari dont elle reste séparée par un espace marécageux – pas de jonction avec la flotille – dont on voit les feux sur le Chari au S.E.<br>A 2h soir on a rencontré les traces fraîches de 2 cavaliers montés qui ont fait demi-tour à l'approche de la colonne |
| 27 Octobre | Réveil 5 heures<br>Départ 6 heures<br>Ordre de marche 2-3-1<br>Direction Est pour se rapprocher de la flotille. On traverse bientôt un marais sur les bords du fleuve. Au nord de ce marais, rencontre de 3 baghirmiens envoyés du Sultan Gaourang. Ils attendent depuis 2 jours le passage de la colonne et sont porteurs d'une lettre du Sultan annonçant l'intention de celui-ci de se porter sur les collines de Niellim pour nous rejoindre.<br>Marche facile sur le sentier conduisant à Niellim et à Couno. Dir. 160 terrain de brousse plat. On aperçoit à l'horizon les collines de Niellim.<br>Midi. Gde halte au bord du fleuve. Jonction avec la flotille.<br>A 3h½ le capitaine commandant la 2e compie reçoit l'ordre d'embarquer avec un peloton et de reconnaître le défilé de Niellim. Il ne doit débarquer que s'il ne reçoit pas de coups de fusils et dans ce cas, occuper le défilé aussi loin que possible vers son débouché, du côté de l'ennemi. |

compagnons en danger en poursuivant vers le nord ? Il abandonne l'objectif du Tchad pour incliner sa route vers l'ouest et il atteint la Bénoué à Yola en janvier 1893, puis il rentre par le Niger. Le périple est audacieux mais les résultats sont déterminants : il rapporte des renseignements absolument nouveaux sur le système hydrographique du Chari, ainsi que plusieurs traités passés avec les chefs locaux.

Maistre a eu le mérite de montrer la voie d'accès vers le Tchad. De 1895 à 1897, un officier de marine, administrateur au Congo depuis 1891, Émile Gentil, tente à son tour de gagner le lac par le Chari, mais cette fois avec des moyens à la hauteur de l'ambition. À la différence de ses prédécesseurs,

contraints d'abandonner en route une partie des charges faute de porteurs, Gentil recrute une main-d'œuvre considérable. Il emporte le matériel et les provisions nécessaires ainsi qu'une grande quantité de verroterie et d'étoffes, très appréciées dans ces régions. Surtout, il n'hésite pas à faire acheminer à bout de bras un petit vapeur en pièces détachées, le *Léon-Blot*, jusqu'au premier affluent du Gribingui. Après avoir fondé les postes de Fort-Sibut, en mars 1895, et de Fort-Crampel, en juin 1897, il passe dans le Chari à bord du petit navire et arrive sur le Tchad le 1er novembre 1897. Il renonce à explorer le lac mais place le Baguirmi sous protectorat français.

Deux ans plus tard, il revient au Chari comme commissaire du gouvernement avec pour mission de mettre fin aux activités de Rabah, qui barre toujours la route du Tchad. Cette seconde expédition, de caractère nettement plus militaire, aboutit le 22 avril 1900 à la victoire de Koussri, remportée avec l'aide de la mission Foureau-Lamy, partie d'Alger (voir chapitre suivant), et de ce qui reste de la colonne Voulet-Chanoine, venue de Dakar.

La mort de Rabah, moins de dix ans après celle de Crampel, lève le dernier obstacle à la domination française sur les rives du Chari et du Tchad.

*Deux ans après avoir été créée, la piste de cent cinquante kilomètres qui relie Fort-Crampel à l'extrême nord du bassin de l'Oubangui sera empruntée chaque mois par trois mille porteurs.*

Pirogues sur le Chari.

# Les rêveurs du Sahara

## *Fernand Foureau et François-Joseph Lamy, de l'Algérie au Soudan 1898-1900*

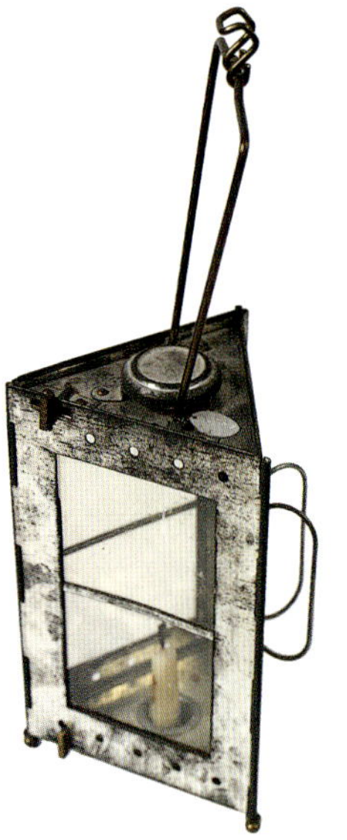

Lampe utilisée par les Français dans le Sahara.

À droite : la mission Foureau-Lamy dans la mare d'Aïn Taïba, au début du périple (automne 1898).

Carte de la mission Foureau-Lamy.

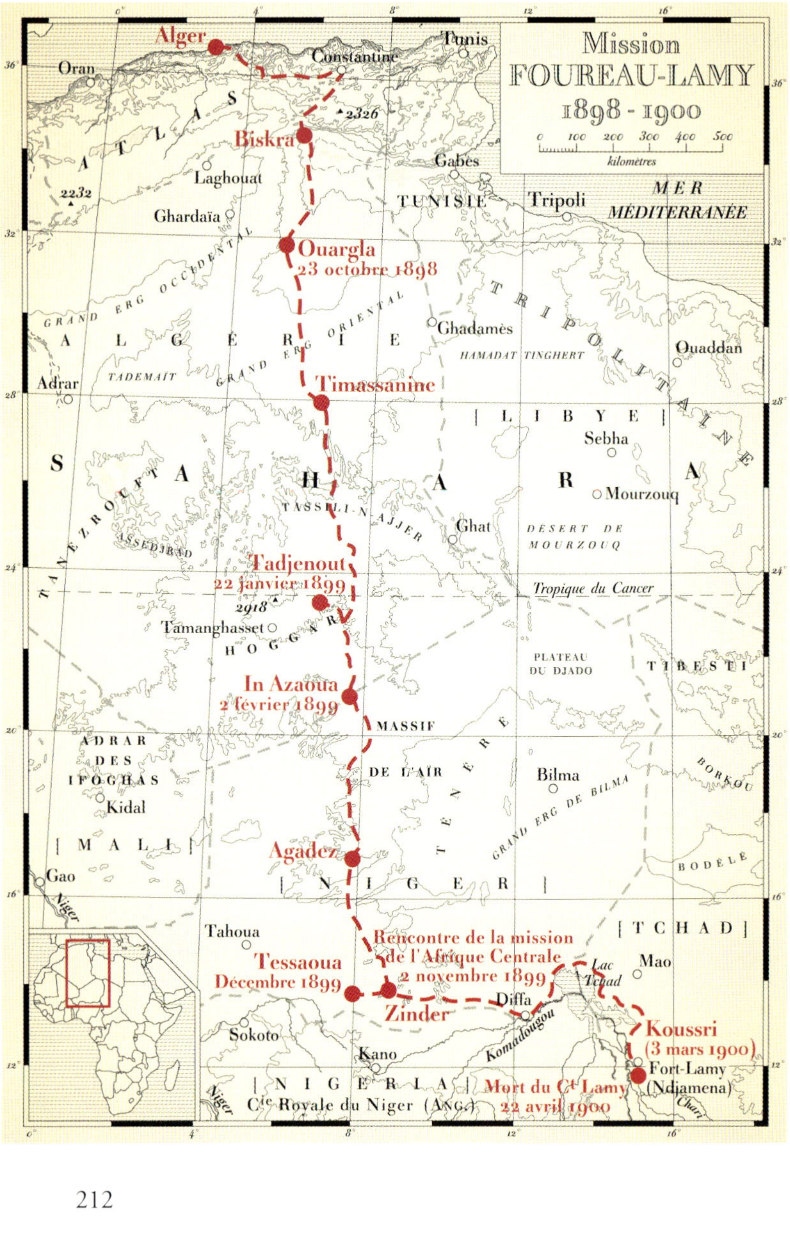


Louis Gardel

Sur les contreforts du Hoggar, en février 1881, les Touareg font savoir, violemment, leur hostilité à la pénétration française sur leur territoire. Ils anéantissent la mission du colonel Flatters.

Après ce massacre, dont le retentissement est considérable, Fernand Foureau, faisant fi du découragement de ses compatriotes, entreprend des voyages d'étude dans les centres du Sahara non encore soumis à la France. En quinze ans, de 1882 à 1897, il en accomplit neuf, la plupart du temps seul Européen des caravanes qu'il a constituées.

C'est un homme d'entreprise, téméraire mais réfléchi. La guerre de 1870 l'a empêché de réaliser sa vocation d'ingénieur. Il s'est installé en Algérie, dans le Sud, où il s'occupe des forages de puits et du développement de palmeraies. Il mûrit un projet grandiose : relier, par une grande expédition, l'Algérie au Tchad.

Il réussit à intéresser le ministère de l'Instruction publique à son projet. C'est dire que pour lui, au départ, l'objectif est avant tout scientifique. Cependant, au contraire de Flatters, Foureau, instruit par ses expériences, ne se fait aucune illusion sur le pacifisme des populations qu'il rencontrera en chemin. Il sollicite donc aussi le ministère des Colonies et obtient une escorte militaire. C'est le commandant François-Joseph Lamy, membre de la maison militaire du président de la République Félix Faure, qui la commandera.

### Levée de camp

La mission Foureau-Lamy se forme à Ouargla. C'est, pour l'essentiel, une petite armée : deux cent treize tirailleurs algériens, cinquante tirailleurs sahariens, treize spahis, une section de deux canons Hotchkiss, dix officiers et seulement quatre civils. Il est d'ailleurs prévu une jonction avec les missions militaires des capitaines Voulet-Chanoine et du commandant Gentil.

On rassemble les hommes, le matériel et, surtout, les mille chameaux indispensables. Aux heures de loisir, les officiers vont voir danser les Ouled-Naïl. On lève le camp le 23 octobre 1898. La mission s'achèvera presque deux ans plus tard. C'est la mort au combat du commandant Lamy sur les bords du Chari en avril 1900 qui en marque la fin et souligne sa double nature : scientifique, certes, mais surtout conquérante. On compte apprendre, explorer, amasser toutes les connaissances que l'on pourra glaner sur les hommes, la géographie et l'histoire, la flore, la faune, les croyances. Mais, dans le même temps et dans le même mouvement, on plantera le drapeau, on montrera sa force. Et, quand il le faudra, on l'utilisera.

Fernand Foureau prenant un repère dans la Hamadat Tinghert, le 15 novembre 1898.

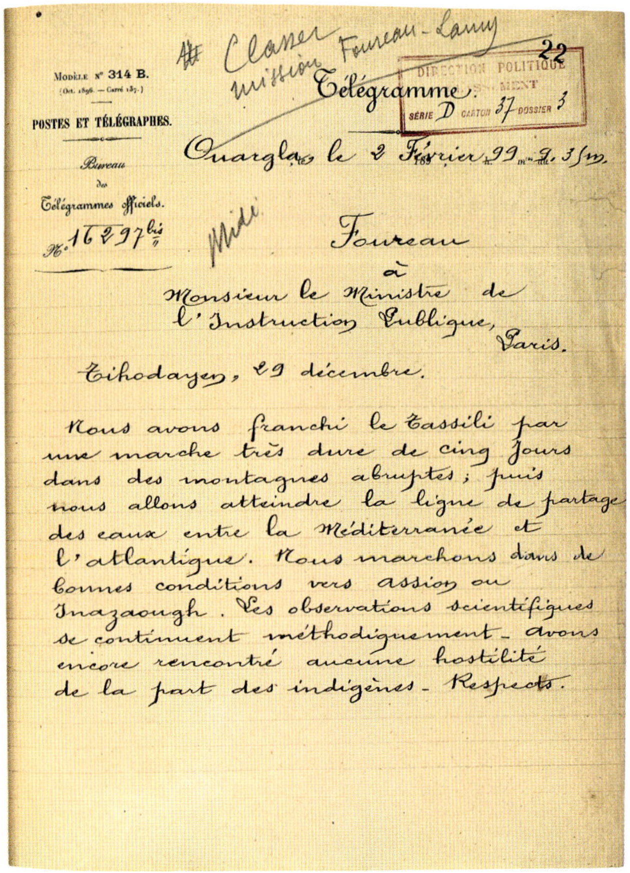

Modèle n° 314 B.
(Oct. 1896. — Carré 137.)

POSTES ET TÉLÉGRAPHES.

Bureau des Télégrammes officiels.

N° 16297 bis

Classer mission Foureau-Lamy

Télégramme.

22

DIRECTION POLITIQUE ... MENT
SÉRIE D CARTON 37 DOSSIER 3

Ouargla, le 2 Février 99 9. 3 s m.

Midi

Foureau
à
Monsieur le Ministre de l'Instruction Publique, Paris.

Tihodayen, 29 décembre.

Nous avons franchi le Tassili par une marche très dure de cinq jours dans des montagnes abruptes; puis nous allons atteindre la ligne de partage des eaux entre la Méditerranée et l'atlantique. Nous marchons dans de bonnes conditions vers Assiou ou Inazaough. Les observations scientifiques se continuent méthodiquement - avons encore rencontré aucune hostilité de la part des indigènes - Respects.

Des étapes quotidiennes de quinze à quarante-cinq kilomètres, avec pour préoccupations principales, comme toujours au désert, les points d'eau et les pâturages pour les chameaux; des départs à quatre heures du matin pour huit heures de marche dans la fournaise; des nuits glaciales. Au bout d'un mois, un caporal du nom de Receveur perd connaissance; on le place sur un chameau dans un lit de couvertures; il meurt le lendemain. Le commandant adresse un dernier adieu au pauvre petit troupier qui avait rêvé de traverser l'Afrique. Des morts jalonneront tout au long la marche de la colonne. L'un d'eux, gagné par une inguérissable mélancolie, s'égarera même volontairement pour crever tranquille, préférant le repos éternel aux épreuves du désert.

## Jusqu'où pourra-t-on marcher?

Pour Noël, on est dans le Tassili-N-Ajjer. En janvier, on a perdu cent cinquante chameaux: c'est insignifiant pour trois mois de marche. D'ailleurs, dans l'ensemble, malgré le ramadan et leurs allures de « gueux », leurs vêtements en loques, leurs souliers éculés, les tirailleurs marchent droit et conservent leur belle humeur. Leur endurance ne connaît pas de limites. Les Français sont béats d'admiration. Le soir, ils ne prennent de repos qu'après la formation du camp, qui, pas une seule fois, ne perd sa disposition en carré, les bagages sur deux lignes parallèles, alignés, classés par charge et par catégorie. D'étape en étape, Foureau palabre avec les chefs de tribu. Conversations instructives, autant que possible amicales. Mais il s'agit surtout d'obtenir d'eux qu'ils livrent des chameaux pour renouveler le cheptel. Quand ils y mettent trop de mauvaise volonté, on fait claquer les culasses. Les chameaux arrivent par petits paquets. Cela dure des jours

À gauche : télégramme de Ouargla du 2 février 1899 sur le franchissement du Tassili.
*La lenteur des communications entre la mission et les postes établis dans le désert algérien est à l'origine d'une multitude de fausses nouvelles. Ainsi le bruit court, à plusieurs reprises, que la mission a été entièrement massacrée par les Touareg, comme l'avait été, vingt ans plus tôt, la mission du colonel Flatters.*

En haut : colonne de reconnaissance dans le Sud-Constantinois, 1905-1906.
*Les départs se font avant l'aube, après une nuit glaciale suivie de huit heures de marche dans la fournaise. L'effort est si éprouvant qu'il est difficile de cheminer plus de quatre jours de suite.*

En bas : le poste d'Agadez.
*La ville abandonnée garde les vestiges d'une splendeur évanouie. Les Français hissent le drapeau tricolore sur la terrasse du palais.*

et des jours. Souvent les tribus qui les ont fournis, ou d'autres, on ne sait pas, viennent les razzier au pâturage la nuit suivante. Tout est à recommencer. Faute d'animaux de transport, la caravane est bloquée trois mois durant à Ighezzar. Les Touareg font preuve d'une mauvaise volonté tenace.

Une harka de quatre cents guerriers attaque même ouvertement. L'assaut contre la redoute des troupes françaises est brisé par le feu des fusils et des deux canons Hotchkiss. On relève trente cadavres. Les Touareg avaient été persuadés que les vrais croyants ne seraient pas atteints par les balles des Koufar. Pour continuer, on ne dispose plus que de deux cents chameaux, de cent bourricots et de cinquante bœufs « porteurs ». Tentes, lits de camp, cantines, tout ce que les tirailleurs ne peuvent trimballer sur eux (viande et biscuits de conserve) est sacrifié. On conserve le café et deux cent mille cartouches. Le reste est brûlé dans un gigantesque incendie qui hantera longtemps les esprits. Cet allègement radical est ressenti comme une amputation. Il faut marcher. Mais jusqu'où?

## Cent chameaux pour une vie

À partir de juin, la *mehallah* des *koufars*, c'est-à-dire la caravane des incroyants, s'attaque à la traversée de l'Aïr, « le pays où il n'y a rien que moins ». La chaleur est terrible. Les chameaux, trop chargés, refusent de se lever. Le 14 Juillet est célébré pourtant comme il convient par des feux de salves et un défilé des troupes qui semble impressionner vivement les spectateurs voilés et muets. L'après-midi est consacré aux divertissements: courses en sac, jeu des trois sauts. Des Touareg y participent avec leurs grands rires et leur entrain. Le 27 juillet, c'est la fête musulmane du Mouloud que l'on célèbre: les Touareg, hommes et femmes, revêtent leurs plus belles pièces de *malti*, dansent et chantent au son des violons et des tambourins. Ces guerriers impitoyables sont aussi de gais lurons qui résistent difficilement aux réjouissances.

À Agadez, la capitale de l'Aïr, on signe un traité de paix et on hisse le drapeau tricolore sur la terrasse du palais. La souveraineté française ainsi établie, on reprend la route. Ou plutôt on croit la reprendre. En fait, le guide égare les Français dans une région sans eau. Les chameaux tombent comme des mouches; les hommes sont épuisés. La situation semble presque désespérée, d'autant que

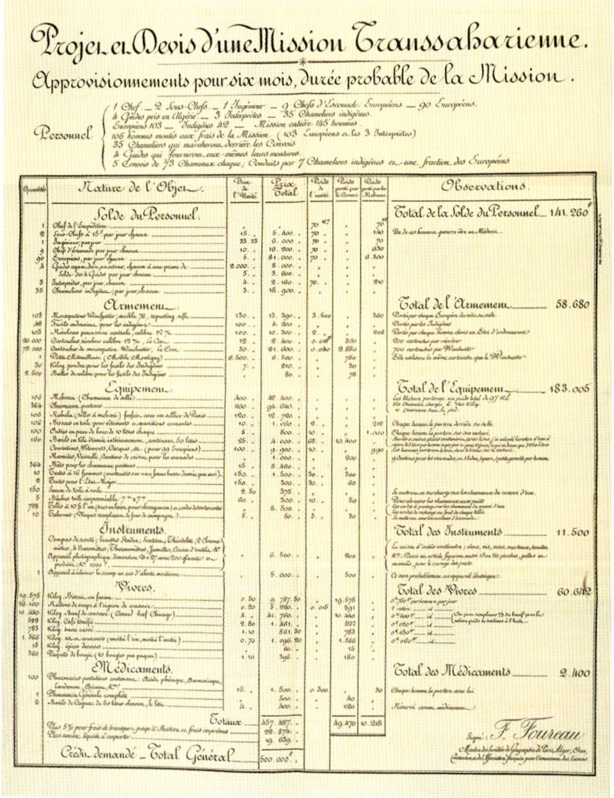

Projet et Devis d'une Mission Transsaharienne.

Approvisionnements pour six mois, durée probable de la Mission.

Personnel:
1 Chef — 2 Sous-Chefs — 1 Ingénieur — 9 Chefs d'Escouade Européens — 90 Européens.
4 Guides pris en Algérie — 3 Interprètes — 35 Chameliers indigènes.
Européens 103 — Indigènes 42 — Mission entière 145 hommes.
106 hommes montés aux frais de la Mission (103 Européens et les 3 Interprètes)
35 Chameliers qui marcheront derrière les Convois
4 Guides qui fourniront eux-mêmes leurs montures.
5 Convois de 73 Chameaux chaque; Conduits par 7 Chameliers indigènes et une fraction des Européens

| Quantités | Nature de l'Objet | Prix de l'Unité | Prix Total | Poids de l'unité | Poids porté par le Convoi | Poids porté par les Mehara | Observations |
|---|---|---|---|---|---|---|---|
| | **Solde du Personnel** | | | | | | Total de la Solde du Personnel — 141.260f |
| 1 | Chef de l'Expédition | . | . | 70 k | . | 70 | |
| 2 | Sous-Chefs à 15f par jour chacun | 15. | 5.400 | 70 | . | 140 | Un de ces hommes pourra être un Médecin |
| 1 | Ingénieur, par jour | 33.33 | 6.000 | 70 | . | 70 | |
| 9 | Chefs d'Escouade par jour chacun | 10. | 16.200 | 70 | . | 630 | |
| 90 | Européens, par jour chacun | 5. | 81.000 | 70 | . | 6.300 | |
| 4 | Guides ayant droit, au retour, chacun à une prime de | 2.000 | 8.000 | . | . | . | |
| | Solde des 4 Guides par jour chacun | 5. | 3.600 | . | . | . | |
| 3 | Interprètes, par jour, chacun | 4. | 2.160 | 70 | . | 210 | |
| 35 | Chameliers indigènes, par jour, chacun | 3. | 18.900 | . | . | . | |
| | **Armement** | | | | | | Total de l'Armement — 58.680 |
| 103 | Mousquetons Winchester, modèle 76, repeating rifle | 130. | 13.390 | 3.600 | . | 360 | Portés par chaque Européen derrière sa selle |
| 42 | Fusils ordinaires pour les indigènes | 100. | 4.200 | . | . | . | Portés par les Indigènes |
| 103 | Révolvers percussion centrale, calibre 12 m/m | 100. | 10.300 | 2. | . | 206 | Portés par chaque homme dans un Étui d'ordonnance |
| 20.000 | Cartouches révolver calibre 12 m/m | 12. | 2.400 | 0.018 | 360 | . | 200 cartouches par révolver |
| 72.000 | Cartouches de mousqueton Winchester | 30. | 21.600 | 0.040 | 2.880 | . | 700 cartouches par Winchester |
| 1 | Petite Mitrailleuse (Modèle Montigny) | 6.500 | 6.500 | . | 760 | . | Elle utilisera la même cartouche que le Winchester |
| 30 | Kilog. poudre pour les fusils des Indigènes | 7. | 210 | . | 30 | . | |
| 2.500 | Balles de calibre pour les fusils des Indigènes | . | 80 | . | 78 | . | |
| | **Equipement** | | | | | | Total de l'Equipement — 183.005 |
| 106 | Mehara (Chameaux de selle) | 400 | 42.400 | . | . | . | Les Mehara porteront un poids total de [illegible] |
| 364 | Chameaux porteurs | 260 | 94.640 | . | . | . | |
| 106 | Rahala (selles à mehara) forfait avec un sellier de Paris | 120 | 12.720 | . | . | . | |
| 106 | Bissacs en toile pour vêtements et munitions courantes | 10 | 1.060 | 2 | . | 212 | Chaque homme le portera derrière sa selle |
| 100 | Outres en peau de bouc de 10 litres chaque | 8 | 800 | 10 | . | 1.000 | Chaque homme la portera sur son mehari |
| 160 | Barils en tôle étamée intérieurement, contenant 50 litres | 25 | 4.000 | 65 | 10.400 | . | [illegible] |
| | Couvertures, Vêtements, Casques, etc. (pour 99 Européens) | 100 | 9.900 | 10 | . | 990 | |
| | Marmites, Vaisselle, Cantines de cuisine pour les escouades | . | 1.000 | . | 200 | . | 9 Cantines pour les escouades [illegible] |
| 364 | Bâts pour les chameaux porteurs | 15 | 5.460 | . | . | . | |
| 10 | Tentes à 16 hommes [illegible] | 150 | 1.500 | 30 | 300 | . | |
| 2 | Tentes pour l'État-Major | 150 | 300 | 30 | 60 | . | |
| 150 | Seaux de toile à voile | 2.50 | 375 | . | . | . | |
| 5 | Bâches toile imperméable 7m x 7m | 60 | 300 | 10 | 50 | . | |
| 728 | [illegible] | . | 8.500 | . | . | . | |
| 10 | [illegible] | 5 | 50 | 3 | 30 | . | |
| | **Instruments** | | | | | | Total des Instruments — 11.500 |
| | Compas de route; [illegible]; Baromètres; Thermomètres; Jumelles, Caisse d'outils, etc. Appareil photographique [illegible] | . | 6.500 | . | 200 | . | |
| 1 | Appareil à éclairer le camp en cas d'alerte nocturne | . | 5.000 | . | 500 | . | Ce sera probablement un appareil électrique |
| | **Vivres** | | | | | | Total des Vivres — 60.642 |
| 19.575 | Kilog. Biscuit en farine | 0.50 | 9.787.50 | . | 19.575 | . | |
| 28.100 | Rations de soupe à l'oignon de conserve | 0.20 | 5.620 | 0.015 | 391 | . | |
| 10.440 | Kilog. Bœuf de conserve (Corned beef Chicago) | 4 | 41.760 | . | 10.440 | . | |
| 522 | Kilog. Café torréfié | 2.80 | 1.461 | . | 522 | . | |
| 783 | Kilog. sucre cassé | 1.10 | 861.30 | . | 783 | . | |
| 1.566 | Kilog. riz et couscous (moitié l'un, moitié l'autre) | 0.70 | 1.096.20 | . | 1.566 | . | |
| 15 | Kilog. épices diverses | . | 60 | . | 15 | . | |
| 360 | Paquets de bougies (10 bougies par paquet) | 1.10 | 396 | . | 180 | . | |
| | **Médicaments** | | | | | | Total des Médicaments — 2.400 |
| 100 | Pharmacies portatives contenant: Acide phénique, Ammoniaque, Laudanum, Quinine, etc. | 15 | 1.500 | 0.300 | . | 30 | Chaque homme la portera avec lui |
| 1 | Pharmacie Générale complète | . | 500 | . | 40 | . | |
| 2 | Barils de Cognac de 60 litres chacun, le litre | 4 | 400 | . | 120 | . | Réservé comme médicament |
| | Totaux | | 457.487 | | 49.470 | 10.218 | |
| | Plus 5% pour frais de transport [illegible] | | 22.874 | | | | |
| | Plus somme liquide à emporter | | 19.639 | | | | |
| | Crédit demandé — Total Général | | 500.000f | | | | |

Signé: F. Foureau

Auxiliaires algériens et soudanais.
*Au sein de la mission, la rencontre des deux Afrique, unies par un océan de sable, de rochers et de fossiles.*

Projet de budget d'une mission transsaharienne établi par Fernand Foureau en 1885.
*Fernand Foureau a dû batailler durant plusieurs années auprès des milieux gouvernementaux pour obtenir les moyens de sa mission. Les autorités sont prudentes depuis le massacre de la mission Flatters.*

des pillards (ou des insurgés contre la présence française, qui peut faire la différence?) suivent la colonne, volent les charges abandonnées par nécessité, tuent les soldats envoyés en reconnaissance. Le guide est fusillé: si ce n'était pas un traître, son incompétence est impardonnable.

Il faut revenir sur Agadez pour se refaire, obtenir des bêtes et des vivres. Le sultan et les siens n'ont que « paix et prospérité » à la bouche mais ne livrent pas grand-chose. Les militaires posent des ultimatums qu'ils appuient par la mise en batterie des deux canons. Les Touareg jurent leurs grands dieux qu'ils font tout leur possible pour rassembler les chameaux. Rien ne vient ou presque. Le commandant Lamy se sent joué, berné par « toutes ces canailles ». Il tient des prisonniers. Il s'en sert comme otages et fait du chantage: cent chameaux contre une vie. Un jour de fureur, il en fait fusiller un. « Si la France, solidement établie, peut leur couper les caravanes qui leur montent du Soudan, on verra baisser pavillon à toutes ces peuplades d'une fourberie, d'une cruauté, d'une duplicité dont on ne peut se faire une idée exagérée », écrira le lieutenant Britsch dans son journal de route. Août passe, puis septembre. Ce n'est que le 15 octobre, après avoir prévenu la ville que l'eau sera coupée si les chameaux ne sont pas livrés, que la mission repart, direction Zinder.

## Le vert paradis

Adieu le désert! Zinder, au milieu d'une immense plaine verte (« Verte », comprenez-vous ce que c'est après un an à se traîner à travers le sable et les cailloux?), apparaît comme une ville presque civilisée, un paradis pour nos

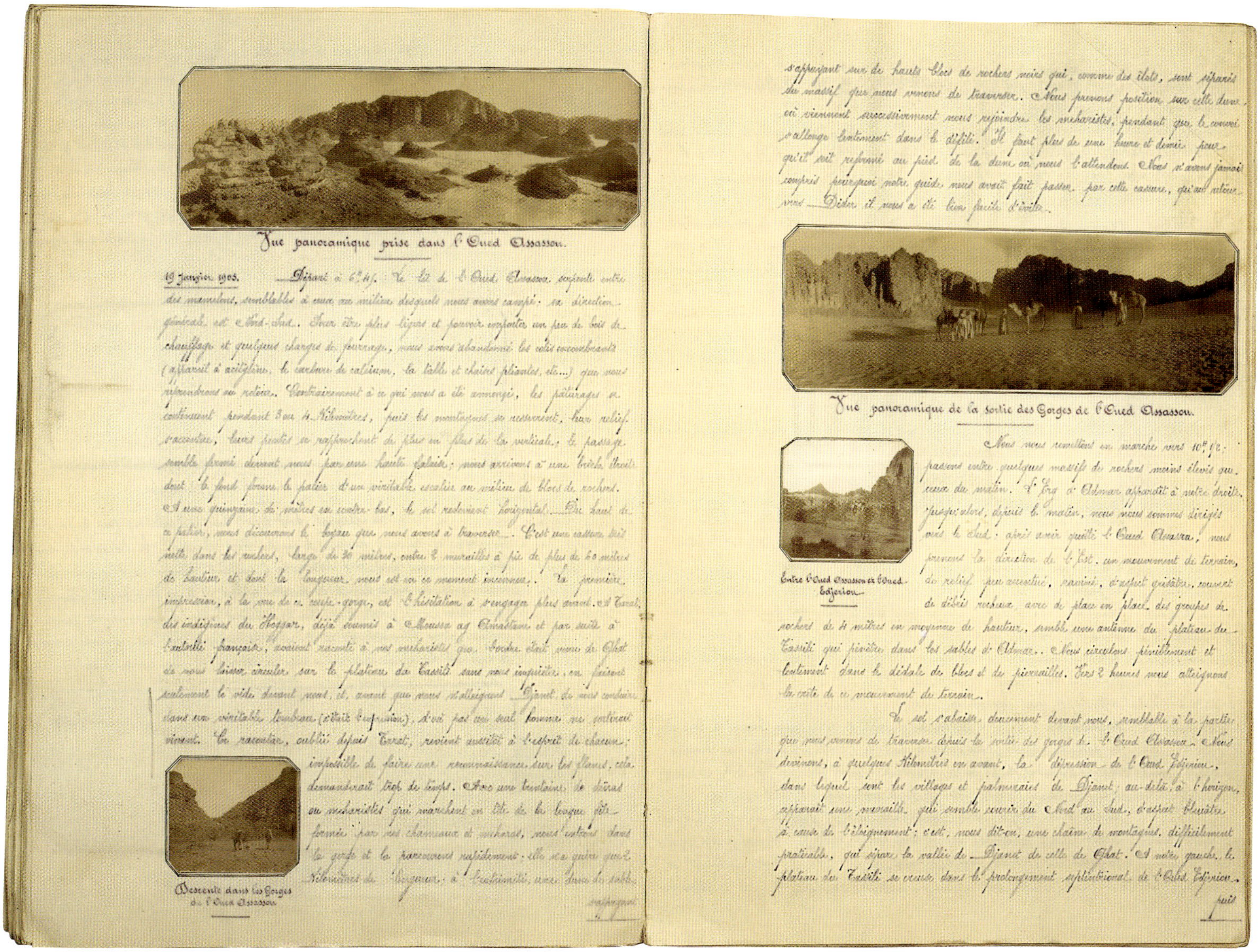


Extrait du rapport de mission intitulé « Travaux et reconnaissance de pénétration saharienne exécutés dans le Sud-Constantinois par le cercle de Touggourt (1905-1906) ».
*Le succès de la mission Foureau-Lamy et des campagnes menées contre les Touareg ouvre la voie à l'exploration scientifique du Sahara. De nombreuses missions suivront.*

missionnaires : le plaisir est inouï, la joie inonde les cœurs. Des spahis soudanais, fanion tricolore déployé, galopent à leur rencontre. Car Zinder est un poste français, pas bien solide, mais français. Le sultan, caracolant sur un étalon « merveilleux », les accueille. Ses cavaliers, montés sur des bêtes fougueuses, arborant des mines superbes, des gandouras bleues flottant au vent de la course, des selles ouvragées « avec le dernier art des brodeurs », exécutent un étourdissant carrousel de bienvenue. L'eau abonde, les marchés regorgent de viande, de légumes, d'étoffes – les fameux pagnes de Zinder. Tout flambants dans leurs nouveaux vêtements, les tirailleurs font la fête avec les Sénégalais et les Sénégalaises du poste. Quel Saharien n'a pas sa femme ? Ils y sont souvent très attachés et certains reconnaissent leurs enfants ou veillent à les pourvoir, avant d'être nommés dans d'autres garnisons.

Pages précédentes : Zinder, vers 1900.
*C'est une ville refuge après l'épreuve du désert. Derrière les murs, l'eau abonde, les marchés regorgent de viande, de légumes, d'étoffes.*

À droite : campement dans le désert du Tchad, vers 1900.
*La mission atteint enfin le Tchad après une embardée de deux mille kilomètres à travers les régions les plus inhospitalières du monde.*

Ci-dessous : vues diverses prises dans la partie centrale du col de Tintaharedjelli.
*Les chameaux tombent comme des mouches ; les hommes sont épuisés. Les attaques sporadiques des pillards pèsent sur les nerfs et font de nombreuses victimes.*

L'ultime étape a pour objectif le Tchad. Le 1er janvier 1900, on passe l'an nouveau au lieu-dit Yamia. Quelques jours plus tard, après la traversée d'une forêt d'acacias et de mimosas, c'est la fin définitive des misères, du moins on peut le croire : une rivière, la première depuis le départ, coule. Vive le Komadougou ! On pêche une friture en balançant un pétard de mélinite dans l'eau claire. Le 21 janvier, après une marche sur la lagune, au milieu de myriades d'oiseaux de toutes espèces, une « mer » infinie apparaît au bout du sentier d'épineux. C'est le Tchad.

## La mer infinie

« Tchad », mot magique qu'on répète pour se persuader que le but est atteint et qu'on a échappé aux catastrophes, de peu, à quel prix, mais enfin on y est ! « Tchad », mot magique qui a fait rêver tant de géographes et de voyageurs, et que ceux-ci, Foureau en tête, ont rallié après une embardée de deux mille kilomètres à travers les régions les plus inhospitalières du monde.

Les missions Voulet-Chanoine et Gentil ne sont pas au rendez-vous. Les premiers sont morts dans des circonstances atroces. Le commandant Gentil s'est heurté apparemment aux troupes du redoutable Rabah qui sévit contre la présence française depuis plusieurs années et paraît plus puissant que jamais. Les nouvelles sont incertaines. Qui est où ? Avec quelles forces ? En quel état ? Que faire ? Marcher au nord à la rencontre de Gentil ? Attaquer Rabah ? Lamy et Foureau choisissent la prudence. On erre ici et là à la recherche de renseignements. Au camp, qu'on baptisera camp des Éléphants, on hésite à tirer au canon

*« Pas une brindille de végétation, pas un animal n'égaie ou vivifie ces steppes immenses d'une tristesse aussi vaste que leurs horizons. Les jours où les nuages couvrent le ciel, ils étendent sur tout ce désert un linceul qui enveloppe le voyageur et jette dans l'air une énorme désespérance. »*

Lieutenant Britsch

2 Sur la hamada de Sidi Maabed à Imoulay.

Sur la route de Bilma (actuel Niger). *Dans l'une des régions les plus chaudes de la planète, le soleil est insoutenable. Un tirailleur en mourra, d'un coup. Les chameaux, trop chargés, refusent parfois de se lever.*

Ci-contre : dans l'erg de Ghourd el-Ouadat.

sur un petit troupeau de pachydermes qui s'apprêtaient à charger. Au bout du compte on en abat deux au fusil. Le soir on dîne de rôti d'éléphant et de ragoût de singe. C'est plus exotique que le chameau.

Vue d'un groupe de pierres à formes humaines auprès de Tebalbalet

### À la grâce de Dieu

Le 24 février, la mission atteint la berge du Chari. Nouvel accès d'enthousiasme. D'autant que des « Soudanais », entendons des troupes coloniales françaises du Soudan, sont déjà là. On se congratule. Des nouvelles enfin : la colonne Bretonnet a été complètement massacrée par Rabah. Cinquante tirailleurs sénégalais et cinq officiers et sous-officiers français y ont laissé la vie. Dès que les troupes de Gentil rejoindront, on vengera nos morts. C'est décidé. C'est chose faite quelques semaines plus tard par l'assaut lancé contre le camp retranché de Rabah. On n'en est plus aux escarmouches. C'est une grande et rude bataille qui oppose, front à front, des forces considérables pour la région et pour l'époque. Le commandant Lamy, qui charge à cheval, est abattu par les fidèles de Rabah, groupés autour de leur chef blessé. On donnera son nom – Fort-Lamy – à la capitale, qui s'appellera plus tard Ndjamena. Les Français laissent derrière eux un « charnier où il n'y avait pas loin d'un millier de cadavres » (journal de route du lieutenant Britsch).

Foureau, mission accomplie – il a levé l'espèce de malédiction qui pesait sur le Sahara central depuis le massacre de Flatters, il a ouvert la voie à des pénétrations décisives –, reçoit la grande médaille d'or de la Société de géographie pour la moisson de connaissances qu'il rapporte. Ce sont essentiellement des données cartographiques. Mais aussi des relevés de peintures rupestres. Toute proportion gardée, on pense à l'expédition de Bonaparte en Égypte, matrice de ces explorations vers l'ailleurs oriental qui tiennent de la conquête impérialiste, de la croisade de civilisation et de la quête scientifique à spectre large. Très vite, la mission Foureau-Lamy entre dans la légende coloniale, pour le meilleur et pour le pire.

*Nemchou y Allah!* En avant, à la grâce de Dieu !

Croquis d'une pierre à forme humaine

# Le soldat de l'empire

## *Henri Gouraud dans le désert de Mauritanie 1908-1909*

Louis Gardel

Gouraud est un de ces soldats d'Afrique qui tiennent pour une tâche utile et magnifique l'extension au plus large de l'empire français. C'est l'époque. Ils ajoutent à ce devoir de conquête de la curiosité, sinon de la fascination pour les peuples qu'ils affrontent. À leur contact, dans ce désert qui forge les valeureux, ils prennent des leçons qu'ils aiment : le courage, le mépris de la mort et cet héroïsme au quotidien qui permet de se tenir droit jusqu'au bout de ses forces et au-delà, l'âme tournée vers l'infini divin et le regard élargi par l'infini saharien.

Gouraud a quarante ans, en 1907, quand il est nommé en Mauritanie. Avant de rejoindre son poste, il visite Lyautey aux confins algéro-marocains. Lyautey n'est pas encore le modèle de proconsul qu'il deviendra en régnant sur le Maroc à partir de 1912. Mais ses pairs le connaissent et l'admirent. « Ah, quel homme! Je me ferais crever pour lui. » C'est le cri du cœur de Gouraud : le dévouement féodal. Missionnaires de la civilisation moderne, ces guerriers sont aussi des nostalgiques de mœurs très anciennes. Ils les retrouvent, vivantes, chez leurs ennemis d'aujourd'hui qui seront leurs féaux de demain. Dans ces immensités de pierres et de sable, les insoumis se réfugient toujours plus loin. Il faut aller les chercher, pénétrer dans des territoires inconnus, que, en explorant, on ajoute à l'empire. Les gouvernements renâclent.

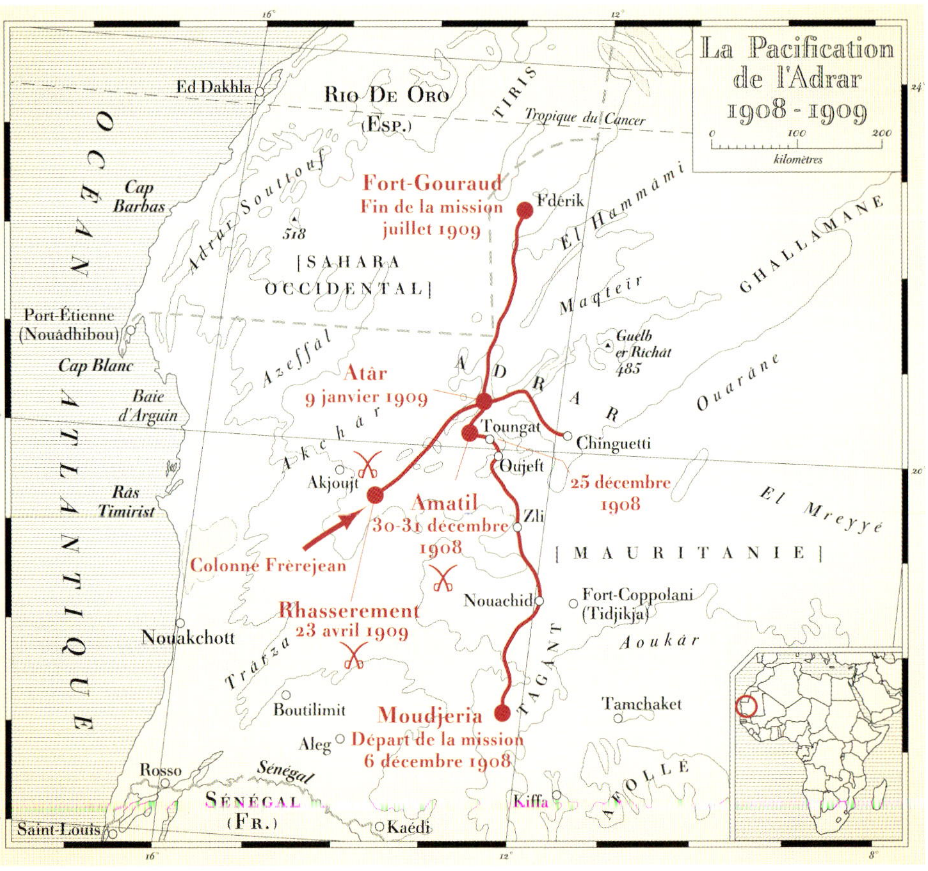

Ça coûte cher et ça provoque des crispations chez les Anglais, les Espagnols et les Allemands, concurrents en impérialisme, mais partenaires du jeu diplomatique européen. C'est la situation que trouve Gouraud en débarquant à Dakar, siège du commandement d'Afrique occidentale.

## Une citadelle de pierres

En 1902, déjà, on a, depuis Dakar, lancé Coppolani contre les tribus et les pillards du Nord. C'est lui qui a donné à la Mauritanie son nom. Il en a été le découvreur, le meilleur connaisseur, le grand homme. Au XXI^e^ siècle, il le reste, y compris chez les Maures. Il a pacifié le Sud par la persuasion et l'exploitation des rivalités entre tribus. Mais l'Adrar a résisté, entraîné par le cheikh Ma-el-Aïnim, fils d'un marabout célèbre et champion de l'islam face aux infidèles. Le 12 mai 1905, Coppolani est tué. Dans la foulée, aidés par le sultan marocain Abd-el-Aziz, les rebelles tuent deux officiers et deux sous-officiers français et la moitié de leur effectif indigène. Grand effet dans la région : non seulement les Français ne progressent plus, mais ils se font « tailler des croupières ».

Dans ces circonstances, la tâche de Gouraud s'impose : pacifier le massif de l'Adrar, cette « citadelle de pierres », reprendre le flambeau de Coppolani. C'est d'autant plus « logique et nécessaire » que les chefs de tribu ont proclamé la guerre sainte contre les Français et continué d'attaquer leurs postes. Gouraud n'a pas le culot flamboyant de Lyautey. Il attend le feu vert du gouvernement pour lancer son offensive. De toute façon, il a besoin de temps pour se fournir en chameaux et former des méharistes. On n'imagine pas facilement aujourd'hui l'importance des chameaux dans ces affaires. Ils commandent tout.

L'abreuvoir du peloton du Trârza, 1909.
*Les chameaux sont le nerf de la guerre. Les rassembler, les dresser puis les faire pâturer, les abreuver, les tenir en état tout au long de l'expédition sont une préoccupation de chaque instant.*

À gauche : le colonel Gouraud pendant la campagne de l'Adrar, juin 1909.
*Le désert est un monde sans objets et sans plaisirs, où l'homme est rendu à lui-même. La peau se tanne. C'est ce dénuement qui attire Gouraud.*

Maures de l'Adrar photographiés lors de la mission Coppolani, vers 1903-1905.
*Quelques années avant Gouraud, Coppolani réussit à pacifier la Mauritanie, sauf l'Adrar. Pour les habitants de la région, y compris les Maures, il reste « le grand homme ».*

Lettre du colonel Gouraud à sa mère, 26 février 1908

*Après des jours et des jours de marche, à demi somnolant sous la chaleur, recroquevillé la nuit sur une peau de mouton, à côté d'un buisson d'asphodèles, vient le temps du courrier, ce fil qui relie à la France, comme Antoine de Saint-Exupéry correspondant avec sa mère d'aventure en aventure.*

Sous la tente, enfin ! au bivouac de Choggar,

Chère Maman bien-aimée,
Me voici enfin dans la vie que j'aime, pour laquelle seule je me suis depuis de longues années éloigné de vous. [...] À 4 h, nous passons le fleuve à cheval et en route pour Boutlimit. C'est une toute petite étape de rien du tout ; histoire de décoller, ce qui est toujours un peu délicat avec des bœufs aussi bien qu'avec des chameaux.
Huit kilomètres nous amènent au coucher du soleil au bord d'un marigot, bras du Sénégal. Jolies nappes d'eau, quelques beaux arbres. Profitons-en, nous n'en reverrons plus de quelque temps. Le bivouac s'installe, feux, chevaux à la corde... De l'autre côté de la nappe d'eau, les Maures venus au devant de nous allument des feux ; un tam-tam affaibli de quelque campement voisin nous berce ; je m'endors heureux, par une nuit admirable, roulé dans mon manteau. Adieu, mère chérie, voilà une bonne journée passée. Le soleil se couche dans un nuage rouge et or. Vous rappelez-vous les beaux soleils des vacances d'autrefois ? Je vais admirablement bien et commence à me mettre au chameau. Je vous embrasse très tendrement.
Votre Henri.
(Transcription en fin de volume.)

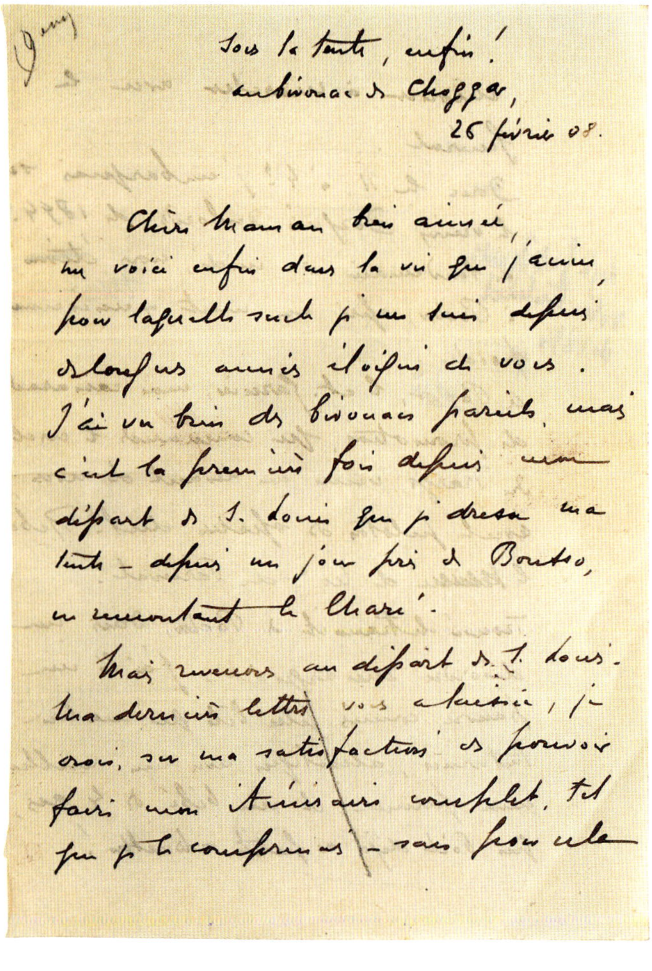
Sous la tente, enfin !
au bivouac de Choggar,
26 février 08.

Chère Maman bien aimée
me voici enfin dans la vie que j'aime,
pour laquelle seule je me suis depuis
de longues années éloigné de vous.
J'ai vu bien des bivouacs pareils, mais
c'est la première fois depuis mon
départ de S. Louis que je dresse ma
tente – depuis un jour près de Boutso,
en remontant le Chari.

Mais revenons au départ de S. Louis.
Ma dernière lettre vous a laissée, je
crois, sur ma satisfaction de pouvoir
faire mon itinéraire complet, tel
que je le comprenais – sans pour cela

Les rassembler, les dresser puis les faire pâturer, les abreuver, les tenir en état tout au long de l'expédition est une préoccupation taraudante, une tâche sans fin. On vit à leur rythme, dans leur puanteur et leurs cris incessants, cette « plainte immense », comme l'écrit Gouraud à sa mère. Les préparatifs consistent aussi à lancer des reconnaissances et à répliquer aux coups de main des rebelles que la passivité française enhardit. Mais, comme il l'écrit lui-même, « ces ripostes de détail ne signifient pas grand-chose. J'ai remis une note très ferme au gouverneur général. Il a vu le président du Conseil qui paraît décidé à marcher. Mais il s'agit d'une affaire d'un million et demi, d'après mon projet de dépenses. Ce n'est pas facile à décrocher ». L'obstacle, c'est Clemenceau, déjà excédé par les affaires du Maroc. Mais Gouraud sait convaincre : « Une colonne d'un millier d'hommes courra infiniment moins de dangers que tous les petits détachements, convois, escortes, etc., qui servent de plastrons aux coups de l'adversaire. »

Enfin, l'autorisation arrive. La concentration des troupes doit avoir lieu à Moudjeria. Mais, pour surprendre l'ennemi, le secret s'impose. Gouraud s'affiche à Saint-Louis du Sénégal, tandis que ses adjoints organisent discrètement le rassemblement des chameaux, cartouches, vivres et troupes.

Le 6 décembre 1908, enfin, on part. La colonne compte vingt-trois officiers, quarante-quatre sous-officiers et canonniers, un millier de combattants indigènes, dont deux cents montés, et huit cents chameaux. Les gens de l'Adrar ne paraissent pas encore avertis de l'approche qui les menace. C'est miraculeux dans le désert. Cela permettra de faire un coup, si Dieu le veut.

*« Longtemps encore la colonne entendra le bruit des pas des chameaux dans le sable, silencieux, étouffé, qui semble s'évanouir dans la poussière lumineuse. »*

Henri Gouraud

## L'odeur de la poudre

Commence enfin la longue marche dans l'Adrar, avec ses montagnes nues, ses étendues de pierres noires, ses maigres pâturages dans les fonds, ses rares points d'eau, dont certains, comme celui de Zli, sont de verts paradis. On s'y arrêterait volontiers, mais ce sont de vrais coupe-gorge. En dehors des marches, les soldats curent les puits, en creusent des nouveaux et passent des heures à abreuver les bêtes. Les chefs interrogent les guides et les hommes isolés qu'on attrape ici et là: quels sont les itinéraires possibles? Où sont les campements ennemis? Pour l'heure, on ne voit rien venir. Cependant, on capture des *choufs* qui, depuis les crêtes, surveillent la progression. Des patrouilles se heurtent à de petits groupes armés. Ça commence à sentir la poudre. Gouraud lance des colonnes légères. Des combats s'engagent. Au début de

La colonne dans l'Akchâr.
*Le silence du désert ne ressemble à aucun autre. C'est une présence frémissante, vibrante de chaleur, et pourtant calme, vide, sèche. La colonne, aussi imposante soit-elle, est écrasée par l'immensité de ces dunes qui s'enfuient en vagues successives, au-delà du regard.*

Une colonne dans les dunes de l'Akchâr, 1909.

À Boutilimit, au mois de mars 1908. *Brahim, le jeune fils du cheikh Sidya, le grand marabout du Trârza qui fut l'un des rares chefs de tribu à soutenir l'action des Français.*

janvier 1909, après plusieurs accrochages meurtriers pour les troupes françaises, mais incomparablement plus meurtriers pour les insoumis, Gouraud se présente devant Atâr, capitale de l'Adrar. C'est une ville en pierre et en pisé, enserrée par une longue palmeraie remarquablement cultivée et irriguée.

Une délégation de la djemaa (assemblée de village qui gouverne la ville) apporte une lettre de soumission. Le drapeau blanc flotte sur les murs du ksar. L'*amman* (le pardon) est accordé à la condition qu'une contribution de quinze tonnes de dattes soit payée à court terme et que quatre notables soient retenus en otages. On apprend que le fils de Ma-el-Aïnim est parti vers le nord en annonçant son retour prochain avec le secours du Maroc. Aussitôt Gouraud s'adresse aux tribus de l'Adrar. « Que les musulmans m'écoutent! Je ne suis pas venu bouleverser le pays, ni attenter à votre religion, à vos femmes, à vos biens, à vos coutumes. Je suis venu seulement pour punir les attaques parties de l'Adrar. Ceux à qui les combats qui ont eu lieu ne suffisent pas peuvent continuer: j'ai des fusils, des canons et des cartouches pour eux. Que ceux qui veulent vivre en paix avec les Français viennent me trouver librement. Avec les cartouches, j'ai aussi de l'argent et suis disposé à commercer avec les gens du pays. À tous ceux à qui Dieu fera entendre mes paroles, salut! » C'est, clairement, le bâton et la carotte.

*« [Les goumiers maures] tantôt devancent la colonne,*
*s'enfuient par-delà les dunes qui barrent l'horizon,*
*se posent sur un sommet, puis, mettant pied à terre,*
*se laissent dépasser pour avoir le plaisir*
*de nous rattraper en courant ».*

Théodore Monod

## Une poignée d'insoumis

Gouraud conforte la position politique en installant comme émir de l'Adrar (l'autre, l'authentique, a pris la fuite) le jeune Sid Ahmed ould Moktar ould Aïda. C'est le fils d'un ancien chef de noble lignée, Gouraud l'a amené avec lui. On intronise ce prince dans ses nouvelles fonctions souveraines. Cependant, Gouraud est parfaitement conscient que cet émir parachuté par ses soins aura, de ce fait même, des difficultés à imposer son autorité. Quoi qu'il en soit, pendant qu'on construit un camp solide et « qu'on se refait la bosse », les soumissions affluent.

Mais il reste des insoumis, totalement réfractaires aux bonnes paroles. Dès qu'il le peut, Gouraud reprend son expédition. Ce sont, à nouveau, les départs sahariens au milieu de la nuit, par la pleine lune, avec «le bruit des pas des chameaux dans le sable, silencieux, étouffé, qui semble s'évanouir dans la poussière lumineuse ». Quand les vivres deviennent rares, on met des pierres dans les caisses. Il ne faut pas que les tirailleurs apprennent qu'il n'y a presque plus rien à manger. « Inutile de créer le cafard. »

Le capitaine Bablon bat l'estrade avec sa colonne, multipliant les exploits. Mais, au combat de Rhasserement, « le brave Bablon, cette nature franche, joyeuse, vigoureuse, trouve, à la tête de ses troupes, la mort glorieuse du soldat ». Gouraud, en apprenant la nouvelle, est effondré. Il se console avec la victoire; les Maures ont été mis en fuite par les tirailleurs réguliers mais aussi par des partisans ralliés. À partir de là, Gouraud applique son plan avec rigueur: interdire les palmeraies aux insoumis et y protéger les ralliés;

Les goumiers maures de la colonne Gouraud.
*Ceux que l'on appelle les « partisans », soldats irréguliers, recrutés au gré de la progression dans le désert, sont organisés en goums. Ils jouent le rôle d'éclaireurs et évoluent en tête de la colonne avec une extrême mobilité. Leur tenue de hasard ajoute au caractère hétéroclite de la colonne, composée de spahis, de tirailleurs et de méharistes sénégalais, dont un peloton de Toucouleur, les ennemis héréditaires des Maures.*

Descente de la barrière nord du Tagânt, route d'Arlembitt à Nouachid, mars 1908.
*Dans ce paysage ravagé et dénudé, quelques touffes d'acacia, un arbuste, deux pierres déplacées sont les signes annonciateurs d'une oasis.*

À droite : le colonel Gouraud et le général Lyautey en haut de la dune de Béchar, 23 mars 1910.
*De Lyautey, Gouraud écrira : « Ah, quel homme ! Je me ferais crever pour lui ! » C'est le cri du cœur, le dévouement féodal.*

Fin de la campagne de l'Adrar : on lave les chevaux dans l'océan, après ces mois de sécheresse.

Lettre du colonel Gouraud à sa mère, 14 novembre 1909.

Ma mère chérie,
Voici ma dernière nuit à Chinguetti : je pars demain. Je garderai bon souvenir de ce ksar, de ce poste de paille, plus aéré, plus lumineux que le fortin d'Atâr. Et surtout, je garde au fond des yeux ces couchers de soleil splendides, aux teintes divines – on peut le dire – puisque c'est Dieu même qui les fait. [...]
(Transcription en fin de volume.)

détruire ou chasser les rebelles et surtout prendre leurs troupeaux. Il faut les étouffer économiquement, leur rendre, au sens propre, la vie impossible. Les trois plus grandes palmeraies de l'Adrar sont, outre celle d'Adrar, celles d'Oujeft et de Chinguetti. On les tient. On les fortifie. On les garde. Les renseignements indiquent que l'ennemi est reparti en deux groupes : l'un, formé des hommes de Ma-el-Aïnim et des pillards Regueïbat, se trouve à trois cents kilomètres au nord d'Atâr ; l'autre, commandé par l'émir, dans la région d'Ouadane.

## Les « souvenirs d'un Africain »

Vers la fin de juillet 1909, quand toutes les dispositions sont prises pour des attaques décisives, Gouraud reçoit un télégramme de Paris. Le gouvernement prescrit de préparer dès à présent le retour de la colonne. On trouve que Gouraud est allé au-delà de son programme et a, surtout, trop durement exposé ses troupes. Pour lui, cet ordre est une catastrophe. Il enrage. Le gouverneur général plaide sa cause. Il poursuit donc. Deux combats décisifs ont lieu. Ce sont encore des victoires mais qui coûtent cher en hommes. Elles sont appuyées par des poursuites et des opérations complémentaires. De nouvelles soumissions surviennent.

À la fin de l'année 1909, Gouraud peut considérer que la pacification de l'Adrar est acquise. Il reçoit la croix de commandeur de la Légion d'honneur devant le front des troupes et, sur le bateau qui le ramène, commence à rédiger ses *Souvenirs d'un Africain*. Car, comme disait Lyautey, il ne s'agit pas seulement de faire, mais aussi « de savoir-faire et de faire savoir ».

LE COLONEL GOURAUD
Commissaire du Gouvernement général
en Mauritanie

Chinguetti
~~Saint-Louis-du-Sénégal~~, le 14 novembre 09

Ma mère chérie

Voici ma dernière nuit à Chinguetti : je pars demain. Je garderai bon souvenir de ce Ksar, de ce poste de paille, plus aéré plus lumineux, que le fortin d'Atar. Et surtout je garde au fond des yeux ces couchers de soleil splendides aux teintes divines – on peut le dire – puisque c'est Dieu même qui les fait.

Dernière journée de palabres, de notes, d'instructions.

Je laisse, grâce au ciel, l'Adrar dans une situation très calme ; aucune nouvelle alarmante du Nord ; et chacun, résigné à la situation nouvelle

# 4.

Gustave Gain avec des habitants d'Ouch-Kourgan, 1914

Le gentleman du pôle
*Jean-Baptiste Charcot dans les glaces de l'Antarctique*
ISABELLE AUTISSIER

L'explorateur des hautes terres
*Henry de Bouillane de Lacoste en Mongolie*
KENNETH WHITE

La route des stèles
*Victor Segalen dans les profondeurs de la Chine*
KENNETH WHITE

Deux frères en quête d'uranium
*Louis et Gustave Gain au Turkestan russe*
ISABELLE MERLE DES ISLES

Au cours des cinq dernières années de paix, à l'exception du Maroc où Lyautey s'illustre, et accessoirement du Tchad, l'Afrique n'est plus vraiment une terre d'aventures. L'empire colonial, presque définitivement formé, est désormais le domaine des administrateurs.

La marche implacable du progrès suscite bien des désillusions chez les aventuriers : Samarkand n'est plus qu'une gare sur ces voies ferrées qui sillonnent l'Asie. En 1907, le trajet Paris-Pékin devient une course automobile. Le temps s'accélère, le monde tourne de plus en plus vite. On peut désormais photographier la terre vue du ciel ou les abîmes sous-marins. Mais il reste un espace de liberté pour les lentes randonnées à cheval ou les traversées à dos de chameau sur des routes perdues, inaccessibles pour longtemps encore aux automobiles.

Saisir une dernière fois la poésie de mondes condamnés à disparaître, les modes de vie archaïques des Mongols, des Turkmènes, l'immobilité de la Chine millénaire… L'archéologie et l'ethnologie sont devenues les motivations premières de l'explorateur. On porte sur les peuples un regard dépouillé de cet exotisme cher à ceux qui ont précédé, si prisé désormais par les reporters photographes ou les touristes, de plus en plus nombreux. C'est tout le sens des *Archives de la planète* financées par le banquier philanthrope Albert Kahn, qui envoie des opérateurs photographier en couleurs et filmer la Chine et la Mongolie.

Du Hedjaz des pères de l'École biblique de Jérusalem à la Chine de Victor Segalen, des recherches de Paul Pelliot ou d'Édouard Chavannes aux routes arpentées par le commandant de Bouillane de Lacoste sur les hautes terres mongoles, la quête des civilisations enfouies est beaucoup plus qu'un prétexte. C'est aussi le moyen de se livrer à une ultime confrontation avec des peuples qui bientôt se fermeront aux voyageurs occidentaux. Ainsi les frères Gain parcourent-ils en 1914 un Turkestan dont l'accès, après la révolution d'octobre et la constitution de l'empire soviétique, sera pour longtemps interdit.

L'ère des grandes missions touche à sa fin et les voyageurs solitaires prennent leur revanche. L'aventure se fait plus intérieure, plus spirituelle, dans ces zones extrêmes que sont le Tibet et le Sahara : Alexandra David-Neel et le père de Foucauld cherchent bien autre chose que la gloire auprès des silencieux Tibétains et des farouches Touareg.

Le docteur Charcot, autre esprit tourmenté, poursuit la quête d'aventures dans les terres vierges de l'Antarctique. L'épopée du *Pourquoi-Pas?* annonce les équipées maritimes du commandant Cousteau. La sophistication des équipements et le recours aux techniques modernes n'enlèvent rien au caractère profondément humain de ce long séjour dans l'enfer des glaces. Charcot connaît des revers, des moments de doute. Le danger est encore là, partout présent.

# Le gentleman du pôle

## *Jean-Baptiste Charcot dans les glaces de l'Antarctique, 1903-1909*

Isabelle Autissier

L'aube se lève. Sur le pont, emmitouflé, un homme veille, le regard tourné vers le sud et les nuages bas des cinquantièmes. Vers trois heures, il s'est arraché à sa petite couchette, et maintenant le voici qui scrute l'horizon : il veut être le premier à *les* voir… à voir l'un de ces icebergs dont il rêve depuis des semaines… Depuis l'appareillage, voilà déjà trois mois, les « anciens », ceux qui ont pris part à la précédente expédition de 1903 à bord du *Français*, l'ont assommé avec les icebergs, les fameux icebergs, leurs bleus translucides, irréels, leurs formes hallucinantes, tantôt créneaux, tantôt tours, cathédrales, arches… Maintenant que l'on approche des Shetland du Sud, Louis sait qu'ils ne vont plus tarder à être au rendez-vous.

À vingt-trois ans à peine, Louis Gain a eu l'immense honneur d'être choisi par Charcot pour embarquer sur le *Pourquoi-Pas?* en qualité de naturaliste. L'expédition a quitté Le Havre en septembre 1908, et Louis tient scrupuleusement son carnet de bord. Il y raconte les anecdotes et les incidents du voyage, il y confie ses impressions, ses réflexions, ses espoirs et ses doutes, il l'illustre de photos et de dessins.

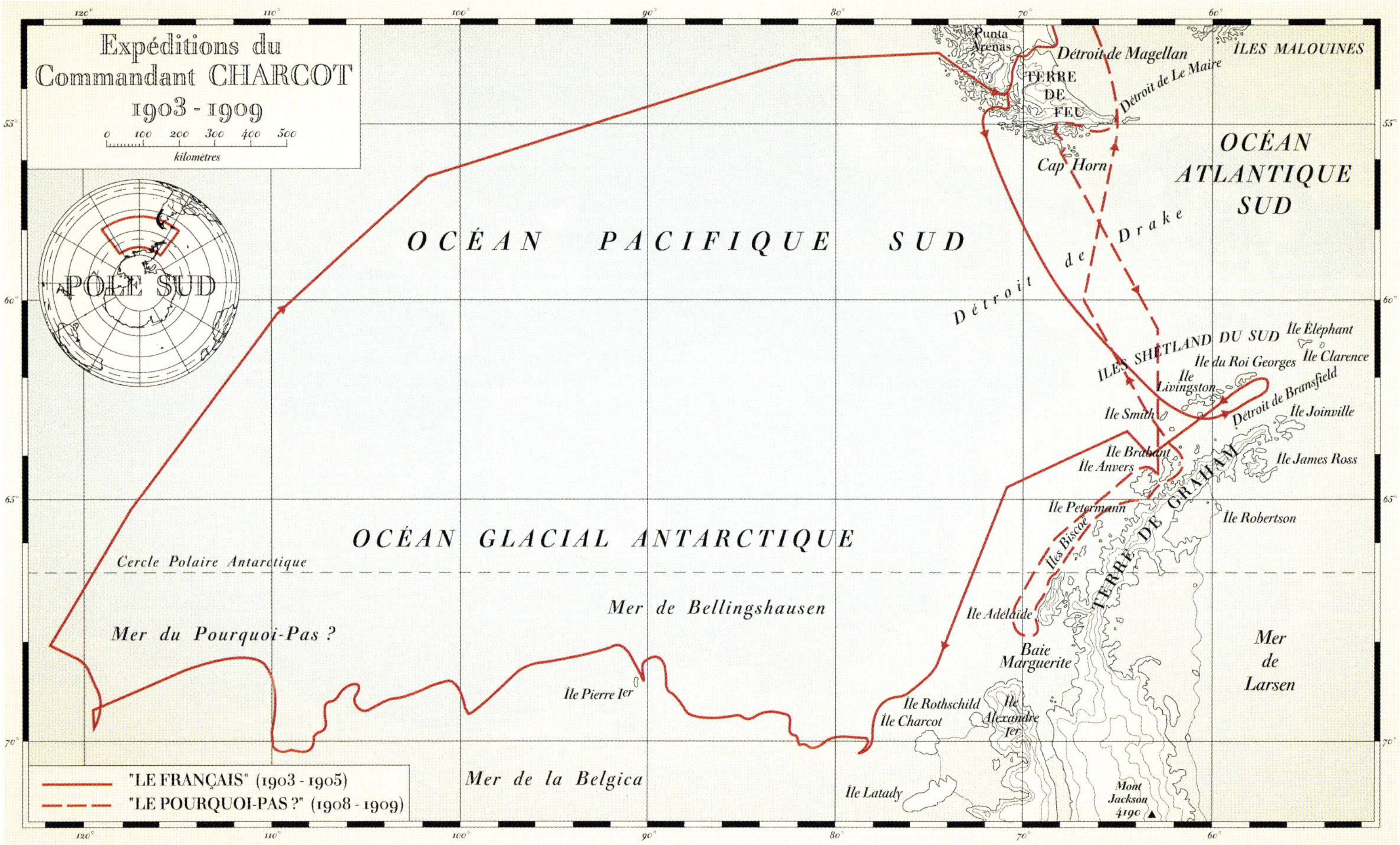

Soudain, il s'aperçoit qu'il n'est pas seul à guetter. Là-haut, dans le nid-de-pie spécialement aménagé, il reconnaît, à la barbiche pointue qui dépasse du caban, le commandant, le « vieux ». Charcot lui aussi veille, l'esprit tiraillé entre le bonheur de s'immerger à nouveau dans ces paysages et l'angoisse d'entraîner si loin ses hommes, sans secours possible.

De son ancienne équipe, le commandant a gardé Gourdon, le géologue, et une partie de ses marins. Cette fois, les conditions sont bien meilleures. Le *Pourquoi-Pas ?*, fort de l'expérience du *Français*, dispose d'un moteur plus puissant, de davantage de confort et de plus d'espace pour travailler.

*« Tout l'équipage de ma précédente expédition sur le* Français *avait tenu à revenir à bord du* Pourquoi-Pas ? *», dira Charcot. Seuls quelques jeunes marins, bretons pour la plupart, sont venus rejoindre le groupe d'anciens. Ce cliché vient du carnet de bord de Louis Gain, dont sont aussi tirés la plupart des dessins et photographies reproduits dans ce chapitre, publiés ici pour la première fois.*

*Un iceberg se profile enfin à l'horizon, devant l'étrave, après des semaines de traversée et d'attente.*

À gauche : *l'équipage mène le bateau entre les icebergs dans la brume et la neige. Lorsque le ciel s'éclaircit, Charcot s'extasie sur la « lumière divine, auréole pure et froide, d'une région céleste... »*

Carte des deux expéditions Charcot dans la péninsule antarctique. *Avant Charcot, seul l'explorateur belge Adrien de Gerlache avait entraperçu ces terres sans pouvoir les cartographier. À chacun de ses voyages, le bateau hiverne au nord des îles Biscoë où les mouillages sont terriblement précaires. Aujourd'hui encore, la mer de Bellinghausen est l'un des endroits les plus inhospitaliers de l'Antarctique.*

Les deux pages : à bord du *Français*.
*Charcot avant le premier départ en 1903, soucieux, silencieux, tout à son monologue intérieur. Il porte seul la responsabilité de cette expédition. Mieux que quiconque, il en connaît les risques.*

*Le phonographe avait emporté les suffrages à bord du* Français.
*L'idée sera reprise à bord du* Pourquoi-Pas? *pour animer la longue nuit polaire d'une musique humaine, soudain magique.*

*La séance de coiffure a lieu sur le pont, les jours de beau temps. Après quelques semaines de navigation, les hommes se sont habitués à la morsure du froid.*

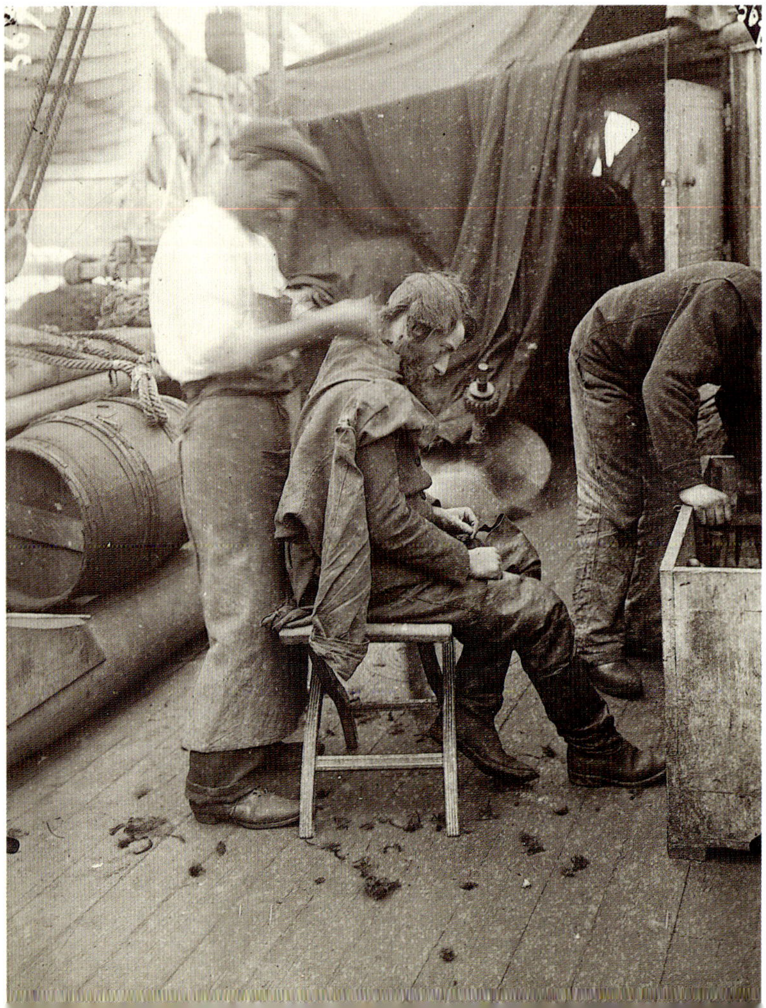

En haut: *les matelots sont deux par cabine, le confort est rudimentaire. Il fait un froid persistant, que le poêle tempère à peine.*

*La cuisine du* Pourquoi-Pas? *sera plus spacieuse que celle du* Français, *mais le menu ne changera pas. Le sempiternel navarin d'agneau sera du voyage.*

En bas: *pour l'hivernage, on construit « à terre » un « magasin général » en briques de neige. En entreposant ainsi les vivres à l'extérieur du bateau, on minimise les graves conséquences que pourrait avoir un incendie.*

Depuis que ses expéditions polaires l'ont rendu célèbre, Charcot n'a cessé de poursuivre son rêve : reprendre le travail entrepris dans le sud de la péninsule en 1904, aller au-delà de l'île Adélaïde, vers ces terres qu'avait entrevues avant lui le Belge de Gerlache. Le *Pourquoi-Pas ?* file rapidement sur Port Lockroy puis l'île Wandel, déjà cartographiés, et poursuit cap au sud. Louis Gain est émerveillé : « Antarctique, pays presque surnaturel, inouï de beauté. »

Mais au diable les sentiments, ils sont là pour travailler. Le jeune Louis arpente, collectionne, dissèque, photographie. Charcot guette les pièges de la glace et les hauts-fonds : plusieurs échouages manquent de tourner au drame. L'équipage mène le bateau dans les brumes et la neige, forçant parfois le passage en jetant le *Pourquoi-Pas ?* contre la glace de toute la force de sa machine.

À gauche : *le* Français *portant toute sa toile. Ce trois-mâts goélette de 32 mètres, dont* Charcot *gardera la nostalgie, sera vendu aux* Argentins *au retour de l'expédition de 1905. Il coulera quelques années plus tard.*

*L'amarrage précaire le long de la banquise laisse le bateau à la merci des blocs de glace dérivants. Il faut veiller en permanence et se tenir prêt à partir, pour échapper à la pression de la glace qui dérive à deux ou trois nœuds.*

Ci-dessous : *les hommes guettent l'apparition d'un passage au milieu des glaces. Sur le* Pourquoi-Pas ?*, le nid-de-pie, dans le mât, est relié à la passerelle par téléphone, pour guider plus aisément le timonier dans les glaces.*

*« Sur le fond sombre, les icebergs prennent des teintes allant du mauve pâle au violet foncé… On se croirait dans un rêve. »*

Louis Gain

*Aux escales, comme ici à Punta Arenas, les visiteurs prennent le bateau d'assaut. Le commandant Charcot (ci-dessous), partagé entre « cette étrange attirance des régions polaires, si puissante, si tenace, qu'après en être revenu, on ne songe qu'à retourner vers elle » et l'angoisse, renouvelée, de faire route dans des zones hostiles.*

À droite : *le* Pourquoi-Pas ? *est un solide trois-mâts barque, en chêne massif, de quarante mètres, sorti des ateliers du Père Gautier à Saint-Malo. Sur le pont, les annexes sont nombreuses (baleinières, youyou, doris), spécialement dessinées pour effectuer des raids scientifiques à terre.*

Ci-dessous : *le pavillon du* Pourquoi-Pas ?, *dessiné par Charcot lui-même, flotte sur tous ses navires. Un télégramme au départ de Buenos Aires. C'est le dernier lien avec la civilisation avant deux ans.*

Pages suivantes : *pour garder le moral, l'humour est au rendez-vous. On saisit toutes les occasions de fête pour boire un verre, se déguiser ou jouer la comédie.*

Les escales, non plus, ne sont pas de tout repos. On arrime le bateau contre une falaise de glace, on jette l'ancre dans un mouillage précaire, avec sans cesse la crainte que la pression des icebergs ne vienne rompre les amarres ou n'endommage le gouvernail. Les scientifiques multiplient les levers, mesures et observations, et partent en reconnaissance à terre.

## Au sud des mondes connus

À bord la vie s'organise, au long de ces interminables journées de l'été austral. Le soir, on se retrouve au carré, autour de l'éternel navarin d'agneau, remplacé quelquefois par un ragoût de phoque ou de manchot. Charcot fait la lecture de Hugo ou de Vigny et quand, sous prétexte de controverses techniques ou scientifiques, une dispute éclate, la musique du phonographe est là pour apaiser les esprits.

Après plusieurs semaines de cabotage, l'arrivée en baie Marguerite (baptisée du nom de l'épouse de Charcot) ranime les ardeurs. Devant eux, un continent vierge. Peu importe le danger de vêlage des glaciers, peu importe le froid qui fait geler les barbes, Louis Gain s'exalte : « Sur le fond sombre, les icebergs prennent des teintes allant du mauve pâle au violet foncé… On se croirait dans un rêve. »

Hélas, le rêve ne durera pas : la nuit polaire arrive qui ne laissera bientôt plus que deux heures de lumière par jour. Aucun site ne convient à l'hivernage. Il faut abandonner l'idée de s'établir si bas dans le sud, à proximité de la terre Alexandre où ils avaient rêvé d'effectuer des raids de printemps. L'expédition doit battre en retraite vers le nord. À partir de février 1909, elle s'installe sur l'île Petermann.

CONFIRMATION DE TÉLÉGRAMME

Agence Générale Maritime

SOCIÉTÉ ANONYME AU CAPITAL DE 75.000 FR.

AGENTS DU YACHT CLUB DE FRANCE ET DU BUREAU VERITAS

55, rue de Châteaudun, Paris

Téléphone 228-37

ADRESSE TÉLÉGRAPHIQUE : CHARBOYNE-PARIS

Rio de Janeiro le 12/10/08

(5 h. 20 du soir)

Nous allons tous très bien à bord et la bonne entente règne partout

Charcot

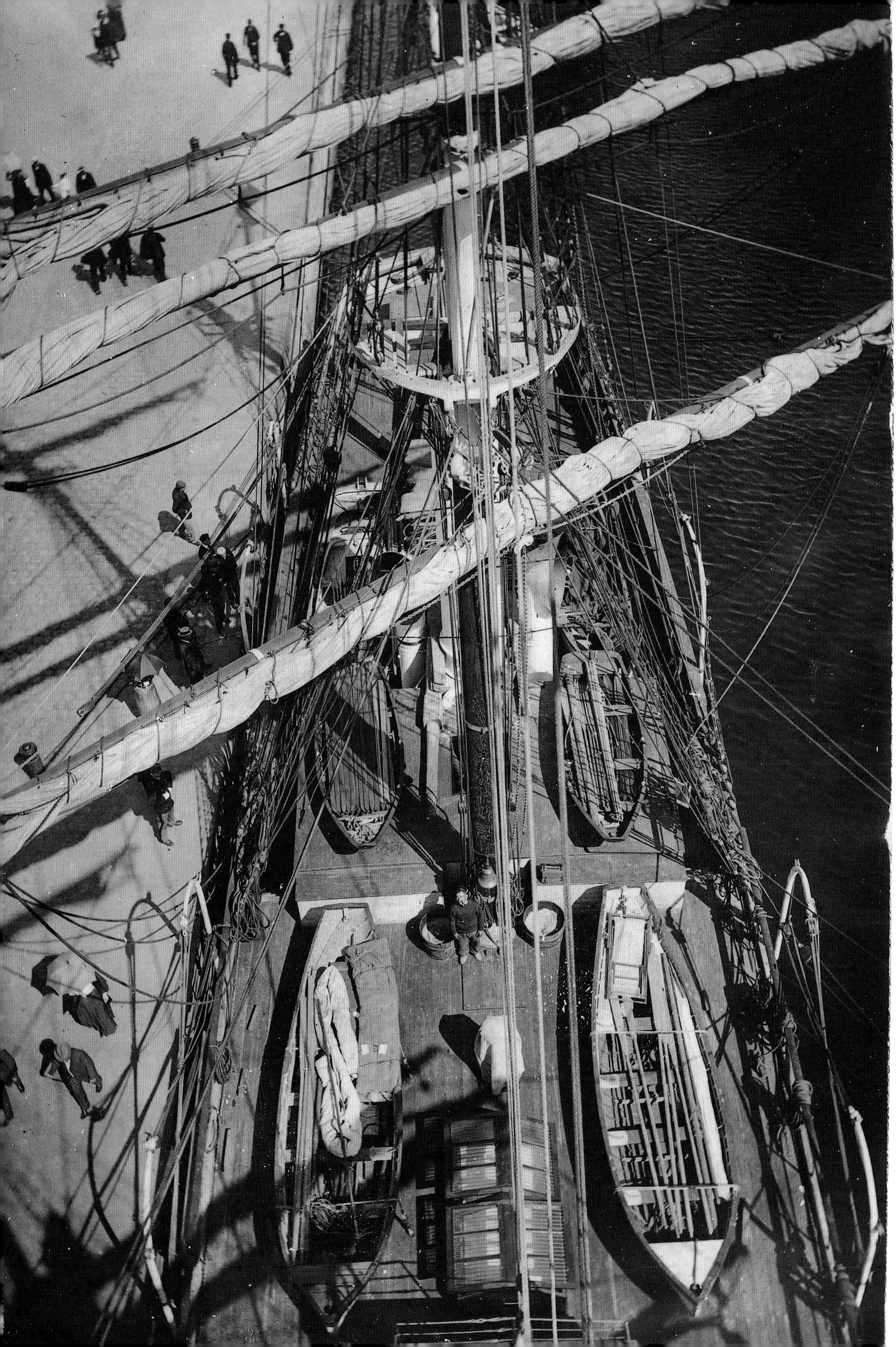

Heureusement le travail, une fois encore, raffermit les âmes. Il faut faire sortir la « ville » de terre : le magasin, la cabane magnétique, l'abri météo, le « palais du sismographe » (pour les études géologiques), le dépôt de poudre. Le *Pourquoi-Pas ?* solidement amarré, on tend des chaînes devant l'entrée de Port Circoncision, afin de s'abriter des icebergs. Les vergues dégréées servent à établir une passerelle, car ensuite, qu'il vente ou qu'il gèle, il faudra plusieurs fois par nuit aller à tâtons relever les instruments.

Louis profite des derniers beaux jours pour courir l'île à la recherche des manchots, skuas, pétrels qui feront l'ordinaire de ses naturalisations cet hiver. Quand le temps est calme, il s'aventure dans le chenal à la recherche de phoques, mais aussi de plancton et d'algues : il n'en revient pas d'avoir tant à découvrir…

## Le grand hiver

Arrive alors le grand hiver. Il sera terrible. Les températures, sujettes à de brusques remontées, ne permettent pas au chenal de geler suffisamment pour qu'on puisse commencer les excursions tant attendues sur la terre de Graham.

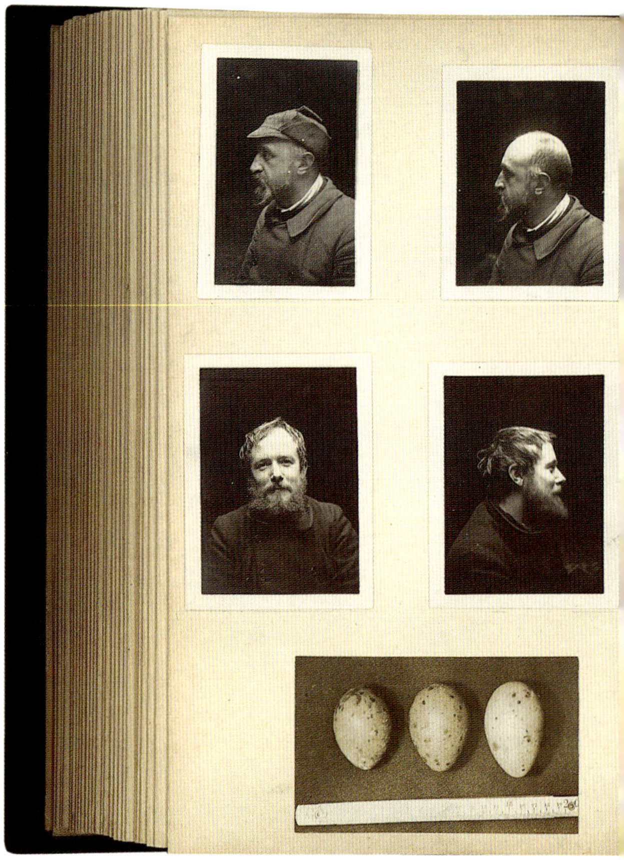

*À l'occasion du carnaval, un pirate d'opérette déambule sur l'« avenue Victor-Hugo », dans la base d'hivernage.*

*Le traîneau mécanique, motorisé par de Dion-Bouton, ne rendra jamais de grands services. Les chiens ou le halage par les hommes resteront plus fiables.*

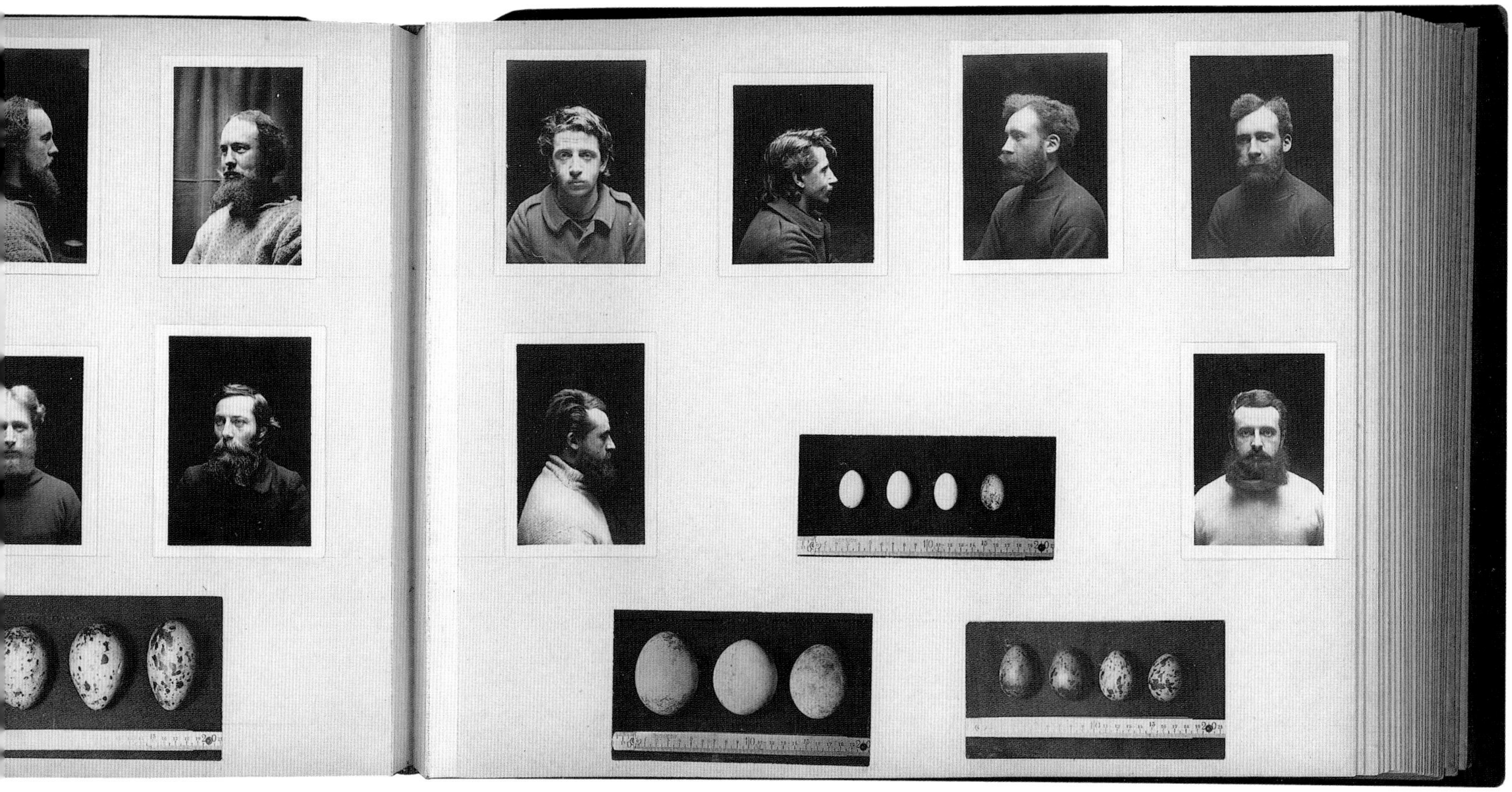

À chaque coup de froid, en dépit des engelures qui déchirent les mains, on espère. Mais survient toujours une tempête dont les hurlements agacent les nerfs pendant des heures et qui disloque la banquise en formation.

En avril, il ne fait guère plus de un à deux degrés dans les cabines et les laboratoires. Louis, un jour, introduit une bougie allumée dans le poêle: tous font mine de venir s'y réchauffer. Charcot comprend aussitôt l'allusion: l'allumage du poêle signe dès lors l'arrivée de l'hiver et, avec lui, de la longue nuit. L'obscurité ralentit la vie, chacun se réfugie dans son travail. Il faut faire de l'exercice. La toute nouvelle pratique du ski fait fureur, malgré « la marmelade de jambes et de bras » qui en résulte fréquemment ! (voir page 251) On fonde le Sporting Club Antarctique, avec ses compétitions les jours fériés, ses médailles d'or, d'argent ou de... carton à l'arrivée!

Le soir, les parties de dominos et d'échecs s'éternisent autour du poêle auprès duquel Louis, le topographe, s'échine à faire pousser du cresson, et Gourdon, le géologue, des crocus et des jacinthes. Puis Charcot décrète l'ouverture de la classe: l'état-major s'attelle à l'alphabétisation de l'équipage à grand renfort de dictées. Quant à Rouch, l'océanographe, il va improviser, pendant plusieurs semaines, la rédaction d'un roman: *L'Amant de la dactylographe*, lu à tout l'équipage...

La méthode Charcot, c'est la confiance. Un seul rapport mensuel est exigé; par ailleurs, il reste persuadé que « ces travailleurs sérieux sont décidés à bien faire ». Il ne souhaite que « faciliter, autant qu'il est en mon pouvoir, la tâche de tous, et assurer le maximum de confort ». Il lui faudra très rarement hausser le ton pour calmer les frictions qui naissent entre son rude équipage breton, plutôt fruste, et ses jeunes savants.

*Naturaliste et photographe malicieux, Louis Gain se plaît à traiter sur un pied d'égalité anthropométrique ses compagnons et ses œufs de manchots. On y retrouve l'état-major du* Pourquoi-Pas ?, *plus conséquent que celui du* Français *: J. -B. Charcot: commandant, médecin; M. Bongrain: second, hydrographe, astronome, sismographe; A. Senouque: photographe scientifique; L. Gain: zoologue, botaniste; J. Rouch: météorologue océanographe; R. Godfroy: topographe; E. Gourdon: géologue, glaciologue; J. Liouville: médecin, zoologue. Seuls Charcot et Gourdon ont participé aux deux voyages.*

*Dès qu'ils le peuvent, les scientifiques sont à terre pour mesurer et observer, suscitant à leur tour la curiosité des manchots.*

Le lieu d'hivernage sur l'île Petermann se révélera un piètre abri. Dès l'arrivée, les hommes s'affairent pour aménager un chemin qui conduira aux magasins et aux cabanes scientifiques. À gauche, le chien mascotte, Kiki.

Au moment de me coucher, j'entends des Gain, Gain... répétés, poussés sur le pont. Tout le monde se précipite ! C'est Rozo qui, sur la passerelle a attrapé un pétrel des neiges, l'a poussé devant lui et sur le pont s'est jeté sur lui à plat ventre, le couvrant de sa vareuse, en attendant du secours pour le dégager.

Température | M. −0.9
m. +4

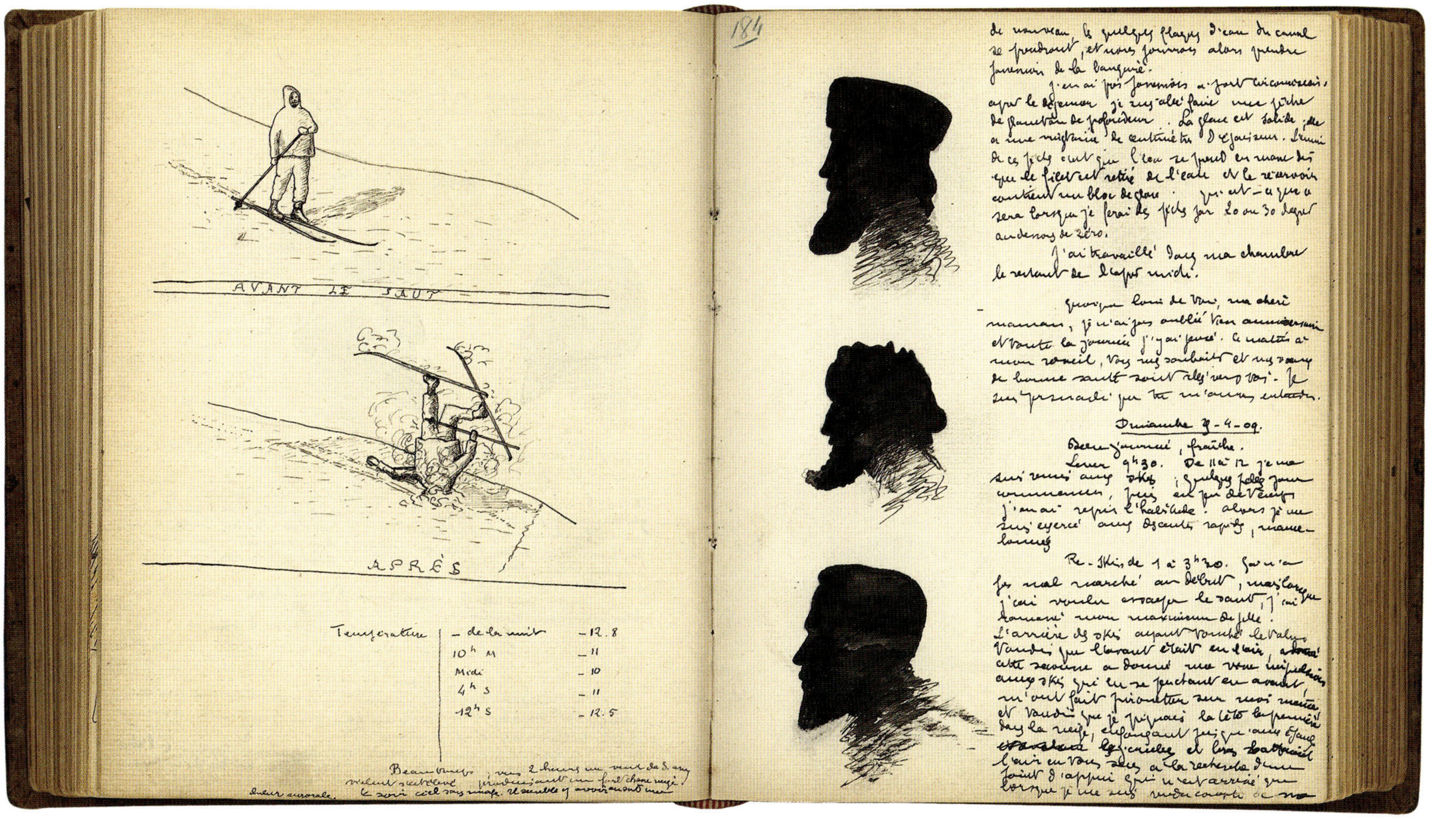


Ci-dessus : *« l'art du ski » fait fureur pour distraire les hommes. Croquée par Louis Gain, c'est une « marmelade de bras et de jambes ».*

À gauche : *croquis de Louis Gain, qui note : « Superbe iceberg, d'une trentaine de mètres de haut, dans la demi-obscurité, c'est très beau. » Les falaises de glace sont d'un bleu translucide, irréel, jamais blanches.*

À gauche en bas : *le parélie est un phénomène optique qui réfracte la lumière sur les paillettes de glace de la haute atmosphère. Le soleil se double, voire se multiplie, comme par magie.*

*Louis Gain se dessine un blason personnel, où l'on retrouve le point d'interrogation du Pourquoi-Pas ? et plusieurs éléments chers au naturaliste, comme les plantes ou le filet à plancton.*

*Scènes de la vie quotidienne, pendant l'hivernage de 1909, vues par Louis Gain : les sorties à terre se font sous l'œil bienveillant des manchots.*

À droite : *les répétitions du spectacle* Vive l'armée ! *par la troupe du* Pourquoi-Pas ? *meublent les longues soirées et fournissent l'occasion de la célébration du 14 Juillet 1909. « D'une façon improvisée, matelots et officiers se déguisèrent avec tout ce qui leur tombait sous la main. Le pantalon enlevé, tout le monde se retrouva en caleçon de flanelle rouge et tricot bleu... »*

Au milieu : menu de fête, à l'occasion du 14 Juillet. *Charcot met un grand soin à nourrir abondamment et le mieux possible son équipage. Malgré ses efforts, la monotonie des repas et les conserves, durant l'hiver, provoqueront un début de scorbut qui touchera Charcot, Godfroy et Liouville, et ne sera soigné que par le retour à un régime de viande de phoque fraîche.*

Tous les prétextes sont bons pour se distraire de la routine. Un anniversaire ? On s'offre de menus cadeaux et on améliore l'ordinaire. Une fête carillonnée ? On se laisse aller aux bienfaits du vin d'Espagne, on danse au son de l'accordéon ! Et le 14 Juillet, au cœur de la nuit, on plante le drapeau avec cérémonie et on donne une représentation de *Vive l'armée !*

Passent les jours fugaces, passent les nuits sans fin : le huis clos est seulement rompu par les bruits de la tempête poussant la neige jusqu'à l'intérieur des cabines. Tantôt on s'amollit dans la routine, tantôt le terrible Antarctique vous réveille d'une gifle glacée, envoyant un de ses icebergs mettre la petite communauté en péril. L'un d'entre eux provoquera une grave avarie de gouvernail qu'il faudra de longues semaines pour réparer.

Alors que l'hiver touche à sa fin, la maladie menace. Louis est de plus en plus sujet à d'insupportables migraines. Et voilà que Charcot, Godfroy et Liouville, le zoologiste, sont atteints du mystérieux « mal polaire ».

## Retour au monde

Enfin, en septembre, les jours rallongeant, la chasse fournit à nouveau de la viande fraîche. Le « mal polaire » n'était-il après tout que le scorbut, ou son cousin germain ? En tout cas, la santé de chacun s'améliore. Et, surtout, le *Pourquoi-Pas ?* émerge peu à peu de sa gangue de glace.

14 juillet 1909
Menu du dîner
—
Potage Jardinière
—
Homard vinaigrette
—
Poulet à la gelée
—
Filet de bœuf champignons
—
Fonds d'artichauts vinaigrette
—
Plum-Pudding. compote de fruits

« Fini le séjour à Petermann, nous y avons vécu dix mois d'une vie trop captive. Garderai-je ce souvenir comme une chose agréable? Je le crois », écrit Louis, à peine mélancolique. Charcot est plus lyrique: « Adieu Petermann, le vent continuera à balayer tes collines, la neige et la brume t'envelopperont toujours, mais l'homme a su assurer sa vie dans ta nature hostile. »

Un court séjour aux Shetland ayant permis d'expertiser les avaries du *Pourquoi-Pas?*, on remet le cap au sud pour la saison d'été. Malgré une navigation des plus périlleuses, au milieu des blocs de glace qui peuvent à tout moment briser le navire, pendant deux mois, l'expédition va longer la barrière de glace, au sud-ouest de la péninsule, et effectuer un important travail de cartographie. « Les monstrueux icebergs se livrent à des jeux de géants, se caressant ou se heurtant. Au milieu de ces prodigieuses manifestations de la nature humaine, nous nous sentons simplement tolérés », reconnaît Charcot, comme pour justifier qu'il jette l'éponge fin janvier, conscient qu'un bateau blessé et un équipage épuisé deviennent trop dangereux.

C'est ainsi que le voyage s'achève. Après vingt mois d'une magnifique moisson scientifique, de dévouement, de courage, de bonheurs, de découvertes, parfois de frustrations ou de déceptions, l'aventure du *Pourquoi-Pas?* fera définitivement entrer la France dans le cercle des nations polaires. Charcot, comme le jeune Louis, pourront se targuer d'avoir atteint leur objectif, mille fois répété: « Faire œuvre utile. »

*Les paysages austères de la péninsule antarctique sont colorés par les colonies de manchots, notamment les espèces prolifiques adélie et papous. Ils profitent du court été austral pour pondre sur les côtes, dans des nids de galets. Leur allure guindée et sautillante fait la joie de l'équipage du* Pourquoi-Pas?, *qui résiste mal, au grand désespoir de Charcot, au plaisir de manger les œufs et la chair des manchots.*

*Cérémonie des couleurs après l'achèvement de l'un des igloos de la base d'hivernage. Pour chaque festivité, on ne manque pas de pavoiser et de s'associer, par la pensée, à la France, si lointaine.*

À gauche: *le patient travail de levers de côte effectué par Godfroy, le topographe, permettra l'établissement des premières cartes de la péninsule antarctique.*

# L'explorateur des hautes terres

## *Henry de Bouillane de Lacoste en Mongolie*
## *1909*

Kenneth White

En 1895, le prince Roland Bonaparte fit publier à Paris, dans un tirage limité, un beau volume contenant des documents mongols dont voici un extrait de l'avant-propos : « Au moment où la Russie multiplie ses explorations géographiques et archéologiques dans la Haute-Asie, il serait désirable que tous les pays d'Europe pussent s'associer à ce grand mouvement scientifique. »

La mission de Bouillane de Lacoste de 1909 en Mongolie septentrionale s'insère, à sa manière, dans ce « grand mouvement ».

Le commandant Bouillane de Lacoste, originaire de Montélimar, présente le projet d'un voyage d'étude en Mongolie occidentale qui comporte des aspects géographiques, ethnographiques, botaniques, géologiques, archéologiques, agricoles, commerciaux et politiques.

Mais il y a autre chose en jeu.

Quoi ?

D'une manière générale, il est des esprits que la vie ordinaire ne satisfait pas, qui fuient la vie conviviale. On peut les trouver partout, dans l'armée, dans l'Église, dans d'autres cadres de vie, souvent là où on s'y attend le moins. S'ils se mettent en route, quel que soit le prétexte (politique, scientifique ou autre), ils cherchent, au fond, quelque chose qui est difficile à dire. Il ne s'agit pas de la « rencontre avec l'autre » des idéologies bien-pensantes. Il s'agit pour eux de se mouvoir dans des paysages marqués par de grandes forces telluriques, baignés d'une atmosphère cosmogonique. Il s'agit d'une « vacance »

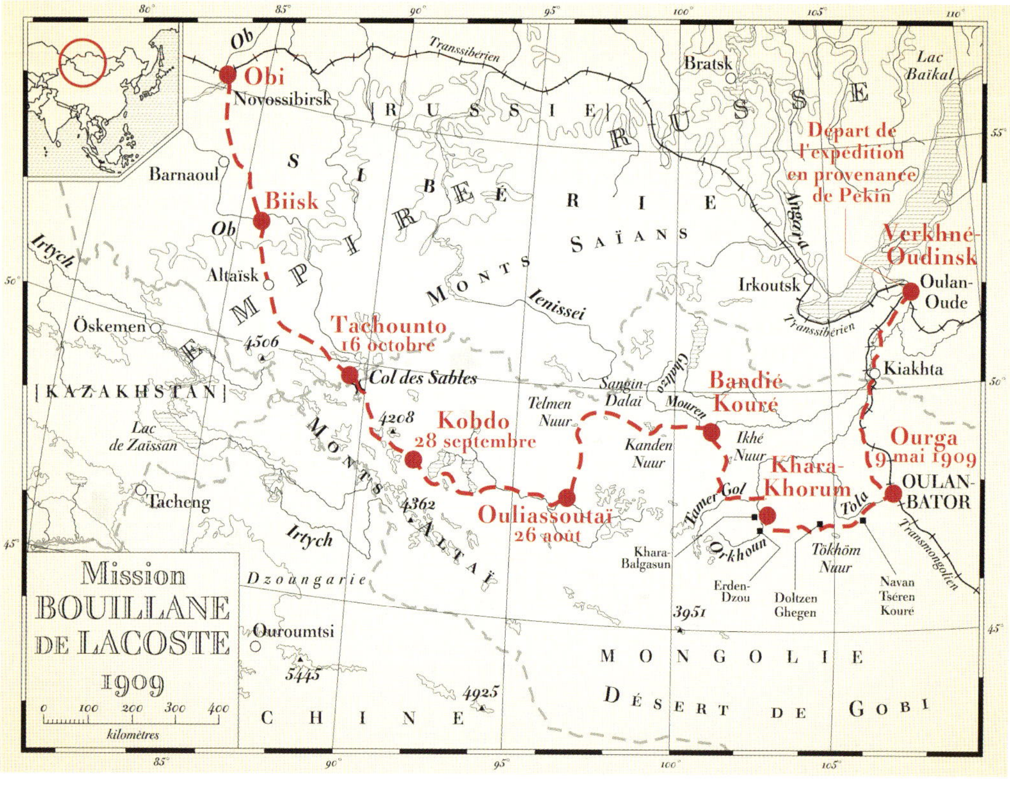


Carte de la mission Bouillane de Lacoste.
*C'est par la voie ferrée que l'explorateur, parti de Pékin, rejoint Verkhné-Oudinsk, point de départ du voyage dans l'Altaï mongol. Arrivé à Ourga (Oulan-Bator), il va parcourir d'est en ouest, en tarantass (voitures à cheval), à dos de cheval ou de chameau, trois mille kilomètres à travers montagnes, steppes et déserts, jusqu'à Obi (Novossibirsk), d'où il regagne l'Europe par le Transsibérien.*

À droite : passage du col des Sables, en septembre 1909.
*C'est le point le plus élevé du parcours dans ces hautes terres, une succession de dunes, d'où l'on voit le lac Döröö Nuur, grande nappe bleu foncé, aux eaux saumâtres.*

Ci-dessous : l'une des deux tombes en forme de cuve du Ikhé Nuur, le 29 juillet 1909.
*La steppe mongole est parsemée de vestiges des anciens Turcs qui ont dominé la région du VIe au VIIIe siècle. Le vent, le givre, le sable, ont ajouté leur empreinte.*

de l'être, d'une réduction à l'essentiel. Dans cet espace vide, les identités s'estompent : l'uniforme du militaire se disloque, la blouse du scientifique s'en va au vent, et même le froc du prêtre peut devenir transparent.

Difficile à dire, disais-je.

Dans son journal, à la date du 21 mai 1906, à propos de son voyage à travers l'Iran, le Turkménistan et l'Ouzbékistan, Lacoste écrit ceci :

« La voie ferrée qui traverse des déserts de sable conduit le voyageur vers de merveilleuses oasis [...]. Des écrivains de tous les pays [...] ont essayé d'habiller les mots et les phrases de toute la parure des épithètes les plus claironnantes [...]. Je ne me laisserai pas tenter par l'attrait de descriptions cent fois faites et de paysages si souvent esquissés. »

On prend note.

D'abord, que Lacoste est au courant de ce qu'ont dit des « écrivains » à propos de ces régions et qu'il sait faire la critique de toute une littérature pittoresque, de tout un imaginaire clinquant, de toute une rhétorique creuse – en vue, peut-être, d'une poétique autre, une poétique de l'espace et du mouvement.

On peut laisser cette question ouverte. Il faut toujours laisser les questions ouvertes. C'est le seul moyen de leur trouver une réponse adéquate.

Campement de la mission, en août 1909.
*Les chameliers s'en vont à la recherche d'argol, le crottin de cheval ou de chameau, pour allumer le feu de camp. Chaque jour, la caravane est visitée par des cavaliers qui surgissent de nulle part, discutent un peu, mangent un morceau, et, au coucher du soleil, disparaissent à nouveau dans la steppe. Les photographies réalisées par Bouillane de Lacoste au cours de ses voyages offrent toujours cette teinte chaude et brune, ce léger aspect flou, comme si l'auteur avait pratiqué l'estompe.*

À droite : texte d'une conférence donnée par le commandant Bouillane de Lacoste (extrait).

Chaque matin, dès l'aube, on levait le camp et, les chameaux une fois chargés, on se mettait en route à travers la prairie. Nous cheminions ainsi deux ou trois heures à la fraîcheur matinale, puis le soleil dardait ses rayons de plus en plus brûlants, un gros nuage noir se formait à l'horizon, le tonnerre grondait au loin et, vers midi, à l'instant même où les tentes venaient d'être montées sous un ciel d'encre sillonné d'éclairs, l'orage éclatait, formidable, au-dessus de nos têtes. Une heure plus tard, en général, le ciel était redevenu serein et chacun s'en allait alors à sa besogne quotidienne. Le docteur empaillait ses oiseaux, il rangeait son herbier ou ses coléoptères, tandis que je classais mes notes, que je mettais au net mon levé topographique et que je m'occupais, en compagnie de Zabieha et du guide, de déterminer l'itinéraire du lendemain. […] (Transcription en fin de volume.)

Zabieha et « la demoiselle de Numibie », le 15 juin 1909.

Mettons-nous en route.

Avec Lacoste et ses deux compagnons, le docteur du Chazaud, médecin de la marine, et Zabieha, qui avait voyagé avec lui en Afghanistan, nous nous trouvons, en ce printemps de 1909, dans la Mongolie extérieure, le territoire qui s'étend au nord du désert de Gobi. Nous sommes dans les hautes terres mongoles, la profonde « Terre des herbes ».

## La grande route du thé

Le point de départ est Kiakhta, à l'origine une petite bourgade, un fort de cosaques. Depuis le traité de 1727 qui y fut signé entre la Russie et la Chine, elle était devenue un poste frontière. Les caravanes allant de Russie en Chine passaient par là, celles de « la grande route du thé ». La route postale aussi, que l'on déplaçait régulièrement afin que les chevaux aient de la nourriture fraîche.

De Kiakhta à Ourga, le voyage se fait en troïka. C'est le printemps, mais un printemps qui, surtout sous ces latitudes, garde de forts accents d'hiver. C'est ainsi que le voyage commence dans une tourmente de neige accompagnée d'un vent glacial. Mais bientôt le temps s'éclaircit, et, dans une clairière au centre d'un large col entourée d'une forêt de mélèzes odorants, les voyageurs peuvent jouir, lors d'une halte, de la chaleur du soleil, tout en contemplant les milliers de grosses anémones violettes qui poussent dans les parages.

La route alors se poursuit vers la chaîne complexe des monts Kentaï, le long d'un vague chemin bordé de précipices et de marécages.

C'est au col de Karan Kouï que les voyageurs voient les premiers signes de chamanisme, cette primitive religion de la Terre et du Ciel et du voyage de l'esprit, sous la forme d'un *obô*, un cairn de pierres d'où émergent des branches ornées de rubans, de crânes de chevaux et de moutons, entouré de restes d'offrandes. À chaque voyageur d'ajouter sa pierre au cairn, en y nouant quelques crins de son cheval, et de faire une libation afin de s'assurer une bonne route (voir page suivante).

d'éclairs, l'orgae éclatait formidable au-dessus de nos têtes.

Une heure plus tard, en général, le ciel était redevenu serein et chacun s'en allait alors à sa besogne quotidienne. Le docteur empaillait ses oiseaux, il rangeait son herbier ou ses coléoptères, tandis que je classais mes notes, que je mettais au net mon levé topographique et que je m'occupais, en compagnie de Zabicha et du guide, de déterminerl'itinéraire du lendemain . Quant aux chameliers ils partaient, avec de grands sacs sur l'épaule à la recherche du seul combustible qu'on put trouver dans la prairie, le crottin de cheval ou de chameau appelé "argol" par les nomades. Les domestiques eux, demeurés sous leur tente, y devisaient gaiement au milieu d'un cercle de compatriotes.

Il est en effet un fait assez étrange qui a provoqué mon étonnement durant les premières étapes, et que je m'en voudrais de ne pas vous citer. Chaque jour, à peine nos tentes étaient-elles dressées dans une steppe absolument déserte, qu'on voyait arriver de tous les points de l'horizon des cavaliers à bonne allure: simples voyageurs, bergers, lamas, mendiants ou vendeurs de prières, ils étaient bientôt une vingtaine qui venaient potiner avec nos hommes, s'enquérir de notre qualité, et dévorer les reliefs de nos repas. Au coucher du soleil tous ces indiscrets remontaient à cheval et disparaissaient en quelques minutes, comme ils étaient venus.....

Je vous disais tout à l'heure que la marche à travers les steppes en fleurs serait un enchantement s'il n'y avait pas les innombrables moustiques dont on n'arrive pas à se défendre. Mais ils ne sont pas seuls: à côté d'eux vole une légion de mouches qui

Les chevaux de la mission au repos.

En bas, à gauche : suite du texte de la conférence.

À droite : Zabieha et le docteur du Chazaud devant la tente, le 4 août 1909.
*Français d'origine polonaise, parlant couramment le russe, Zabieha est l'interprète indispensable pour les contacts avec les autorités consulaires russes et les nombreuses communautés russophones qui vivent en Mongolie.*

Ci-dessous : le grand *obô* qui domine Ouliassoutaï au nord, le 26 août 1909.
*La mission découvre les premiers signes de chamanisme, cette religion de la Terre et du Ciel et du voyage de l'esprit, sous la forme d'un obô, un cairn de pierres d'où émergent des branches ornées de rubans, de crânes de chevaux et de moutons, entouré de restes d'offrandes.*
*À chaque voyageur d'ajouter sa pierre.*

- ~~18~~ - (28)

se collant aux flancs des chevaux, ou pénétrant dans leurs naseaux, leur causent d'intolérables souffrances; si bien que les pauvres bêtes, au lieu de suivre tranquillement leur chemin, se débattent et ruent à qui mieux mieux pour le plus grand déplaisir du cavalier en proie lui - de son côté - à la piqure des moustiques. Dans la lande desséchée où les mouches ne les poursuivaient plus en si grand nombre, nos chevaux rencontraient un autre ennemi: le mulot à queue courte. Le mulot? dires-vous. Oui, certes et voici pourquoi: partout où le sol est sablonneux, partout où le terrain est à l'abri d'une inondation fortuite, la steppe est habitée par un peuple de fouisseurs, et le sous-sol appartient à des milliers d'animaux, y creusant leurs galeries en un labyrinthe compliqué qui s'étend parfois sur un espace de plusieurs hectares. Vous devinez ce que peut-être la marche d'une caravane sur un terrain aussi merveilleusement miné: à chaque pas pour ainsi dire, chameaux et chevaux font s'effondrer la voûte de ces galeries; ils trébuchent, se relèvent, retombent et risquent à tout instant de chavirer eux et leurs charges. Si vous ajoutez à cela l'orage quotidien, la chaleur torride, souvent l'absence d'eau, vous vous rendrez compte sans peine que le voyage en Mongolie, s'il manque parfois de charme, ne manque en tout cas pas d'une certaine variété.

Malgré tout notre caravane traversa sans accident le plateau désertique coupé de dunes sablonneuses qui sépare la Tola de l'Orkhon, et le 4 Juillet nous campions sur les ruines mêmes de Karakoroum, à la place où s'élevait jadis la capitale de cet

Et c'est l'arrivée à Ourga, le « grand camp ». Dans la ville, les tentes et les masures d'argile de dix mille lamas. Dans le quartier marchand, où viennent camper les caravanes russes avec leurs chameliers bouriates, résident quatre mille Chinois. On y parle une *lingua franca* composée de mongol, de chinois et de russe. Nos voyageurs y visitent le temple de Maïdrai (c'est-à-dire de Maitreya, le Bouddha rieur), où seraient conservées des reliques de Tsong-kha-pa, le grand saint et érudit tibétain.

Le 13 juin, l'expédition se remet en route. Elle suit d'abord le cours de la Tola, puis parcourt la steppe encore pratiquement inconnue du Tökhöm Nuur, vers Kara-Khorum (le « camp noir »), l'ancienne capitale de l'immense empire des Mongols, « l'empire des steppes ».

Plaines monotones, parfois fleuries, toujours infestées de moustiques et de mouches. Ici et là, un vol de corbeaux. Dans les marécages des rives du fleuve, des canards à tête noire que les Mongols respectent religieusement, les appelant les « oiseaux lamas ». Ici et là encore, des pasteurs nomades avec leurs troupeaux de moutons.

Et ce solitaire sur l'horizon, serait-ce un lama errant ?

Longtemps, dans ces territoires où le vent balaie l'histoire, le site de Kara-Khorum fut ignoré de tous, sauf des nomades. C'est que sur son emplacement s'élevait un monastère, Erden-Dzou. Malgré son délabrement, Lacoste y voit « une certaine majesté » et « un je-ne-sais-quoi d'attirance mystérieuse », y admirant de grandes stèles de granit surchargées d'inscriptions.

Les voyageurs verront d'autres stèles tout au long de la route, notamment à la forteresse de Khara-Balgasun, ancienne capitale du peuple turc des Ouïgours : une stèle quadrangulaire en granit rosé, portant des inscriptions en trois langues : chinois, turc primitif et ouïgour – tellement mutilées, dit Lacoste, qu'elles étaient indéchiffrables. Mais il en relève une empreinte.

Même opération plus loin, dans la vallée de l'Orkhoun, où il prend un estampage de la stèle de Bilge Khagan (le « Khan sage »).

## Les travaux et les jours

C'est ainsi que se passent les journées. Dès l'aube, on lève le camp, et, les chameaux une fois chargés, on se met en route. On relève la topographie, on inspecte des monuments, on récolte des plantes, on fait des photographies. Après des heures de randonnée, on fait halte. Lacoste compose ses notes, met au net ses relevés topographiques ; du Chazaud range son herbier, classe ses plantes et ses insectes, empaille des oiseaux. Pendant ce temps, les chameliers s'en vont à la recherche d'*argol*, le crottin de cheval ou de chameau, pour faire le feu de camp. Chaque jour, la caravane est visitée par des cavaliers – bergers, lamas –, qui surgissent de nulle part, discutent un peu, mangent un morceau, et, au coucher du soleil, disparaissent à nouveau dans la vastitude de la steppe.

Impossible de rêver de telles réalités. Les images qui en résultent, les textes, renvoient à un espace réel : celui d'un temps immémorial ou de paysages dévastés par des mouvements immenses de la croûte terrestre. Pour y évoluer, il faut une endurance physique, une résistance des muscles, des os, de la peau, des yeux.

Résistance, recherche, reconnaissance – voilà les mots qu'il faut avoir toujours à l'esprit.

Mais revenons au carnet de route.

Cheminement dans la vallée du Tamer Gol : fondrières où les bêtes s'enlisent, chaleur torride, orages, marécages le long de la rivière. Et puis les marais disparaissent, le sol durcit, l'air est parfumé de thym. Au lac Ikhé Nuur, encore une chaleur de fournaise, la steppe grillée, pas un souffle, pas un arbre, pas une touffe de broussailles, rien.

Kobdo, dernière localité avant la frontière russe, le 28 septembre 1909. *Les chameaux se reposent de leur fatigue, ci-dessus ; à droite en haut, un chamelier de la mission avec deux fillettes mongoles.*

À droite : Ouliassoutaï, en août 1909. Le gouverneur général de Mongolie, avec à ses côtés le docteur du Chazaud et Zabieha (en bas). *Alors capitale de la Mongolie, Ouliassoutaï est un misérable hameau aux masures de boue séchée, un village de quelques centaines de maisons, habitées principalement par des Chinois, mais aussi par des Russes et des Mongols.*

*« Il n'y a pas un arbre, pas une plante, ni yourte, ni troupeaux dans ce désert, et si l'on ne voyait au-dessus du village quelques flocons de fumée bleue, on pourrait croire que les habitants se sont enfuis vers des lieux moins hostiles. »*

Henry de Bouillane de Lacoste

人物權衡

Campement dans l'Altaï,
le 16 octobre 1909, par moins 29 degrés.
*Trouver un terrain propice à la halte est une gageure dans ces hautes solitudes, gelées sur plusieurs mètres en profondeur et balayées par le vent.*

Passage du Khovd Gol, en partie gelé,
le 13 octobre 1909, par moins 19 degrés.
*La mission remonte le fleuve jusqu'à la yourte des passeurs, où se trouvent toujours quelques Mongols qui aident les voyageurs à porter leurs bagages.*

Mais si – encore un étrange monument. Ni statue ni stèle, cette fois, mais un bloc rectangulaire qui semble porter des dessins remontant au plus ancien passé de l'Eurasie, des dessins qui évoquent à la fois des cornes d'animaux enroulées et la cristallisation du givre, faits peut-être par un peuple dont le nom même a été emporté par le vent.

Et la route continue.

Au lieu de suivre celle, connue, qui va droit vers l'ouest en direction d'Ouliassoutaï, Lacoste choisit de remonter jusqu'au lac Sangîn-Dalaï en passant par le bassin du Tes afin d'explorer la source de cette rivière. Il redescend alors vers le sud, pour gagner Ouliassoutaï par le massif du Telmen Nuur et son lac à la grève toute blanche d'efflorescences salines.

Avant qu'Ourga ne devienne, à la chute de la dynastie mandchoue, la capitale de la Mongolie extérieure, le centre politique et administratif de la région était Ouliassoutaï. Quand il y arrive à la fin d'août 1909, Lacoste voit un misérable hameau aux masures de boue séchée, qui reste tout de même la résidence du gouverneur militaire. Lacoste lui rend une visite officielle, et s'en va (voir page 263).

Passant ensuite par la rive gauche du Bogdo Gol et par la vallée du Drapkun Gol, la caravane arrive à la passe des Sables, le point le plus élevé du parcours dans ces hautes terres, une succession de dunes, d'où l'on voit le lac Döröö Nuur, grande nappe bleu foncé, aux eaux saumâtres.

*« C'en est fini de la terre mongole ; voici le poteau qui marque la limite des deux grands empires… encore quelques pas et nous nous arrêterons dans une isba sibérienne toute blanchie de chaux, au milieu des vastes solitudes. »*

Henry de Bouillane de Lacoste

Ci-dessous : descente de la vallée de la Tchou, le 26 octobre 1909.

À droite : le cuisinier casse la glace qui va servir de boisson pendant trois jours, le 13 octobre 1909. En bas : provision de bois. *Une aventure de cinq mois et demi prend fin, longue de quelque trois mille kilomètres de route et d'une moisson de relevés. La remémoration intérieure commence, cette lente décoction du souvenir qui trie l'essentiel de l'accessoire.*

Puis c'est la descente, par un couloir sinueux, vers la petite ville blanche et avenante de Khovd (Kobdo), située sur un plateau de l'Altaï, au milieu d'un désert grisâtre (voir page 262).

Le 13 octobre, la caravane passe le Khovd Gol, en partie gelé (voir page 264), le 16, elle est au col de Tashunto, dans une tourmente de vent et de neige, et puis, le 17 octobre, c'est le dernier campement en territoire mongol.

Cinq mois et demi dehors, quelque trois mille kilomètres de route.

Comme « moisson » tangible, susceptible d'être cataloguée : un herbier rempli de fleurs ; des collections d'oiseaux, de papillons, d'insectes ; des cartes topographiques ; des estampages d'inscriptions ; des photographies ; des crânes humains trouvés aux abords des villages ; des feuilles de route.

Mais ce n'est pas tout.

Dans le livre qu'il écrivit à partir de ses carnets de notes, *Au pays sacré des anciens Turcs et des Mongols*, après avoir évoqué ces terres qu'il avait voulu parcourir avant que la civilisation n'en altère le caractère, Lacoste dit ceci :

« Bientôt, sans doute, viendront les ingénieurs […], alors il sera trop tard : les usines élèveront leurs cheminées géantes et des rails multiplieront leurs doubles lignes sinueuses en ces mornes solitudes où vivaient jadis les merveilleux coureurs d'aventure dont les noms seuls faisaient trembler l'Europe et qui se nommaient les Huns, les Turcs, les Mongols. »

L'homme qui, épuisé par ses missions en Asie, éprouvé plus encore par les campagnes de la Première Guerre mondiale, se mourait à Montélimar à l'automne 1937, a dû penser souvent à ces lignes pendant que des images des hautes terres mongoles défilaient dans sa tête.

La vraie vie était-elle définitivement partie ?

Peut-être.

Mais qui sait ?

Il ne manque pas dans le monde, même aujourd'hui, d'espaces où la grande dimension de la vie est sensible et où souffle le vent du possible.

# Sur la route des stèles

## *Victor Segalen dans les profondeurs de la Chine 1909 et 1914*

Kenneth White

« Lorsque le sage se trouve dans des circonstances favorables, disait Lao-tseu à Confucius, il monte sur un char. Quand les temps lui sont contraires, il erre à l'aventure. »

Si Segalen, médecin de la marine, mais surtout poète, commence par errer à l'aventure (« l'en-allée incertaine », dira-t-il), ses itinéraires sont de plus en plus préparés et pensés. C'est le cas notamment de ses voyages en Chine. « Ce n'est pas au hasard que doit se dessiner le voyage. [...] Un logique itinéraire est exigé, afin de partir, non pas à l'aventure, mais vers de belles aventures » (*Équipée*).

C'est dans une vieille maison du quartier tartare de Pékin qu'entre Segalen et son futur compagnon de route, Auguste Gilbert de Voisins (grosse fortune, grand appartement à Paris avec un fumoir d'opium, romancier), l'itinéraire se précise : vers les paysages archaïques des régions occidentales, où « passent les oies sauvages », où « la poussière se lève obscurcissant la lune », comme disent de vieux poèmes chinois, ensuite vers le sud-ouest, jusqu'au bord du Tibet, avant d'explorer le Sichuan secret et enfin de descendre le Yang-Tsé en jonque.

Le 11 août 1909, la caravane se met en branle : six domestiques, six chevaux, une dizaine de mules, une quarantaine de coolies. Elle est munie, en plus de traites sur des banques, de quelques lingots d'argent à découper en morceaux selon les besoins.

### La route des « champs célestes »

Dans l'esprit de Segalen, son voyage devait être la mise à l'épreuve, sur le terrain, de ses idées concernant le rapport entre le réel, la perception des phénomènes immédiats, et l'imaginaire, les constructions de l'esprit. Sans la charge du réel, l'imaginaire s'étiole, devient fantaisie creuse ; sans la puissance imaginative, le réel s'épaissit, s'affadit. Cette équipée devait être une expérience complète, synthétique. Bien qu'elle eût lieu lors de la saison des pluies, en pleine mousson, ce qui impliquait difficultés de passage (« la route est un canal tortueux dont chaque détour est imprévisible, à la moindre ondée, boue et fange », dit Segalen dans ses notes) et arrêts forcés (de Voisins sombre dans l'ennui, pendant que Segalen, esprit autrement plus ouvert, inspiré et actif, travaille à ses manuscrits), ce cheminement à travers les terres incultes des « champs célestes », crête après crête, col après col, répond tout à fait à son

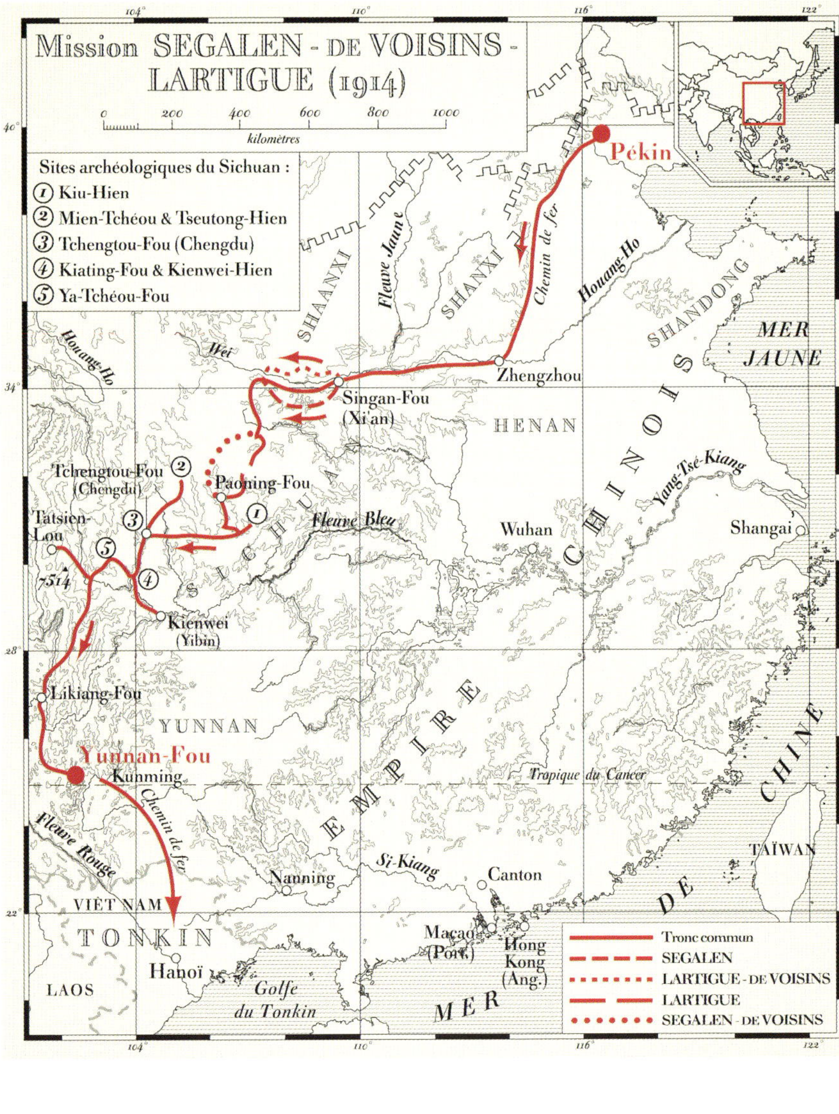

Temple de Confucius à Quxian, au Sichuan, en avril 1914. *« Dans l'après-midi, visite au curieux temple en gradins, à pignons-chapeau-de-gendarme, aperçu à travers la grille. Un étagement de forts bâtiments étranges, vides, déserts, gris et compliqués », note Victor Segalen dans ses* Feuilles de route.

À gauche : cheval et coolie au cours d'une ascension, en 1914. *Segalen a l'intention de « presser comme une orange » la Chine immémoriale et de se lancer dans « une double aventure, celle du pays et celle de nous-mêmes ». Il parcourra six mille kilomètres, avec parfois des traversées à cheval de sept à huit heures.*

Pékin, 1914, sur les marches du Temple du Ciel. *De gauche à droite : Yvonne et Victor Segalen, Jean Lartigue, Gilbert de Voisins. Le groupe est arrivé en Chine par le Transsibérien. Yvonne restera à Pékin pendant le voyage des trois compagnons dans les « provinces fondamentales ». Quelques mois plus tard ils seront prévenus de la guerre en Europe par « un courrier tibétain issu de la brume ».*

attente. Il est fasciné notamment par la géographie du plateau de lœss, cette poussière de sable sculptée par le vent, et par les stèles, ces pierres dressées porteuses d'inscriptions qui jalonnent la route, dont il avait pu étudier de près un grand nombre dans le musée de Xian, ancienne capitale des premiers Han, et dont il appréciait, jusqu'à y voir le principe d'une poétique possible, la forme « bellement, purement, classiquement chinoise ». La descente du Grand Fleuve (le Yang-Tsé), elle aussi, l'exalte, le cours du fleuve étant pour lui l'image d'une existence puissante. Si, au bout de la route, se dresse la sordide réalité de Shanghai, avec son américanisme, ses bazars et ses bars, ses « orgies sales aux chanteuses rauques », Segalen a maintenant en tête non seulement la solution de ses équations mentales complexes, mais encore un nouvel espace intellectuel, poétique et artistique, dont il veut approfondir l'investigation.

Gilbert de Voisins, Victor Segalen et Jean Lartigue dans une grotte, éclairés à la bougie.
*« Hier, couché dans une sorte de caverne ogivale dans la terre jaune, fermée par un demi-vantail de porte. La tanière était pittoresque au point de valoir une grande photographie au magnésium, celle où tu nous verras accroupis ou attablés au campement »* (Lettres de Chine).

Ci-dessous : *« La route est un canal tortueux, dont chaque détour est imprévisible », dit Segalen. Il est souvent plus facile de monter bagages et chevaux sur un bateau et de suivre une rivière.*

## Une Chine de l'esprit

La Chine moderne, entité simplement sociologique, l'intéressait de moins en moins. L'intéressait uniquement, mais souverainement, une Chine de l'esprit. Or, la base de cet esprit, son expression originale, se trouvait pour lui dans les anciennes pierres sculptées des Han. Afin de poursuivre l'étude de ces pierres, il consulte les anciennes *Chroniques provinciales* et examine de vieilles cartes. Et c'est pour aller à leur recherche, sur le terrain, *in situ*, armé de mille plaques photographiques en verre, qu'il organise, en 1914, un nouveau voyage avec son ancien compagnon de route, Gilbert de Voisins, et un autre ami, Jean Lartigue, qu'il avait connu pendant ses années d'étudiant à l'école navale de Bordeaux, et qu'il avait retrouvé, enseigne de vaisseau, en 1909, à Chongqing.

Pages suivantes : Gilbert de Voisins devant la licorne déterrée par la mission, à Qianxian, en 1914. *Seule la tête émergeait : le corps de la licorne était enfoui sous la terre des collines ravinée par les pluies. « Un art jailli du sol », au style puissant et simple.*

La mission descend les marches d'un temple. *Même si les traversées sont difficiles, crête après crête, dans ce paysage escarpé, Segalen ne perd pas de vue l'objectif qu'il s'est fixé : deux à trois heures par jour sont consacrées à la recherche de documents dans les annales chinoises, puis deux autres encore à rédiger des notes.*

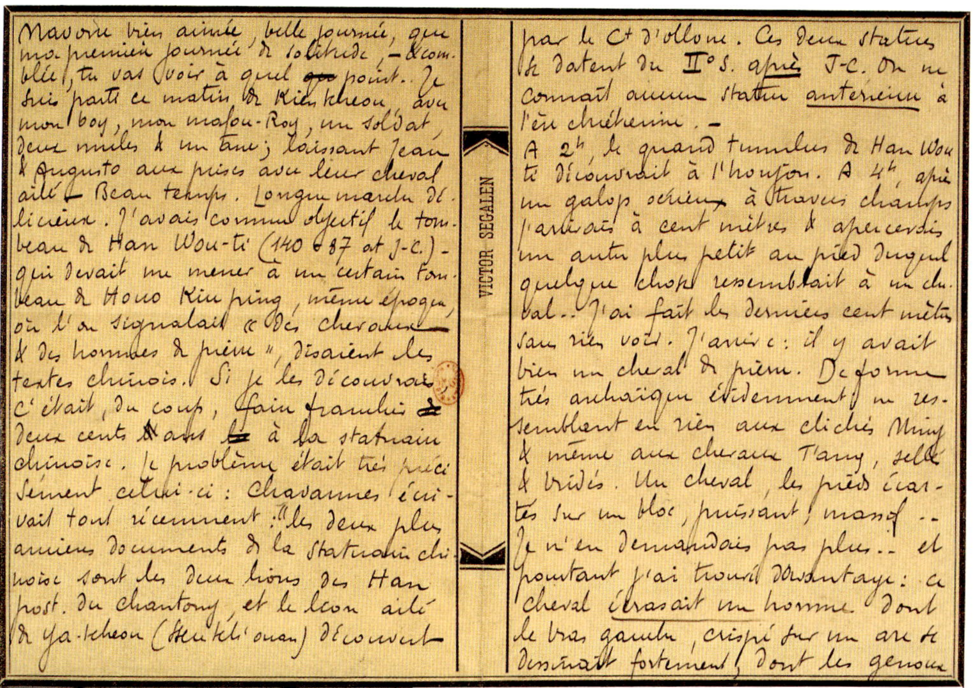

Mavone bien aimée, belle journée, que ma première journée de solitude, — & comblée, tu vas voir à quel ~~...~~ point. Je suis parti ce matin de Kien-tcheou avec mon boy, mon mafou-Roy, un soldat deux mules & un âne ; laissant Jean & Augusto aux prises avec leur cheval ailé — Beau temps. Longue marche délicieuse. J'avais comme objectif le tombeau de Han Wou-ti (140 – 87 av. J-C.) — qui devait me mener à un certain tombeau de Houo Kiu ping, même époque, où l'on signalait « des chevaux & des hommes de pierre », disaient les textes chinois. Si je les découvrais, c'était, du coup, faire franchir ~~de~~ deux cents ~~d~~ ans ~~...~~ à la statuaire chinoise. Le problème était très précisément celui-ci : Chavannes écrivait tout récemment : « les deux plus anciens documents de la statuaire chinoise sont les deux lions des Han post. du Chantong, et le lion ailé de Ya-tcheou (Sseu-tch'ouan) découvert

VICTOR SEGALEN

par le Ct d'Ollone. Ces deux statues se datent du II° s. après J-C. On ne connaît aucune statue antérieure à l'ère chrétienne. —
A 2h, le grand tumulus de Han Wou ti découvrait à l'horizon. A 4h, après un galop échevelé à travers champs j'arrivais à cent mètres & apercevais un autre plus petit au pied duquel quelque chose ressemblait à un cheval... J'ai fait les derniers cent mètres sans rien voir. J'arrive : il y avait bien un cheval de pierre. De forme très archaïque évidemment, ne ressemblant en rien aux clichés Ming & même aux chevaux T'ang, sellés & bridés. Un cheval, les pieds écartés sur un bloc, puissant, massif... Je n'en demandais pas plus... et pourtant j'ai trouvé davantage : ce cheval écrasait un homme dont le bras gauche, crispé sur un arc se dressait fortement, dont les genoux

Lettre de Victor Segalen à sa femme, le 7 février 1914.

*Cinquante ans plus tard, Yvonne Segalen publiera* Lettres de Chine. *L'auteur confie : « Ces proses, les lettres et mes notes forment à toute heure du jour un meilleur de moi. Parfois ce sont les lettres que je t'écris qui sont le point de départ des trouvailles ; et tu es tissée dans ma vie. »*

7 février. Mavone aimée, on est parti. On a quitté le rail. Non sans peine. Nos boys sont absolument désemparés, et j'ai dû traiter auprès des muletiers avec, enfin, la satisfaction d'arriver à 4 $ près, en moins, du chiffre fixé d'avance à Péking. Nous louons sept grandes charrettes à 2 mules qui transportent notre matériel et nos gens, de Mien che hsien à Si-ngan fou, en 10 jours, pour 196 $. Tout va fort bien, et je me surprends dans la boue et l'air vif, à être plus douillettement enveloppé de calme, de douceur et d'amour en pensant à toi, que parfois trop au chaud, à l'immobile, ou au sec. […]
9 février. Ling pao hien – Deux bonnes journées. Hier, à Chen-tchéou, sur la rive sud du fleuve Jaune, nous avons trouvé deux statues T'ang en marbre noir à patine de rouille, deux gardiens de porte dont les méplats et les arêtes sont aussi beaux qu'une sculpture Égyptienne. Photographie et dessins. Je dessine le plus souvent possible. C'est la meilleure façon de voir un objet et de le contourner ensuite avec des mots. (Transcription en fin de volume.)

L'itinéraire, établi par Segalen, devait suivre plus ou moins celui de 1909, du moins jusqu'à Xian. Lui et ses compagnons allaient pénétrer dans ce que Segalen appelait les « provinces fondamentales » (le Shanxi, le Sichuan), puis descendre, le long de la vieille route impériale, jusque dans le Yunnan, pour finir à Haiphong – six mille kilomètres en tout. Cette fois-ci, les conditions météorologiques n'avaient pas été négligées : le voyage se déroulant pour sa plus grande partie pendant le printemps et l'été, le fleuve Jaune ne serait pas en crue. C'est que, lors de cette deuxième expédition, l'accent est mis moins sur l'expérience que sur la recherche : une recherche archéologique, certes, mais qui, dans l'esprit de Segalen, est plus encore la recherche de principes esthétiques et d'une poétique de l'espace.

## Un art jailli du sol

Loin de s'extasier, par exemple, sur le site de Longmen, près de Luoyang, des grottes creusées dans la falaise ornées de représentations du Bouddha, Segalen y voit une dégradation de la pensée, de l'art et de la vie, une maladie des formes, ne s'intéressant qu'à deux bas-reliefs discrets qui attestaient, dans ce foisonnement de « romantisme sentimental », l'existence d'une tradition plus ancienne, païenne. C'est sur les traces de cette tradition que les voyageurs remontent la vallée du fleuve Jaune et longent la rivière Wali. Sur le terrain, cela se traduit chaque jour par sept ou huit heures de cheval, deux ou trois de recherches documentaires dans les annales chinoises, une ou deux

À gauche : Victor Segalen, Gilbert de Voisins et le sous-préfet chinois pendant le déblaiement de la tombe de Bap Sanniang, au Sichuan, en avril 1914. *Un vieillard conduit Segalen au milieu d'un champ d'avoine. Le choc est immédiat. Mais le déblaiement est délicat : les briques s'écrasent comme de la boue. Segalen a cherché la « Chine traditionnelle », parfois sous des amas de gravats, de tuiles brisées, de pots cassés, et trouvé au bout du voyage ce qu'il cherchait.*

Porteurs, mules et bagages pendant une halte, en 1914.

Cheval nu dominant un barbare,
tombeau de Huo Qubing, Shanxi.
*« Ce bloc massif est un splendide morceau de sculpture tragique : ce gros cheval rond écrase et dompte une tête d'homme, un torse, un bras… qui lutte ventre à terre », note Victor Segalen, fiévreux du bonheur de la découverte.*

dans une chambre noire improvisée, une ou deux autres dans un lit pliant, consacrées à la rédaction de notes.

Segalen a cherché, et il a trouvé ce qu'il cherchait, parfois sous des amas de gravats, de tuiles brisées, de pots cassés et d'immondices, parfois, comme pour le tombeau-tumulus de Qin Shi Huangdi, le fondateur de l'empire chinois, sous une forme tellement intégrée au paysage que l'œil ne peut plus faire la distinction entre la nature et l'art. Dans ces tertres faits de terre de lœss recouverte de végétation, Segalen finit par voir un « art des montagnes » stylisé. Les allées d'accès de ces sépultures sont bordées de sculptures animalières dont Segalen et ses compagnons parviennent à dégager des morceaux superbes. Ici, ce sera la statue d'un poney mongol en granit gris dont le style, d'une rudesse habile, à la fois fruste et adroit, comble Segalen de joie. Ailleurs, ce seront des lions, des oiseaux, chacun de ces morceaux de pierre marqué par le même style puissant et simple, les mêmes lignes fougueuses, sans excès de détails, sans théâtralité, sans fioritures, sans « spiritualité ». Il s'agit, dit-il, d'un « art jailli du sol ». C'est dans l'ouest du Sichuan que l'expédition archéologique prend fin. Depuis un certain temps, Segalen guettait

les signes du Sud, tel palmier égaré, tel pan de ciel d'un bleu plus pur, tel visage de femme lolo jugée par lui plus gracieuse et plus sensuelle que les Chinoises, mais à la dernière étape, avec l'annonce de la guerre en Europe, tout se précipite. C'est par le chemin de fer du Yunnan que les voyageurs gagnent Hanoï.

Le projet qui s'était dessiné dans la tête de Segalen, comme la prolongation, le couronnement de son voyage, à savoir la création d'une fondation qui maintiendrait, face à un monde mercantile, culturellement médiocre, les « choses de l'esprit », n'a pu être réalisé.

Mais les livres restent : *Équipée*, *Stèles*, *Chine, la grande statuaire*.

Les Trois Anciens, avril 1914.

À gauche en haut : tumulus de l'empereur Qin Shi Huangdi. *Colline ou monument ? L'art est tellement intégré au paysage que l'œil ne distingue plus l'un de l'autre. Segalen y voit un « art des montagnes » stylisé.*

En bas : auberge en terre jaune, passe de Hangu Guan (Henan).

# Deux frères en quête d'uranium

## *Louis et Gustave Gain au Turkestan russe*
## *1914*

Isabelle Merle des Isles

L'étape a été longue. Gustave Gain plante son appareil sur son trépied. Devant lui, les hauts sommets enneigés de la frontière chinoise. Dans son dos, les guides kirghizes. Radza, l'interprète, s'occupe des chevaux ; Djapar, du repas. Comme à chaque étape, ils ont trouvé la yourte déjà dressée et un mouton attaché à un piquet. Comme à chaque étape, Gustave et Louis prennent des photos.

Nous sommes au printemps 1914. Gustave Gain – son frère Louis, qu'il a initié à la photographie, l'accompagne – a une prédilection pour l'autochrome, technique inventée en 1903 et qui restitue remarquablement les couleurs. La sauvagerie grandiose du pays, l'or et le rouge, et les couleurs des costumes kirghizes, ouzbeks, tadjiks, sartes, les parures ouvragées des femmes, l'uniforme des officiers russes sous leur bonnet d'astrakan. Tout est prétexte à faire des photos.

En ce printemps 1914, les frères Gain ont quitté Paris près de trois semaines auparavant pour le Turkestan russe. Depuis dix ans, Asie et Russie sont sans cesse en proie à des troubles : la guerre russo-japonaise (1904), l'insurrection de Moscou (1905), la révolution chinoise (1911). Personne, aucun touriste, ne s'y risque plus. Mais Gustave et Louis ne sont pas des touristes, ce sont des scientifiques que le gouvernement français a chargés d'une mission : « Rechercher des minéraux et des terres rares » aux confins de la Chine et de l'Afghanistan.

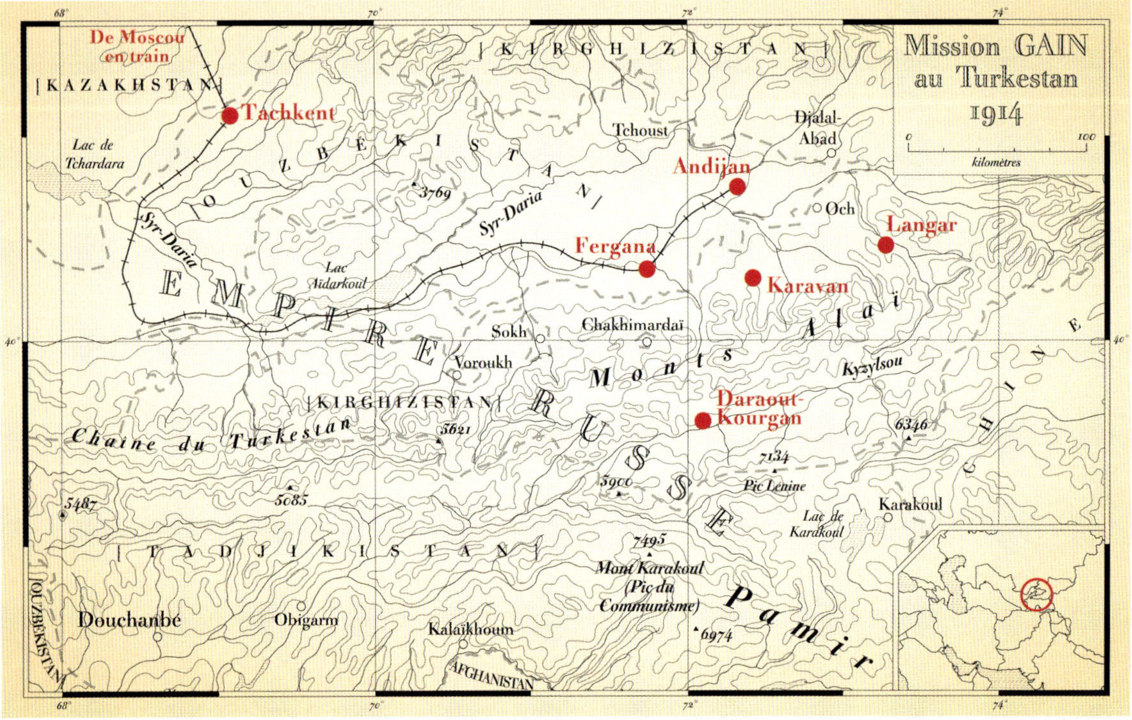

Gustave Gain a réalisé au cours de ce voyage quantité de vues stéréoscopiques, de vues de projection (positifs sur plaque) et d'autochromes, reproduits ici.

Caravane kirghize dans la vallée du Koch-Sou.

En bas à gauche : Louis Gain face à la frontière de Chine, dans le Transalaï.

*Le gouvernement français a demandé aux frères Gain de « rechercher des minéraux et des terres rares » aux confins de la Chine et de l'Afghanistan. Quelques années plus tôt, Pierre et Marie Curie ont réussi à extraire du minerai d'uranium deux éléments radioactifs : le polonium, puis le radium. Ce métal rare est désormais « certainement le plus cher au monde », plus précieux que l'or, et c'est lui que Louis et Gustave vont chercher dans ces terres lointaines et désolées.*

Un thé au col de Tanguys Bay (3800 mètres), face au pic Kaufman (7200 mètres).

*La passion de la montagne unit les deux frères. Ils savent qu'à chaque course il faut saisir au vol les moments d'exception, qui ne reviendront pas. Ils savourent en silence une tasse de thé des montagnes dans ce cirque cerné de neiges éternelles.*

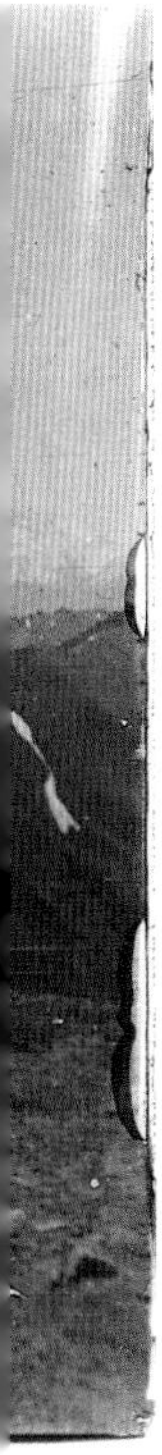

1914 - ASIE
un village
au Turkestan
au 1er plan à
gauche un
maréchal
ferrant.

L'aîné, Gustave, est chimiste au Muséum national d'histoire naturelle. Louis a fait partie de l'équipage de Charcot sur le *Pourquoi-pas?* (voir page 236). Docteur ès sciences comme son frère, il a déjà une longue expérience d'explorateur. Tous deux, excellents cavaliers, ont également l'habitude de la haute montagne. Louis a escaladé des glaciers dans l'Antarctique et des volcans aux Açores. Quant à Gustave, il aime tant les sommets des Alpes qu'il y a entraîné sa jeune femme, en guise de voyage de noces. Ni l'un ni l'autre ne manque donc du courage et de l'endurance indispensables pour partir dans ces contrées immenses, dangereuses mais au sous-sol prometteur. Car, en isolant le radium, Marie Curie a ouvert une nouvelle chasse au trésor, cet élément chimique étant sans doute le plus cher du monde. Encore faut-il pouvoir s'approvisionner en minerai. Les frères Gain sont chargés d'en découvrir dans la région du Fergana, où un chercheur russe, en 1912, a mis au jour un gisement d'uranium.

À Saint-Pétersbourg, Georges Maurice Paléologue, ambassadeur de France, les a accueillis et leur a fourni passeports et laissez-passer. Partis pour Moscou, ils y arrivent le 1$^{er}$ mai : « Ville splendide, note Gustave, j'enrage de ne pouvoir faire de photos ; c'est, paraît-il, interdit. » Après avoir complété

Maréchal-ferrant dans un bazar (à gauche)
et enfants sartes et kirghiz.
*La stéréoscopie passionne les photographes du début de siècle. L'appareil à deux cellules prend deux images légèrement décalées l'une par rapport à l'autre. Juxtaposées dans une visionneuse, elles donnent une impression de relief saisissante. Passionné de photographie depuis plus de vingt ans, Gustave Gain a une prédilection pour l'autochrome, cette technique inventée en 1903 qui restitue remarquablement les couleurs. Ces clichés ont été pris à Daraout-Kourgan à 2700 mètres d'altitude, point de passage obligé des caravanes, lieu de séjour du chef kirghiz (khan) et poste de surveillance russe. Précieux témoins d'un monde disparu, ils sont publiés ici pour la première fois.*

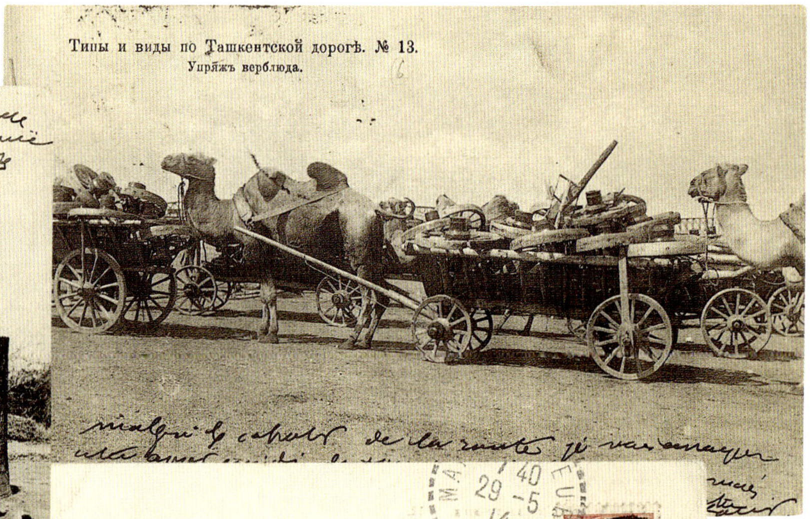

*Trois cartes postales envoyées pendant le voyage.*

*À droite : campement à Baïmat-Tasch.*
Sur place, ils ont acheté huit chevaux sans grâce avec lesquels ils feront des étapes de douze à quatorze heures.

*« Pas de localités, mais une vallée verdoyante entourée de montagnes aux couleurs jaunes, brunes ou rougeâtres auxquelles se mêlent les verts d'une maigre végétation. Vive lumière dorée. Près du campement, la vallée se resserre et le torrent coule dans les gorges de Hil-Boulash, dont les parois verticales de près de quatre cents mètres de hauteur abritent des milliers de pigeons. »*

Louis Gain

leur équipement, ils prennent un train qui, durant trois jours, passant par Samara, Orenbourg, Kasabinsk, Tachkent, leur fait traverser les steppes kirghizes. À Skobelew (l'actuelle Fergana), ils restent trois jours, le temps de rencontrer des notables, de visiter les bazars et, surtout, de vérifier leur matériel de laboratoire – simple mais fragile –, de choisir leurs guides et d'acheter huit chevaux. Ils « n'ont pas beaucoup d'allure », selon Louis, qui les trouve même parfois « grotesques », mais à l'usage ils se révèlent d'une « sûreté extraordinaire… En pleine montagne, dans les rochers et les cailloux, ils parcourent en douze ou parfois quatorze heures des étapes de quarante à soixante kilomètres ».

Au débouché de la vallée de l'Ispaïran, les frères Gain commencent leurs prospections. Ils passent Karavan, atteignent Taïmat-Tash où ils installent leur

Un douanier russe à Daraout-Kourgan.
*Après trois jours à Saint-Pétersbourg, les Gain se rendent à Moscou, où ils s'équipent pour l'expédition. Ensuite, pendant trois jours, ils traversent en train les vastes steppes kirghizes (actuel Kazakhstan), passant par Samara, Orenbourg, Kasabinsk, jusqu'à Tachkent et Skobelew (actuelle Fergana).*

premier campement : « Pas de localités, mais une vallée verdoyante entourée de montagnes… aux couleurs jaunes, brunes ou rougeâtres auxquelles se mêlent les verts d'une maigre végétation. Vive lumière dorée. Ciel d'un bleu intense ; sur les sommets, de vastes plateaux ; çà et là, la trace de quelque piste. Près du campement, la vallée se resserre et le torrent coule dans les gorges de Hilboulash, dont les parois verticales de près de quatre cents mètres de hauteur abritent des milliers de pigeons. »

Par étapes, ils gagnent la plaine de l'Alaï, qui descend du Pamir, ce « pôle Nord d'Asie centrale », et longent l'Ispaïran sur l'une des dernières routes conduisant à Karakoul : « Dans cette vallée étroite émergent des angéliques aux longues tiges. Puis subitement cultures et îlots d'arbres disparaissent et la route est remplacée par une piste. »

Ils s'enfoncent dans la montagne. Les sommets sont enneigés ; les pistes, dangereuses, longent des précipices. Sur des ponts de bois branlants, ils traversent des torrents grondant en à-pic. Dans les cas scabreux, le mieux est de se fier à son cheval et de le laisser agir à sa guise. « Malgré l'altitude, il fait chaud, trente degrés, et sec. La piste est jalonnée d'abris où il est possible de passer la nuit, sortes d'hôtels avec tout le confort et eau courante glacée à proximité. »

Prospection à 5 000 mètres d'altitude.
*La région est riche en minerais. Les frères Gain y découvrent du cuivre et du charbon, ainsi qu'un site « admirable, parmi les edelweiss, devant des glaciers suspendus et des sommets de plus de six mille mètres ».*

La carte des régions parcourues par les frères Gain.

En bas : femmes russes devant une yourte.
*Comme dans la plupart de ses clichés, Gustave Gain choisit une pose sans équivoque, frontale, qui capte le regard. Ce sont des portraits « ethnologiques » : comme un mannequin dans une vitrine du musée de l'Homme, la personnalité s'efface au profit de la représentation (attitude, costume) et du décor. On remarquera, en revanche, que, lorsqu'il photographie son frère, c'est toujours en situation (à gauche).*

À Samarkand, sur la route de la soie.
*Scène de rue ; à droite, la rue principale d'Ouch-Kourgan.*

Ils arrivent sur un plateau marécageux, cirque cerné de neiges éternelles, à plus de trois mille mètres d'altitude. Ils y font fuir des centaines de marmottes et y trouvent la source de l'Ispaïran. Ils montent encore. Jusqu'au col de Tanguys-Bay, trois mille huit cents mètres, ligne de partage des eaux. Ils ne s'y attardent pas. Ils n'ont que le temps d'admirer, au sud, le pic Kaufmann (aujourd'hui pic Lénine). Il leur faut atteindre avant la nuit la vallée du Kysil-sou. La descente dans les gorges est difficile et abrupte : mille mètres de dénivelé jusqu'à Daraout-Kourgan, lieu de passage des caravanes, séjour du chef kirghize et poste de surveillance russe.

Au crépuscule, le khan se porte à leur rencontre pour leur annoncer qu'une yourte a été dressée à leur intention au cœur même de la mosquée. Ils seront ainsi sous la protection de l'islam. Épuisés, ils prennent pourtant le temps d'admirer le camp kirghiz – et cet homme, qui passe près d'eux, de retour de la chasse au faucon.

## Les honneurs du voyageur

Très vite, ils repartent vers les vallées du Koch-Sou et du Chagdar, dans les monts Alaï. « Nous sommes signalés dans toute la région », écrit Louis. En effet, sur leur chemin, le chef d'un important campement kirghiz les prie de s'arrêter quelque temps sous sa tente. Honneur qu'on ne peut refuser. « Il sait d'où nous venons, où nous allons… Toute la tribu s'assoit sur un superbe tapis, aux multiples couleurs, jambes croisées, le khan en face de nous. Le feu brûle au centre de la yourte…, nous sommes enfumés, les yeux pleurent. »

Gustave et Louis subissent les « épreuves réservées aux hôtes de marque » tout en observant le rôle et la place des femmes, leurs vêtements, leurs coiffures, leurs cheveux huilés. La saleté, les odeurs, les punaises les rebutent, mais, en hommes de leur époque scientiste, ils notent que, « grâce aux chauds rayons du soleil, à l'air pur de la haute montagne, les bactéries pathogènes et autres microbes sont impuissants ». Adeptes d'un « fatalisme optimiste », ils acceptent de boire du lait de jument, le « koumys, liquide d'un blanc jaunâtre, semi-transparent, sur lequel nagent… des plaques gris foncé… Étant considéré, à tort, dit Louis Gain, comme le grand manitou, j'ai dû vider le bol jusqu'à la dernière goutte… »

En selle de l'aube au crépuscule, ils prennent la route d'Ouch-Kourgan. Ils se reposent quelques heures chez le chef sarte et repartent, à une heure du matin. Nuit sans lune. Pour seul repère, la tache claire et imprécise du guide qui chevauche devant eux, et qui les abandonne à l'aube. À midi, il fait trente-trois

Atmosphère de torpeur dans la ville mythique.
*À gauche, lourd sommeil à l'ombre de la mosquée ; ci-dessous, un mollah à l'entrée de sa cellule.*

À droite : un minaret à Samarkand.
*Les couleurs de l'autochrome rendent fidèlement l'or et le bleu entrelacés des mosaïques qui ont échappé au temps.*

Pages suivantes : le khan d'Ouch-Kourgan et son secrétaire.

degrés à l'ombre lorsque, après une étape de quatre-vingts kilomètres, ils parviennent devant la gare d'Andidjan. Djapar et Radza, leurs guides, prennent en charge montures et bagages. Pour Gustave et Louis, la mission s'achève.

Deux mois plus tard, en août 1914, l'Allemagne déclare la guerre à la Russie et à la France et, en 1917, la révolution bolchevique rend désormais impossible un voyage comme celui de Gustave et Louis Gain.

À cause de leur départ au front, les recherches qu'ils ont effectuées et les matériaux rapportés ne seront classés qu'en 1919-1920. Résultats et rapport de mission demeurent à ce jour introuvables.

Mission éclair de moins de deux mois pour faire plus de dix mille kilomètres, en train, à cheval, en bateau, en voiture, pour à peine quinze jours de prospection dans des lieux précis : sans doute, à la veille de la déclaration de guerre, l'enjeu en valait-il la peine. La légende familiale dit qu'ils étaient allés chercher du radium pour Marie Curie (ou du moins repérer des gisements de minerai). Certes, ils ne rapportent pas le précieux minerai, mais ces photos aux couleurs subtiles où des femmes et des hommes d'un autre temps, d'un autre lieu, nous regardent encore.

Scène de rue à Samarkand, 1914.

# TRANSCRIPTIONS

*partielles ou intégrales des textes et documents reproduits en fac-similé*

## 1. LA GRANDE AVENTURE (1866-1885)

UN EXPLORATEUR DE LÉGENDE

### Extrait d'un rapport de mission de Savorgnan de Brazza sur son expédition dans l'Afrique-Équatoriale (août 1875-novembre 1878).

Un séjour sur la côte occidentale de l'Afrique et quelques excursions dans l'intérieur m'ayant mis à même d'étudier les moyens d'action dont devrait disposer une expédition de découverte dans l'Afrique centrale, dirigée le long du principal fleuve de notre colonie du Gabon, l'Ogooué, je présentai à M. l'Amiral de Montagnac, alors ministre de la Marine, un projet de voyage qui fut accepté.
Notre expédition avait pour objet la reconnaissance du cours du bassin du Congo. La variété des pays que nous avons explorés et la complexité de nos itinéraires ne sauraient être exposés simultanément sans entraîner une sorte de confusion; j'ai donc cru devoir diviser cet exposé en deux parties: 1°, la description des régions jusqu'alors inconnues que nous avons visitées; 2°, la relation du voyage. [...]
J'arrêtai ma pirogue et répondis aux assaillants pour rendre leur tir plus incertain, tandis que, sur mon ordre, les autres pirogues passaient sans répondre. Nous parvînmes ainsi à un passage plus resserré; les assaillants étaient plus nombreux et trois des nôtres furent blessés. Nous ne fûmes plus maîtres de nos hommes; ils quittèrent leurs pagaies et laissèrent aller leur pirogue à la dérive afin de pouvoir répondre aux coups de fusil.
Ce fut ainsi que se passa cette longue journée, accueillis par la fusillade du village devant lequel nous passions et poursuivis par leurs pirogues. Il était déjà tard quand, dans une dernière attaque, un des Affourous fut tué et d'autres blessés; les pirogues cessèrent alors leur poursuite et, pendant une demi-heure, nous descendîmes silencieusement le fleuve. Le soleil allait se coucher et nous espérions que la nuit protégeant notre descente, nous pourrions nous trouver le lendemain dans une contrée plus hospitalière. Erreur! La nuit commençait à se faire quand une pirogue signala notre approche; une immense clameur, presque un cri de triomphe, s'éleva devant nous. Au détour d'une pointe, nous nous trouvâmes à 400 mètres d'un passage où la rivière resserrée est dominée par les rives. Là, dans de nombreux villages, on apercevait confusément les Affourous groupés pour l'attaque, tandis que des pirogues armées se disposaient à nous disputer le passage. Nous ne pouvions songer à livrer bataille avec nos pirogues qui n'étaient pas manœuvrées. C'était courir à un massacre inévitable. [...]

### Lettre de Jules Ferry à Savorgnan de Brazza, 26 juin 1883.

Mon cher Monsieur de Brazza,
J'ai reçu votre dernière lettre datée du Gabon (30 mai) et, bien que vous m'y fassiez savoir que vous allez vous trouver à 2 ou 3 mois de distance de nous, je profite du plus prochain départ pour vous mettre au courant des démarches fort importantes qui ont été faites tout récemment auprès de nous par le vice-président de la Chambre des Députés, M. Couvreur, envoyé par le roi des Belges.
La crainte d'un conflit entre vous et Stanley est le point de départ de cette communication. Pour l'éviter, nous a dit le représentant du Comité d'Études du Congo, ne conviendrait-il pas de faire à chacun sa part et de les renfermer l'un et l'autre dans un domaine déterminé? On propose en conséquence de convenir que M. de Brazza opérera sur la rive droite du Stanley Pool et sur toute la route de l'Ogooué, et que le Comité aura un droit exclusif sur la rive gauche du Stanley Pool sur une longueur égale à celle qui aura été cédée sur l'autre rive, ainsi que sur le chemin à échelle et terrasses que la Société africaine a créé, en aval, sur les deux rives du Congo, à partir de Vivi: cette route devant d'ailleurs rester ouverte à tous.
En poussant notre interlocuteur, nous avons constaté sans peine qu'il ne s'agirait pas seulement de donner des instructions aux deux chefs de mission, de manière à éviter toute compétition, mais que l'Association entend par là faire reconnaître les droits de souveraineté qu'elle se fait céder par les tribus, selon la formule que votre dernier courrier nous a dit si à propos.
Ces ouvertures nous ont suggéré deux observations:
1 - Quant aux territoires: puisqu'on offre de stipuler seulement sur la rive gauche du Stanley Pool et sur la route du Bas-Congo, entendrait-on de réserver aussi, par réticence, la route nouvelle? M. Couvreur a répondu que les éléments manquent encore pour proposer un règlement à ce sujet, que l'Association a certainement les devants dans cette région, qu'elle y a fondé trois fortes stations (beaucoup plus sérieuses, dit-il, que Franceville et Brazzaville, qui ne sont que des postes) et que, lorsque cette route sera entièrement reconnue et explorée, il y aura certainement lieu à un règlement analogue, nous donnant par exemple le rive droite de la vallée – s'il y a une vallée –, et à l'Association, la rive gauche.
2 - Quant au droit de souveraineté: nous avons fait observer, M. Challemel-Lacour et moi, que le Comité n'est et ne sera jamais qu'une association privée, qu'il n'est ni la Belgique, ni le roi des Belges, qu'il ne peut avoir ni pavillon reconnu, ni postes réguliers, ni droit souverain d'aucune sorte; et allant droit au fond des choses, j'ai dit à M. Couvreur: pourquoi ne confieriez-vous pas au drapeau français le soin de vous protéger? Très franchement, et en grande confidence, il m'a répondu que la crainte de mécontenter l'Angleterre était le seul obstacle. Il n'est pas, quant à lui, éloigné de cette pensée; il croit qu'on peut, avec le temps, amener cet heureux accord. Les idées qu'il avait émises au cours de nos entretiens semblaient d'ailleurs y conduire naturellement, car, d'une part, se rendant compte de la difficulté de constituer un Comité d'études des droits de souveraineté territoriale, il émettait l'avis que la France pourrait peut-être [les] acquérir pour le Comité et comme personne interposée, et, d'autre part, il faisait valoir les grandes ressources dont dispose l'Association, les millions qu'elle peut dépenser sans les demander aux Chambres, et les énormes dépenses qui vont s'accumuler sur votre entreprise.
En conclusion, il a été dit que l'entretien pourrait être repris, et que les questions si graves soulevées par la proposition belge seraient étudiées et approfondies des deux parts; il a été surtout réservé par nous que vous seriez consulté et que vous donneriez votre opinion.
Il n'y a, en effet, aucune raison de décourager nos voisins. Leur impuissance à constituer de véritables souverainetés est irrémédiable. La force des choses doit les amener à ce protectorat qui, je le sais, est votre vœu secret, et la vraie solution du problème. Pratiquement, il en faut conclure à des rapports de plus en plus amicaux et protecteurs entre nous et les Belges. Vous les laisserez bien tranquilles à Léopoldville, et, en fait, vous ne ferez rien, sans nous en avoir référé, sur la rive gauche du Stanley-Pool. Je n'ai pas besoin d'ajouter que vous vous tiendrez aussi loin que possible de Stanley, qui a reçu, de son côté, les

instructions les plus formelles de ne vous gêner en rien et qu'on a d'ailleurs envoyé au loin sur le Haut Fleuve. Mais en maintenant précisément les relations cordiales avec nos voisins, vous ne manquerez pas de leur faire sentir que leurs acquisitions de souveraineté territoriale n'ont aucune consistance possible et que nous seuls pourrions leur donner une sanction juridique.

Je confie toutes ces vues à votre sage et ingénieux esprit. Je n'ai pas besoin de vous rappeler que vous êtes un messager de paix, non de guerre et de conquête, et qu'il faut éviter tout froissement avec l'Association africaine.

Quant aux Portugais, ils sont charmants et voudraient bien aussi faire affaire avec nous. Vous savez en quels termes excellents le ministre du Portugal a écarté à la tribune de Lisbonne les interpellations relatives à Loango et Punta-Nera, reniant toute prétention sur cette partie de la côte. Quant à nous, nous avons intérêt à respecter scrupuleusement le 5° 12 jusqu'à ce qu'une entente soit devenue possible avec les Portugais sur le Bas-Congo.

Je vous souhaite bonne santé et bon courage

Jules Ferry

Chargé par intérim du ministère des Affaires étrangères.

## Les commandants du Haut Fleuve

### Extrait du traité entre le Bélédougou et la France, signé à Mamakomo le 26 octobre 1881, entre le docteur Bayol et le chef peul Mamadi.

Le Bélédougou, pays indépendant, désireux de témoigner aux Français la grande estime et la profonde sympathie qu'il a pour eux, a signé avec le gouvernement de la République française, le traité suivant :

Kéké Mamadi, fils de Kama, roi du Bélédougou, au nom de sa famille et de tous les habitants de son royaume, et le docteur Jean Bayol, médecin de 1re classe de la marine, chevalier de la Légion d'honneur, représentant le gouvernement de la République française, ont signé d'un commun accord ledit traité.

1 - Le Bélédougou, pays indépendant, déclare se placer sous le protectorat de la France.

2 - Les Français à l'exclusion des autres nations sont autorisés à venir dans le pays.

3 - Ils pourront y commercer librement, établir des factoreries et résider sous la protection du chef et des habitants.

4 - Les marchandises importées et exportées ne seront passibles d'aucun droit.

5 - Les négociants établis dans le pays seront tenus seulement de payer une rente de 500 francs (valeur payée en marchandises) au roi du Bélédougou.

6 - Ils s'entendront à l'amiable avec le chef pour la cession du terrain où ils voudront élever leur maison de commerce. [...]

## Avec les Indiens du bout du monde

### Instructions du ministre des Affaires étrangères au baron d'Avril, ministre de France à Santiago du Chili, 28 avril 1882.

Monsieur le Baron,

Les Chambres ont été saisies par Messieurs les ministres de la Marine et des Colonies, de l'Instruction publique et des Finances d'un projet de loi portant ouverture de crédits supplémentaires, nécessaires pour l'envoi d'une mission scientifique dans les parages du cap Horn.

Le personnel de la mission comprenant quatre officiers de la Marine, trois naturalistes dont un médecin de la Marine, et douze marins de grades divers, doit partir de Cherbourg sur un bâtiment de la Marine nationale et s'établir dans une des îles voisines du cap Horn, probablement dans la baie Orange (Terre de Feu) ou à l'anse Saint-Martin (île L'Hermitte). La période des observations durera douze mois; le programme qui sera tracé aux observateurs comprendra l'étude des phénomènes magnétiques et météorologiques ainsi que des recherches concernant la faune et la flore des hautes latitudes.

Cette expédition se rattachera d'ailleurs à un vaste ensemble d'entreprises analogues qui seront dirigées simultanément par différentes nations maritimes sur des points rapprochés des pôles, dans les deux hémisphères. Une entente s'est établie à ce sujet entre les savants délégués par les Puissances dans des conférences scientifiques tenues à Rome, à Hambourg et à Saint-Pétersbourg.

À la demande de Monsieur le ministre de la Marine, je vous prie, Monsieur le Baron, de vouloir bien donner connaissance au gouvernement chilien de l'envoi projeté de la mission française dans les parages du cap Horn. Je ne doute pas que, prévenu par vos soins, le gouvernement de Santiago ne recommande à ses agents de réserver, le cas échéant, à la mission française le bon accueil et l'assistance que le but de l'expédition lui assure de la part d'une nation dévouée, comme le Chili, aux progrès des sciences.

## Le globe-trotter et le missionnaire républicain

### Extrait de la dépêche de Charles Wiener au ministre de France au Pérou, datée de Moyobamba, le 29 juin 1881.

Monsieur le Ministre,

Le Département m'ayant chargé (décembre 1879) d'une exploration des affluents équatoriens de l'Amazone, je m'efforce, après l'heureux accomplissement de ma mission, de retourner à mon poste.

Cependant, pour ce faire, je rencontre des difficultés inouïes. La partie orientale du Pérou se trouve dans un état de désorganisation absolu. Les communications sont entièrement interrompues. Les Indiens se sont en grande partie retirés dans les forêts; les muletiers ont caché leurs bêtes de somme et le voyageur se trouve, à chaque pas, arrêté par des difficultés de toutes sortes.

Je m'étais procuré des bêtes pour continuer ma route, et le préfet de Loreto, un Monsieur David Arevalo Villasis, a fait prendre par la force armée, aux portes même de la ville, ces animaux pour faire transporter à Chachapoyas des fusils destinés au corps d'armée de l'amiral Montero. M. Arevalo s'est excusé auprès de moi en affirmant que ces animaux avaient été loués par moi. Cette autorité vient de se rendre à Yquitos, le sous-préfet est allé à Rioja. Les gens d'armes ont déserté. Il ne reste que deux soldats pour neufs officiers à Moyobamba.

La crainte de réquisitions ou de travaux imposés par l'autorité sans rémunération empêche les indigènes de quitter leur retraite. Je viens de perdre ainsi 17 jours en cette ville, après en avoir perdu 11 à Tarapoto pour des raisons analogues. Épuisé par les fatigues d'un voyage de 19 mois, je serai probablement obligé de voyager encore à pied jusqu'à Chachapoyas.

J'ai acquis le certitude qu'une dépêche que j'ai adressée au ministère a été ouverte au courrier de Moyobamba même. Le lendemain du jour où je l'avais déposée au bureau de la poste, on s'en racontait le contenu en ville.

Dans ces conditions exceptionnelles, j'ose vous prier, Monsieur le Ministre, de vouloir bien faire savoir au Département que la mission dont j'ai été chargé a eu d'excellents résultats; qu'à bord d'un bâtiment que S. M. l'empereur du Brésil a gracieusement mis à ma disposition, j'ai pu explorer neuf grands cours d'eau, neufs grandes voies commerciales, que j'ai repris l'itinéraire que je devais parcourir à travers le Pérou oriental pour retourner à Guayaquil, et que si je ne me trouve pas encore à mon poste, l'état anormal de cette région est la cause de ce retard [...].

# 2. LE CHOC DES EMPIRES (1885-1898)

## La chute de Tombouctou

### Extrait du rapport du capitaine Migote sur les opérations de la colonne Bonnier, 5 mars 1894.

« Ces gens-là sont sur nous », dis-je alors au colonel, à la gauche duquel je me trouvais. « Oui », me répondit-il sur un ton qui me frappa. En même temps, le docteur Grall s'écriait derrière nous : « Mais ils nous attaquent ! »
Au même moment, le groupe formé par l'état-major, les guides, les garçons des officiers, déjà attaqués de front par les Touareg, se trouve pris à dos par une foule composée des tirailleurs du peloton du capitaine Tassaud, tous sans armes et pris d'une panique folle. Derrière eux, sont les bœufs que les Touareg ont fait sortir de leur parc, et qu'ils poussent sur nous à coups de lance. Ces animaux furieux renversent tout sur leur passage. L'attaque est si rapide, le désordre prend en si peu de temps une extension si grande que toute résistance est impossible. Nous ne pouvons même pas nous retourner pour nous rendre compte de ce qui se passe derrière. Les Touareg sont sur nous et il nous faut nous défendre. Je tire un coup de revolver sur un cavalier qui arrive sur ma droite, entre le colonel et moi. En même temps, je reçois un coup de sabre sur le côté gauche de la tête, et le poitrail d'un cheval me fait rouler à terre, à côté d'un buisson de petits [rosiers ?] auquel le bivouac de l'état-major était adossé. Je reste étourdi par la violence du coup. [...]

## Le bâtisseur d'empire

### Traité signé entre le capitaine Binger et le roi de Diammala, 24 juin 1892.

Entre le capitaine d'Infanterie de Marine Binger, d'une part, et Kongondi Ouattara, roi du Diammala, d'autre part, il a été convenu ce qui suit :
Art. 1er. Le roi du Diammala déclare placer ses Etats sous le Protectorat de la France.
Art. II. Le commerce se fera librement et ne sera soumis à aucune taxe.
Art. III. Le roi du Diammala s'engage à favoriser, par tous les moyens, les relations commerciales entre ses États et les comptoirs français établis au Lahou, à Dabou, sur les lagunes et le Comoé.
Art. IV. Les Français et sujets français seuls pourront venir faire du commerce dans le Diammala.
Art. V. Les missionnaires, voyageurs ou autres sujets français seront libres de venir se fixer et traverser les États du Diammala ; le roi du Diammala s'engage à leur accorder protection dans toutes les circonstances.
Art. VI. Le gouvernement français sera seul juge des différends qui pourraient s'élever entre le pays du Diammala et les pays placés sous le Protectorat de la France.
Art. VII. Le roi du Diammala s'engage à ne conclure aucune autre convention avec d'autres nations sans le consentement de la France.
Art. VIII. Un cadeau annuel de 25 fusils à silex à un coup, de la valeur de 18 F pièce, sera fait à Kongondi Ouattara, roi du Diammala. Ce cadeau sera payable à ses comptoirs de Dabou, de Grand-Bassam ou de Lahou, dans les deux mois qui suivent l'hivernage.
Article additionnel. Il est bien entendu que le présent traité ne lie à aucun degré le gouvernement de la République française dont l'approbation est réservée.
Fait et signé en triple expédition à Catamna Soukouara, capitale du Diammala.

## Les derniers jours de Samory

### Rapport sur la prise de Samory, par le capitaine Gouraud, 17 octobre 1898.

Après le sanglant combat de Doué, Samory avait continué sa marche dans l'ouest. Il s'était dirigé lentement, traînant avec lui plus de 100 000 personnes vers le pays des Toura, où il savait trouver à n'Safa et à n'Zolou des populations disposées à bien le recevoir.
Pour prendre Samory, en effet, il ne nous faut pas un combat. Si heureux qu'il soit, il donnerait à l'almamy le temps de fuir. Il faut une surprise complète.
Après une nuit très froide, le bivouac est levé au petit jour. Par un heureux hasard, Maci Amara avait été affecté la veille au camp par son frère, et les quelques *sofas* qu'il a laissés, surpris par notre arrivée inopinée, se rendent sans essayer de fuir. D'ailleurs l'escouade du caporal Fové Sankari, envoyée la nuit et embusquée, leur barre la route.
De ce village part une route sur Touba qu'a prise, il y a quelques jours, le messager de Samory, son fils Tidiranki Mory, mais que lui-même s'est bien gardé de suivre.
Vers 7 h 30, nous débouchons de la forêt sur des pentes dénudées et à 2 ou 3 km on aperçoit derrière une longue croupe boisée, des fumées qui m'indiquent un campement considérable : c'est là.
L'allure se précipite peu à peu : nous commençons bientôt, en longeant le pied de la croupe, à défiler entre de nombreuses huttes, remplies d'une foule qui nous regarde, plus étonnée que craintive. Tout en passant, on crie à ces gens de se rassurer, de se taire et de s'asseoir. Quelques-uns interrogés rapidement confirment que l'almamy est toujours là. Personne ne se doute de la présence de la colonne.
Nous passons coup sur coup deux marigots où des femmes sont en train de laver ; à 100 m au-delà du second, nous tombons sur le village des femmes. Guilin, le lieutenant Jacquin et le sergent Bratières le traversent rapidement en maintenant leurs hommes groupés, et continuent sur le camp à travers un petit bois de 4 à 500 m d'épaisseur qui entoure le village.
La section déborde brusquement dans un immense campement. Exécutant la consigne avec un magnifique entrain, le lieutenant Jacquin enlève ses tirailleurs et se précipite : la surprise est complète.
Samory, qui lisait selon ses habitudes le Coran devant sa case, se lève en entendant la rumeur produite dans le camp par l'apparition des tirailleurs et, dans le saisissement extrême de la surprise, n'a pas le temps de prendre ses armes dans sa case où se trouvent pourtant plusieurs fusils et revolvers chargés. Il s'enfuit précipitamment dans la direction de la route de Touba, cherchant un cheval.
Au bout de quelques minutes de course, le caporal auxiliaire Fahanda Tounkara aperçoit le premier l'almany reconnaissable à sa haute taille et à sa chéchia rouge, serrée d'un turban blanc, qui fuit à toutes jambes, courant comme un jeune homme et cherchant un cheval.
Les tirailleurs précipitent leur course : en tête le sergent Bratières, qui a aperçu l'almamy, le caporal auxiliaire Fahanda Tounkara, les auxiliaires Bandia Tounkara et Felifing Keita ; celui-ci arrive le premier sur Samory qui lui échappe par un brusque crochet. Tout en courant, les tirailleurs crient : *Ilo, ilo* Samory ! (arrête Samory, arrête !). Il continue à fuir. À son tour le sergent Bratières, qui le serre de près, lui crie : *Ilo* Samory ! Voyant un blanc, Samory, à bout de force, s'arrête et le sergent le saisit.
Samory s'assied par terre et dit aux tirailleurs de le tuer.
Le lieutenant Jacquin arrive à ce moment avec le reste de la section, et le sergent lui remet son prisonnier, que le sergent ramène à sa case.
Il était temps : les *sofas*, revenant du premier moment de stupeur, et voyant notre petit nombre, prenaient les armes, et la situation aurait pu devenir critique ; mais l'almamy, qui voit un revolver dans la main du lieutenant Jacquin, leur fait signe de ne pas tirer. Sur un clin d'œil, la nouvelle est connue de tout le camp et met fin à toute tentative de lutte.
Pendant ce temps, le capitaine Gaden, avec sa 2e section, avait pénétré dans le camp sur les pas de la 1re section, s'était porté sur la case de Samory et l'avait occupée.
Le capitaine Gouraud s'était arrêté à l'entrée du village des femmes (Guélémou), pour laisser serrer les 2 sections constituant sa réserve, afin de parer aux événements.
Il se porte en avant, avec la section du lieutenant Mangin, laissant l'adjudant Brail occuper le village des femmes.

Il arrive à la case de Samory, où il rejoint le capitaine Gaden, au moment où le lieutenant Jacquin y ramenait l'almamy.
Une garde particulière de 4 hommes est aussitôt constituée autour de Samory et le carré est formé autour de sa case, dont on déblaie les abords des huttes qui l'entourent.
L'almamy est très troublé mais affecte l'indifférence avec son rictus habituel. Peu à peu, il se ressaisit, et fait son salam de 9h pendant que ses marabouts, chefs de guerre et griots viennent se rendre successivement.
Pendant que l'on recherche le trésor au village des femmes, de fortes patrouilles circulent dans le camp, faisant refluer vers la case de Samory, où nous nous sommes installés, les armes et les munitions.
Le capitaine commandant la reconnaissance, s'était immédiatement informé des fils de l'almamy, en particulier de Sasankéguy Mory, de Moktar et de Daouda. Ils n'étaient pas au camp et se trouvaient avec une centaine de *sofas*, armés de fusils à tir rapide, à quelques kilomètres sur la route de Touba, gardant la direction de l'est. Un cavalier leur fut envoyé pour leur annoncer l'événement et leur porter l'ordre de rentrer immédiatement, pour faire soumission, sous peine de voir leur père et leur mère mis à mort. Malgré le souvenir de l'odieux guet-apens de Bouna, le capitaine crut devoir promettre la vie sauve à Sarankigny Mory, comme à ses frères, pour assurer sa soumission immédiate, la faiblesse de notre effectif ne permettant pas d'envoyer contre lui un détachement suffisant sans compromettre imprudemment le grand résultat obtenu.
Pendant toute la matinée, et jusqu'à une heure avancée, les [xxx] des personnages importants continuent. Sarankéguy, suivi de toutes les femmes de l'almamy et de ses fils, vient faire la soumission.
Les armes de toutes espèces, les caisses de cartouches, les cantines de bagages de l'almamy viennent s'empiler devant sa case. Au village des femmes, le lieutenant Mangin et l'adjudant Brail réussissent à maintenir la discipline pendant les recherches faites pour trouver le trésor. Bientôt les caisses qui le contiennent arrivent et sont placées sous la garde d'une sentinelle. Leur inventaire en est immédiatement dressé.
À 1h arrivent Moktar, Saranki Mory, Daouda et plusieurs autres qui apportent une centaine de fusils à tir rapide empaquetés. Ils sont mis chacun sous la garde d'une sentinelle.
La journée est employée à mettre un peu d'ordre au milieu de toutes les prises: fusils, munitions de toutes sortes, bœufs, chevaux, etc.
Le soir arrive au camp un convoi de riz, envoyé par le commandant escorté par 10 tirailleurs. Ils ont été attaqués en route par les anthropophages et ont perdu plusieurs sacs de riz. Nos communications sont donc coupées, mais le commandant avertit le commandant de la reconnaissance qu'il envoie un convoi de vivres, avec 50 tirailleurs sous les ordres du sous-lieutenant indigène Yam Si, sur Gourouma, comme le capitaine l'avait demandé par la lettre 86, en date du 27 septembre. Les tirailleurs couchent en carré autour des gourbis des Européens, de Samory et de ses fils; une sentinelle sur chaque face, sans parler de la garde particulière de l'almamy. Un petit poste en place depuis le matin à la sortie du camp sur la route de Touba; un autre est installé à l'entrée du village des femmes, un 3e au parc aux bœufs.

La nuit est tranquille.
30 septembre
La journée du 30 est employée à détruire les armes et munitions, fusils, cartouches, capsules, barils de poudre, etc., tout est brisé, brûlé ou noyé. Ses cantines personnelles sont rendues à l'almamy. Les reliques du capitaine Branlot et du lieutenant Bunas sont soigneusement empaquetées et mises avec le trésor.
Pendant cette journée du 30, il rentra au camp plus de 2 000 individus avec des charges de manioc. Tout le camp était rempli de manioc, séchant sur des nattes.
Le départ est ainsi réglé : l'almamy, Moktar, Saranki Mory et les porteurs du trésor marcheront au milieu de la colonne, chaque homme encadré par 2 tirailleurs. Derrière la colonne suivront les chefs et personnages importants avec la *dembaya*.
La grande foule, qui peut être évaluée à 50 000 personnes et qu'il est urgent de rapatrier au plus vite vers des pays où ces gens puissent trouver à manger, sera dirigée sur Touba sous la protection d'une escouade de la compagnie Gaden.
Ce chiffre de 50 000 personnes, tout approximatif, a été donné par comparaison avec ce que le capitaine Gaden et le lieutenant Mangin avaient vu et compté dans le camp du lieutenant Woelffel, après Tiafesso, où on compta 29 000 hommes. Le capitaine Gaden et le lieutenant Mangin furent tous deux d'avis qu'il y avait le double au camp de Guilimou.

1er octobre
Le départ a lieu sans trop de difficulté, la colonne bivouaque à 1 h à Sauta, village détruit.
Le lieutenant Jacquin est renvoyé au camp de Guilémou avec une section pour ramener des chefs importants qui n'ont pas suivi le mouvement de la colonne malgré l'ordre donné, notamment Kesseri, ancien chef de colonnes de Sarankéguy Mory.
Nous retrouvons à Santa le courrier envoyé le 29 septembre au soir au commandant de Lartigue et qui n'a pas pu passer.

2 octobre
Samory manifeste au départ quelques velléités d'indépendance, puis, prévenu qu'il sera au besoin amarré et emmené de force, il se calme et se met en selle… pour peu de temps, car l'étape est très pénible dans des sentiers à peine frayés. Il arrive à bout de force à Gambadou où la colonne parvient et bivouaque à 2 h.

3 octobre
Bivouac au bord du Mlé, grossi par les pluies continuelles des jours précédents. La journée entière est employée à construire une passerelle. Les pétards de fulmicoton, destinés en principe à faire sauter les diassas, sont employés utilement à abattre de gros arbres.

4 octobre
Bivouac près de Gouroumso, dans l'ancien campement de Samory. Quand il descendait vers Tiafesso au mois d'août, l'adjudant Brail avec un détachement de la 15e retourne en arrière pour rétablir la passerelle, que la crue montant toujours a rompue.

5 octobre
Séjour en bivouac a Gourousso, pour attendre l'adjudant Brail et la *dembaya* qui arrivent le soir.
À 8 h du soir, arrive un convoi nous apportant les félicitations du commandant de la région. Par suite des difficultés qu'ont rencontrées les courriers, la nouvelle ne lui a été connue que le 4 octobre à 9 h du soir. Le commandant nous donnait rendez-vous à Guéasso.

6, 7, 8 octobre
La marche, ralentie par cette lourde colonne, continue à petites étapes par Didilon (6 octobre), Tounkaradougou (7 octobre) et Garrau (8 octobre). La *dembaya* suit la colonne.

9 octobre
La reconnaissance rejoint à Guéasso le chef du bataillon commandant la région sud. Samory, ses fils, les personnages importants lui sont présentés ; le commandant décide qu'il continuera sa route avec le lieutenant Woelffel, la reconnaissance Gouraud suivra la même route à un jour d'intervalle, pour se retrouver à Farahouha.

10, 11, 12, 13, 14, 15 octobre
Marche lente sans incident, que des discussions de famille chez Samory ; étapes à Kolodougou (10 octobre), Fahandougou (11 octobre), Kabadiandougou (12 octobre), Moïafé (13 octobre) ; 14 et 15, bivouacs dans la brousse.

16 octobre
La reconnaissance rejoint le commandant de Lartigue et le lieutenant Woelffel à Faradoualia, et toute la colonne fait sa rentrée à Beyla sous les ordres du commandant de la région le 17 octobre à 8 h du matin.
Les honneurs sont rendus au drapeau. Pendant cette cérémonie, Samory se cache la figure dans les mains. Ses fils regardent, curieux, indifférents.
En terminant, le capitaine commandant la reconnaissance est heureux de rendre hommage au dévouement et à l'énergie des officiers et sous-officiers qui ont supporté sans faiblir, pendant des journées entières en plein hivernage, les fatigues de la marche à pied sur une route extraordinairement pénible ; à la discipline, à l'entrain et à l'endurance des tirailleurs, réguliers et auxiliaires.
S'il n'avait pas eu sous ses ordres un cadre aussi excellent, des hommes aussi éprouvés que les tirailleurs de la 15e compagnie, qui avaient tous, sous les ordres du capitaine Coiffé, pris part à l'assaut de Sikasso, que les auxiliaires de la compagnie Gaden, qui, admirablement dressés par leur chef pendant 10 mois de marches et de travaux continuels, se sont montrés aussi calmes et énergiques que de vieux réguliers, il n'aurait pu tenter ce coup de main qui a donné le dernier coup à notre vieil ennemi.
Il ne saurait oublier qu'une surprise aussi complète, un résultat aussi considérable n'étaient possibles que dans la situation où se trouvaient les troupes de l'almamy, situation due à la chute de Sikasso, à la marche de la colonne Pineau sur [Tiorouaradougou], au combat de Doué, et surtout au combat de Tiafesso, due aussi à toutes les colonnes, pendant lesquelles ont souffert, ont combattu, sont morts tant de nos camarades.

Liste des personnages de la famille ou de l'entourage de Samory,
pris avec lui à Guélémou, le 29 septembre 1898

a – ses fils
Maringué Mahmady, Moktar, Diaouli Boiama (frère de Karamoko), Tiéné Mory, Macé Amara, Sarankéguy Mory, Kariata Maudiois, Diouloukar Mani, Fulami Boiahuima, Tiduianké Mory, Soifou Fali, Daouva, Tidiami, Mourlaye, Fulasso Mory, Moussa, [xxx] Mamady, Siré Abdoulay, Amisata Booiahuma, Fatimata Joussoufou, Saranké Suleymana, Siaka.
En tout, une centaine de garçons et plus de 200 filles
b – ses frères
c – ses neveux
d – chefs de colonne
e – marabouts
f – griots

Annexe n° 1
État des prises faites à Guélémou
29 septembre 1898

4 fusils modèle 86 avec 2 baïonnettes
60 fusils modèle 74
15 fusils modèle Marting-Henry ou Winchester
environ 500 fusils à tir rapide de provenance diverses
1 000 fusils à pierre environ
2 caisses de cartouches 86
3 caisses de cartouches 74
85 caisses de cartouches de mobiles divers dont beaucoup provenant de la manufacture de Spandau
20 barils de poudre
des milliers de capsules
1 canon (anglais)
60 chevaux
2 mulets
120 bœufs
un trésor montant à 230 000 [?] environ.

# 3. LE TEMPS DES RÊVES (1899-1909)

## Un consul solitaire

Légende et transcription de la lettre d'Auguste François à Jean-Baptiste Beau, Wou-Tchéou-Fou, 2 janvier 1899

Mon cher ami,

En consultant mon calendrier ce matin, j'ai appris que nous étions au 9e jour de la 12e lune ; j'ai vu ensuite que le jour était propice pour se raser la tête et coudre des habits, mais déplorable pour se couper les ongles des mains et des pieds, qu'on pouvait sans crainte construire sa maison et même y disposer la poutre maîtresse de sa toiture, mais qu'il ne fallait pas ce jour-là remonter sa pendule, ni consulter les esprits, ni manger du chien. Par contre, c'est un jour fameux pour prendre un bain et pour écrire à ses amis. Ainsi instruit de ce que je peux entreprendre dans cette 9e journée de la 12e lune, je me suis dit : « Tu vas prendre un tube sérieux et puis tu écriras à cet animal de Beau, sans crainte de l'indisposer et de l'ennuyer. » Si j'avais toujours consulté mon calendrier, j'aurais choisi les jours propices et j'aurais connu les moments opportuns pour dire que Gérard est une canaille, car bien évidemment c'est indiqué dans mon almanach.
Or voyez comme cela se trouve, que ce 9e jour de la 12e lune coïncidait avec le 1er janvier et en même temps, en suivant ma route sur ma carte, j'arrivais au dernier trait de carmin, c'est-à-dire le premier que je traçais l'an dernier en quittant Wou-Tchéou-Fou ; et en effet, le sifflement des vapeurs me confirmait que j'étais rendu dans ce port ouvert où je voudrais voir élever une statue à Gérard. La matière pour la couler ne manque pas ici et il aurait là une statue odorante et bien appropriée.
Donc, mon cher ami, puisque nous renouvelons l'année, « *Kong-Chi, Kong-Chi* ». C'est du chinois. N'allez pas vous méprendre sur le sens de ces deux vocables. Ce n'est pas une injonction que je vous adresse, mais des compliments et des souhaits que je forme pour votre santé. Il en est donc qui s'appliquent au bon fonctionnement de vos intestins mais enfin, vous me connaissez trop pour penser que je les formulerai d'une manière aussi crue.
Me voici donc parvenu à ce Wou-Tchéou-Fou d'où je vous envoyais l'an dernier ma première impression. Elle ne s'est pas modifiée. Je viens d'opérer une descente du fleuve qui a été fertile en renseignements de tous genres. J'en empoisonnerai encore le ministère, puisque j'ai entrepris de dire la vérité ; je serai désagréable jusqu'au bout. On me saura tout le mauvais gré que l'on voudra mais j'ai conscience de faire ce qui doit être fait. Et puis je rapporte mon paquet. On m'indiquera l'endroit où il faudra le délier. J'en laisse le soin aux grands chefs mais il faut qu'il soit déballé. Si on ne me laisse pas d'autre emplacement, je ferai mon étalage sur la place publique. J'ai recueilli, je vous le disais, bien des renseignements sur ma route, sur les missionnaires notamment. J'ai vu les mandarins tout surpris d'apprendre que les consuls ne sont pas placés sous les ordres de l'évêque et de ses curés, et que la France n'obéit pas elle-même aux ordres du Pape. C'est ce qui leur est enseigné par les *Chouzq* et sous-*Chouzq* du Guangxi. Les visites que j'ai faites l'an dernier, en remontant la rivière, dans les missions de Koui-Hien et de Nan-Ning ont été présentées comme un acte de subordination, un *Chim-Chim* aux calotins. Les mandarins avaient été habitués à adresser leur correspondance à Sa Grandeur le délégué du pape, « munis des pouvoirs du ministre de France ». Sa Grandeur voyage avec une bannière qui indique le passage du délégué du ministre de France. Quand nous leur obtenons une satisfaction, ils se gardent bien de laisser même soupçonner aux populations qu'ils nous la doivent et quand ils ont obtenu dix fois ce qui leur est dû ou même indû, ils nous tombent dessus pour avoir gêné leurs réclamations. Il est vrai que lorsqu'un M. Bons d'Anty vient recevoir l'évêque, à genoux sur le sable du rivage, et sa femme à ses côtés, et que la foule chinoise le contemple baisant l'anneau pastoral, elle est assez portée ensuite à accepter les dires de l'évêque. À propos, tous mes compliments ! Voyez un peu jusqu'où parvient le bruit de vos débordements. J'ai appris en Chine que vous êtes du dernier bien avec Madame Bons d'Anty. Il faut bien que je le croie puisque c'est elle-même qui le dit et l'écrit. Elle ne se borne pas à accrocher toutes les faveurs aux cornes de son mari, elle offre sa protection à ses amants et amis, civils et militaires. Pour les civils, M. Beau et M. Marcel n'ont rien à lui refuser. Vous avez des amours compromettantes, mon cher !
Le voyage s'est poursuivi sans aucune difficulté. Nous avons tout vu, tout parcouru. Pas un endroit où nous ne soyons descendus, surtout dans ceux présentés comme si hostiles par le *Colqhoun* qui a voyagé comme un paquet, sans descendre nulle part, et, comme Bons, qui s'est terré au fond de sa jonque, laissant même le mandarin de Tai-Ping-Fou qui avait fait construire un pavillon en bambou sur la rive pour recevoir le consul de France et qui en grande robe et en grand apparat a vu défiler la jonque du consul de France qui n'a même pas daigné ou osé s'arrêter. Et c'est ainsi que ce Monsieur à dressé une carte où il a tracé jusqu'à la forme des murailles des citadelles et placé des montagnes et des villages à plusieurs lieux dans l'intérieur. Je me propose de vous faire toucher la fumisterie sur la carte même dudit Bons. Je pense que les écrits de Guillien ont dû vous édifier sur l'état de la maison tel que je vous l'avais déjà précédemment décrit. Et il n'a rien vu, Guillien ! J'ai usé de la potasse et des acides contre la crasse et j'ai reconstruit les murs.
On peut dire que le Si-Kiang est un fleuve anglais, c'est acquis maintenant. Tout leur appartient jusqu'à Nan-Ning, irrémédiablement. Et si une concurrence leur est faite, ce sera par Pa-Koi. Sera-ce une concurrence ? Le chemin de fer de Pa-Koi à Nan-Ning fait son chemin dans les esprits. Il est plus avancé matériellement même que ceux que les Grille feront jamais. Les études sont faites et les prix fixés. Que nous fassions notre stupide ligne Grille-Gérard, et vous verrez éclore celle de Pa-Koi - Nan-Ning avant même que les autres aient planté le premier piquet. Et alors le Tonkin vous en dira des nouvelles. M. Doumer le comprend et le dit déjà. Quel est donc l'aveuglement qui peut faire marcher derrière un Gérard qui ne connaît pas un mot de la question et qui ne connaît pas les lieux ?
Au revoir, mon cher ami. Je ne puis vous dire encore à bientôt car cette lettre expédiée par chaloupe me précédera passablement. Je ne veux pas transplanter mes poumons pleurétiques tout d'un coup dans votre hiver. Voilà qui est bien égal, n'est-ce pas, quand il s'agit d'être agréable à un Gérard ? Mais on souffrira que j'aie une autre opinion.
Amitiés et très affectueusement Vôtre.
A. François.

## L'impossible voie

Journal de marche de François-Joseph Clozel, membre de la mission Maistre (1892-1893).

[Le journal couvre la période de mars 1892 à mai 1893. Clozel (1860-1918) terminera une carrière de haut fonctionnaire dans l'administration coloniale, comme gouverneur général de l'A-OF en 1915-1917.]

Transcription du texte apparaissant sur la double page reproduite (fol. 40) :
12 juillet [1892]. Départ vers 7 heures après la

disparition définitive d'Ali. On fait du Nord tout le temps en se frayant un chemin à travers la brousse. On campe auprès d'une rivière assez gentille qui est, paraît-il, un affluent de la Kémo.
13 juillet. Pluie. Départ tardif. Vu un arbre à immenses feuilles et un borassus. Fièvre.
14 juillet. Pluie et fièvre. Marche habituelle. Des indigènes Kâ viennent nous vendre des vivres et disparaissent parce qu'on ne les suit pas dans l'Est.
15 juillet. Pluie et fièvre. Rencontre un assez fort mamelon d'où l'on peut se faire une idée du pays. Ce sont à perte de vue des collines boisées filant en lignes parallèles avec une direction générale est-ouest.
16 juillet. Pluie et fièvre. Assez bonne marche. 11 km environ.
17 juillet. Pluie mais plus de fièvre. Après trois quarts d'heure de marche en montant assez dur nous arrivons à une sorte de plateau relativement découvert sur lequel nous marchons jusqu'à midi moins un quart. Nous campons auprès d'une sorte de cuvette où s'est ramassée un peu d'eau ce qui nous décide à ne pas chercher plus loin.
18 juillet. Départ vers 6h1/2. À 7h20 nous rencontrons un borassus superbe; c'est le second de ces arbres qui ont, paraît-il, une importance géographique. Vers 9 heures nous arrivons à une petite rivière coulant vers l'Est, large de 8 mètres à peine mais profonde au point qu'on perd pied pour la traverser. Un arbre mort judicieusement abattu, flanqué d'une corde comme parapet, nous fait un pont sur lequel passent tous nos hommes d'escorte et tous nos porteurs. Il est plus de 11h quand l'opération est terminée; on déjeune donc sur l'autre rive. Comme nous achevions cette importante opération, de grands cris, un *Mandjia*! un *Mandjia*!, puis une course échevelée. Nos hommes viennent d'apercevoir un indigène et lui courent après avec des protestations d'amitié que celui-ci a l'air de fort mal comprendre car il se sauve à toutes jambes. On ne le rattrape pas mais nos gens reviennent rapportant une nasse fort bien faite que le fugitif a abandonnée pour courir plus vite; ils ont [trouvé également un sentier frayé, ce qui doit nous mener quelque part].

Le soldat de l'Empire

## Lettre du commandant Gouraud à sa mère, 26 février 1908.

Sous la tente, enfin!
au bivouac de Choggar, 26 février 1908
Chère Maman bien aimée,
Me voici enfin dans la vie que j'aime, pour laquelle seule je me suis depuis de longues années éloigné de vous. J'ai vu bien des bivouacs pareils, mais c'est la première fois depuis mon départ de Saint-Louis que je dresse ma tente – depuis un jour, près de Boutso, en remontant le Chari.
Mais revenons au départ de Saint-Louis. Ma dernière lettre vous a laissée, je cois, sur ma satisfaction de pouvoir faire mon itinéraire complet, tel que je le confirmais, sans pour cela renoncer à marcher avec le général. Donc, le 11, à 4h, j'embarquais sur le vieux *Borgnis-Desbordes* de 1894. Le lendemain, à midi, nous étions à Podor, après une nuit excessivement froide. À Podor, le capitaine Garnier, mon camarade de promotion, qui commande le cercle de Trarza, venu au devant de nous, avec le peloton de spahis du lieutenant Reboul.
Trouvé le transit de Podor dans un désordre remarquable. J'ai là un pauvre commis, plus bête que malin, alcoolique, avec une malheureuse femme et un bébé de 4 ans, qui boit déjà sa petite absinthe!
Secoué vigoureusement cet imbécile.
Embarquement mouvementé des passagers qui continuent sur Kayes et qui tous rêvent d'entasser tous leurs bagages sur un petit vapeur, les eaux ne permettant pas hélas au *Borgnis* de dépasser le barrage de Mafou. Il y a notamment une petite femme brune qui veut absolument emporter son piano... et qui y réussit. Un piano au pays des balafons !
À 4 h, nous passons le fleuve; à cheval et en route pour Boutlimit. C'est une toute petite étape de rien du tout; histoire de décoller, ce qui est toujours un peu délicat avec des bœufs aussi bien qu'avec des chameaux. 8 kilomètres nous amènent au coucher du soleil à Ras el-Kra, au bord d'un marigot, bras du Sénégal. Jolies nappes d'eau, quelques beaux arbres. Profitons-en, nous n'en reverrons plus de quelque temps.
Le bivouac s'installe, feux, chevaux à la corde... De l'autre côté de la nappe d'eau, les Maures venus au devant de nous, allument des feux; un tam-tam affaibli de quelque campement voisin nous berce; je m'endors heureux, par une nuit admirable, roulé dans mon manteau.
14 février: forte journée, dont j'ai été content, parce qu'elle m'a prouvé que j'étais capable d'une forte étape, même sans entraînement. [...] Départ à 6 h à travers ces dunes toutes orientées du nord-est au sud-ouest, qui est la caractéristique du pays Trarza. Vieilles dunes figées, couvertes d'arbustes épineux, qui se font plus rares et plus petits, au fur et à mesure que nous montons vers le nord, toute la journée.
À midi 1/2 jusqu'à 3 h et 1/2, déjeuner et repos, au puits de Nouagour.
J'ai un crédit spécial du Gouvernement général pour doter le pays de puits en ciment armé, puits qui remplaceront les puits maures, trop susceptibles de s'ébouler. Le forage de ces puits est un rude travail: le coffrage est constitué par des viroles faites de tresse de fil de fer, revêtues de ciment, qu'on enfonce successivement dans le trou. Nous avons jusqu'ici foré 5 puits. [...]
Partis à 3 h 1/2 de Nouagour, nous sommes à 8h au puits de Beluarin. Dîner frugal sur la margelle du puits, tandis qu'on abreuve les chevaux et qu'un grand diable de chameau tire la corde du puits. Repartis à 9 h jusqu'à 1 h 1/2 du matin, par la lune. Couche en haut d'un dune, par une nuit très froide: bonne journée de 80 kilomètres.
15 février. Nous rencontrons à 8 h une troupe de deux ou trois cents personnes, hommes et enfants, à cheval et à dos de chameau: c'est Cheikh Sidia, le grand marabout du pays Trarza, dont l'influence nous est entièrement favorable depuis Coppolani, influence qui s'étend jusque dans l'Adrar. [...]
Séjour à Boutlimit du 15 au 20, à midi 1/2: séjour bien rempli par les palabres avec Cheikh Sidia et les principaux chefs du Trarza. Les Maures sont de terribles bavards. Seules les palabres avec Cheikh ont présenté de l'intérêt. Le Cheikh est un homme intelligent, instruit, qui s'intéresse particulièrement aux choses de l'Islam et de la Géographie. Il est très au courant des choses du Maroc, mais en parle avec discrétion. D'après lui, d'après tous les renseignements aussi bien du Tâgant que du Trârza, le moment serait très favorable pour mettre la main sur l'Adrar. La plupart des nomades qui y séjournent en sont absents, la sécheresse les ayant chassés avec leurs troupeaux. Les sédentaires sont découragés par le retour de l'ambassade partie au Maroc en août pour demander des secours au sultan, et qui est rentrée sans rapporter grand chose. Ni Abd el-Aziz, ni Moulaï Hafid, dont les gens de l'Adrar se réclament surtout, n'ont évidemment envie de gaspiller leurs ressources sur un théâtre aussi excentrique. [...]
Adieu, mère chérie, voilà une bonne journée passée. Le soleil se couche dans un nuage rouge et or. Vous rappelez-vous les beaux soleils des vacances d'autrefois? Je serai après-demain à Gmini, dans une huitaine à Tidjikdja. Je vais admirablement bien et commence à me mettre au chameau. Je vous embrasse très tendrement.
Votre Henri

## Lettre du commandant Gouraud à sa mère, 14 novembre 1909
Chingueti, le 14 novembre 1909.

Ma mère chérie,
Voici ma dernière nuit à Chingueti: je pars demain. Je garderai bon souvenir de ce ksar, de ce poste de paille, plus aéré, plus lumineux que le fortin d'Atar. Et surtout, je garde au fond des yeux ces couchers de soleil splendides, aux teintes divines – on peut le dire – puisque c'est Dieu même qui les fait. Dernières journées de

palabres, de notes, d'instructions. Je laisse, grâce au ciel, l'Adrar dans une situation très calme : aucune nouvelle alarmante du Nord ; et chacun, résigné à la situation nouvelle cherche à en tirer le meilleur parti. […]
Dakhlé Tafoudalet, 17 novembre (jour anniversaire de Gouraud).
C'est près de ces petits puits, au pied d'un crête rocheuse, à l'ombre d'un palmier ; qu'aura donc sonné ma 42e année. […] J'ai compté que c'était depuis 1894, le 13e 17 novembre que je passe en Afrique. En ajouterai-je encore ?
J'ai quitté Chingueti le 15 à 3 h du soir. Une dernière fois, j'ai fait sonner « au drapeau » et saluer les trois couleurs bien-aimées, si belles dans le ciel bleu. […]
Un épais rempart de dunes se dresse au-dessus de Chingueti vers le sud, et l'engloutira peut-être un jour, malgré la belle défense de ses habitants. J'ai traversé le ksar, propre, bien construit, en pierre ; le minaret de la mosquée, tour quadrangulaire à large base, a grande allure. Une foule nombreuse nous faisait escorte. C'est que ce drapeau, que nous saluions tout à l'heure, veut dire pour tous ces gens paix et sécurité. C'est depuis que son ombre s'étend sur le ksar, que l'on peut voir les troupeaux revenir en bêlant à l'heure du couchant, les chameaux aller et venir. Plus de pillards. Quelle merveille ! dont seuls les Français étaient capables ! […]
Du haut de la grande dune, il était 5 h, nous avons eu une vue admirable, saisissante : les dunes montant les unes sur les autres, colorées de tous les jaunes imaginables, semées de touffes de [xxx] vert pâle ; par dessus le ksar se détachent en brun vigoureux sur la palmeraie et, au fond du tableau, de grandes dunes lointaines, vers l'est, déjà toutes blanches.
Hier soir, nous avons fait étape à Aouniret n'Cher. Je marche lentement pour ménager les chameaux. Car c'est toujours là la grave et inquiétante question. La colonne et ses convois ont coûté beaucoup de chameaux, en coûtent encore car, bien que notre expérience ait sérieusement progressé, nous ne pouvons pas faire que les gens et les choses ne soient pas ce qu'ils sont. Or il y a un fait, c'est que les Maures qui ne perdent pas de chameaux quand ils font seuls leur caravane, en perdent quand ils font un convoi sous nos ordres. […]

Ci-dessous : expédition Charcot en Antarctique.

À droite : mission du colonel Gouraud dans l'Adrar (Mauritanie).

# 4. LA FIN D'UN MONDE (1909-1914)

## Le gentleman du pôle

### Note du commandant Charcot à son équipage au sujet des règles d'hygiène à bord du *Pourquoi-Pas?*, avril 1909.

Règles d'hygiène
Les deux maladies à redouter pendant l'hiver dans les régions polaires sont le scorbut et l'affaiblissement du cœur.
Le scorbut est le plus à craindre: il est évité par la propreté, la bonne aération des logements, l'exercice en plein air et un régime approprié.
La nourriture à bord est répartie en conséquence, chacun doit manger de tout ce qui est servi, alors même qu'il éprouverait de la répugnance pour certains mets, en particulier la viande fraîche sous forme de phoque et de pingouin et les légumes. Il ne faut pas boire de vin ou faire des réserves de vin ou d'alcool afin d'en boire davantage en une seule fois, de même qu'il est défendu de donner de sa ration à ses camarades. L'alcool pendant l'hiver polaire est ce qu'il y a de plus dangereux sous quelque forme que ce soit et sa suppression complète serait une garantie de bonne santé.
Les dents doivent être nettoyées tous les jours avec soin. La propreté corporelle habituelle doit se faire à l'eau froide. Les pieds tout particulièrement doivent être lavés fréquemment à l'eau froide et le « froid aux pieds » sera ainsi en grande partie évité.
Les logements seront aérés tous les jours et tenus exceptionnellement propres. La literie et les vêtements usuels seront aérés toutes les semaines.
Tous ceux qui n'auront pas eu à travailler dans la journée en plein air sont tenus de prendre au moins trois quarts d'heure d'exercice dehors.
Les vêtements de la journée ne doivent pas être portés pour dormir la nuit.
Pendant les grands froids il faut toujours sortir à deux, de façon à surveiller la figure de son camarade et lui frotter immédiatement avec de la neige toute partie qui se décollerait. Si un doigt ou un orteil venait à geler, ce dont on s'aperçoit par la perte de la sensibilité, par des fourmillements et une coloration blanche de la peau, il faut se déganter ou se déchausser immédiatement et se frictionner ou se faire frictionner énergiquement la partie atteinte avec de la neige, ceci étant le seul moyen d'éviter un accident dont les suites peuvent être des plus graves.
La température dans les logements ne doit jamais dépasser 16° dans l'après-midi et doit être beaucoup plus basse la nuit.
Il ne faut pas hésiter à déclarer immédiatement le moindre malaise car une maladie déclarée tardivement peut-être nuisible non seulement à soi-même mais encore aux camarades.
Le chef de l'expédition

## L'explorateur des hautes terres

### Extraits d'une conférence donnée par le commandant de Bouillane de Lacoste.

Il est en effet un fait assez étrange qui a provoqué mon étonnement durant les premières étapes, et que je m'en voudrais de ne pas vous citer. Chaque jour, à peine nos tentes étaient-elles dressées dans une steppe absolument déserte, qu'on voyait arriver de tous les points de l'horizon des cavaliers à bonne allure: simples voyageurs, bergers, lamas, mendiants ou vendeurs de prières, ils étaient bientôt une vingtaine qui venaient potiner avec nos hommes, s'enquérir de notre qualité, et dévorer les reliefs de nos repas. Au coucher du soleil, tous ces indiscrets remontaient à cheval et disparaissaient en quelques minutes, comme ils étaient venus…
Je vous disais tout à l'heure que la marche à travers les steppes en fleurs serait un enchantement s'il n'y avait pas les innombrables moustiques dont on n'arrive pas à se défendre. Mais ils ne sont pas les seuls: à côté d'eux vole une légion de mouches qui, se collant aux flancs des chevaux, ou pénétrant dans leurs naseaux leur causent d'intolérables souffrances; si bien que les pauvres bêtes, au lieu de suivre tranquillement leur chemin, se débattent et ruent à qui mieux mieux pour le plus grand déplaisir du cavalier en proie, lui – de son côté – à la piqûre des moustiques. Dans les landes desséchées où les mouches ne les poursuivaient plus en si grand nombre, nos chevaux rencontraient un autre ennemi: le mulot à queue courte. Le mulot? direz-vous. Oui, certes, et voici pourquoi: partout où le sol est sablonneux, partout où le terrain est à l'abri d'une inondation fortuite, la steppe est habitée par un peuple de fouisseurs, et le sous-sol appartient à des milliers d'animaux, y creusant leurs galeries en un labyrinthe compliqué qui s'étend parfois sur un espace de plusieurs hectares. Vous devinez ce que peut être la marche d'une caravane sur un terrain aussi merveilleusement miné: à chaque pas, pour ainsi dire, chameaux et chevaux font s'effondrer la voûte de ces galeries; ils trébuchent, se relèvent, retombent et risquent à tout instant de chavirer eux et leurs charges. Si vous ajoutez à cela l'orage quotidien, la chaleur torride, souvent l'absence d'eau, vous vous rendrez compte sans peine que le voyage en Mongolie, s'il manque parfois de charme, ne manque en tout cas pas d'une certaine variété.
Malgré tout, notre caravane traversa sans accident le plateau désertique coupé de dunes sablonneuses qui sépare la Tola de l'Orkhon, et le 4 juillet, nous campions sur les ruines mêmes de Khara-Khorum, à la place où s'élevait jadis la capitale de cet immense empire, de cet empire qui s'étendait des rives du Danube à la mer de Corée.

# Cotes et références des documents reproduits

Nota : il n'a pas été établi de distinction entre les titres originaux des photographies et les légendes restituées. Sauf indication contraire, les photographies sont des épreuves sur papier albuminé

P. 2-3 : Anonyme, route de Bilma, non daté © MAE, fonds iconographique, coll. Gouraud. P. 5 : Épreuve prise par Leclerc à bord de *L'Astrée* © SHM, album du commandant Miot sur *L'Astrée*, 1867-1969 [AL F° 009, fol. 2]. P. 6 : Le *Français* portant toute sa voile © Coll. particulière. P. 7 : Anonyme, mission Brazza, non daté © CAOM [Pa/16/IX] ; Sur la mer Rouge, mission Duchesne-Fournet, 1901-1903 © BNF/SG. P. 8-9 : Anonyme, La reine de Xieng-Thounq, entre 1994 et 1895 © Coll. Julien. P. 10 : Paul Nadar, Savorgnan de Brazza, sans date © CAOM [Pa/16/IX.4]. P. 11 : Anonyme, Marchands d'ivoire, mission Brazza © CAOM [Pa/16/IX]. P. 14 : Dieulefils, Le tourneur, non daté © CMIDOM. P. 23 : Porte de mosquée à Samarkand © mindi. P. 24-25 : Auguste François, Faubourg sud de Yunnan-Fou vers 1900 © RMN.

## L'explorateur photographe

P. 26 : Anonyme, séance de prise de vue sur les rives du Congo, non daté © CAOM [Pa/16/IX 4] ; Capitaine du Barry, Kurdes,1881 © BNF, Département des estampes et de la photographie, mission scientifique de M. Ernest Chantre, sous-directeur du Muséum de Lyon, dans la Haute-Mésopotamie, le Kurdistan et le Caucase, 1881 [Ua 51, 4] ; Graphoscope (2e moitié du XIXe siècle) © Photo Verdeau, Paris. P. 27 : Ernest Noirot, Marie Samba, 16 ans, née en Casamance, nation ouolof, 1881 © MAE, Fonds iconographique, série P-Afrique [A009154] ; chambre-laboratoire dite « Dubroni » de Jules Bourdin, 1864 ©, Photo Verdeau, Paris. P. 28 : Anonyme, Le Photographe dans son laboratoire, 1901, tirage argentique original © ASOM, coll. Bruel, photographies de la commission franco-portugaise de délimitation du Cabinda [B215/55] ; Auguste François, transport par coolie des boîtes contenant les plaques de verre, non daté, tirage argentique original, © Association Auguste-François. Tous droits réservés ; Chambre photographique de type touriste, vers 1890 © Photo Verdeau, Paris. P. 29 : Auguste Pavie, intérieur du village de Ngoï et rivière de Nam-Hou, journal de marche du séjour à Luang Prabang, 12 décembre 1887 ; 27 janvier 1888 © MAE, Papiers Auguste Pavie [PA-AP 136, vol. 6, fol. 41] ; Anonyme, femmes de la région de Ghardaïa, non daté © SHAT, cabinet des dessins, des estampes et de la photographie [coll. Garnier des Garets] ; Anonyme, Mangin, Moudjéria, avril 1908, Tirage argentique original © MAE, Fonds iconographique, coll. Gouraud [album Mauritanie - Adrar, A003247]. P. 30 : Marcel Monnier, fillette effarouchée, 1892 © CAOM [37 Fi Binger 5, n° 193] ; Louis Vossion, Fadl el-Kérim, jeune fille arabe, 13 ans, de la tribu des Arabes choukryés, 1882 © BNF/SG [We 311, 53 et 53bis] ; Chambre photographique à tiroir pour daguerréotypie, vers 1845 © Photo Verdeau, Paris. P. 31 : Victor Segalen, non daté, tirage argentique © Coll. particulière ; Chambre photographique de type folding, vers 1910 © Photo Verdeau, Paris. P. 32 : Gustave Gain, vues stéréoscopiques du Turkestan, 1914, © mindi ; Borne stéréoscopique, vers 1900 © Photo Verdeau, Paris ; Appareil photographique de type jumelle dit « Stéréo-panoramique » de Lucien Leroy, 1903 © musée des Arts et Métiers - CNAM, Paris / photo P. Faligot-seventh square. P. 33 : Gustave Gain, autochrome du Turkestan, 1914 © mindi.

## 1. LA GRANDE AVENTURE

P. 34-35 : Émile Gsell, Angkor : Baion, pagode des 42 tours, 1866 © MAE, fonds iconographique, coll. Le Myre de Vilers [A0001664]. P. 37 : Émile Gsell, La rade de Saïgon, entre 1866 et 1879 © *ibidem*.

### Deux marins en péril

P. 38 : Émile Gsell, Les membres de la commission d'exploration du Mékong, 1866 © MAE, fonds iconographique, coll. Le Myre de Vilers [A0001658]. P. 40 : Émile Gsell, Angkor, habitations des Bonzes, 1866, © *ibidem* [A0001637] ; Émile Gsell, habitations des bonzes, intérieur, entre 1866 et 1879, © *ibidem* [A0000787] ; Journal de la commission d'exploration du Mékong © BNF/SG [colis n° 203 ; R 104 618, notice 5257]. P. 41 : Émile Gsell, Arroyos à Chau-Doc. Au loin, vue de la montagne de Ha-Tien (Cochinchine), entre 1866 et 1879, MAE, fonds iconographique, coll. Le Myre de Vilers [A000773] ; Émile Gsell, Buffles, entre 1866 et 1879, © *ibidem* [A000740]. P. 42 : Émile Gsell, temple d'Angkor, escalier principal, 1866, © *ibidem* [A001644] ; Émile Gsell, Angkor, tête de Bouddha, 1866 © *ibidem* [A001730]. P. 43 : Émile Gsell, Angkor : bonzes, 1866, © *ibidem* [A001709]. P. 44 : Journal de marche de Francis Garnier © BNF/SG [colis n° 203 ]. P. 45 : Émile Gsell, Canonnière yatagan, entre 1866 et 1879 © musée Guimet [AP 9312]. P. 46-47 : Émile Gsell, Habitation cambodgienne, entre 1866 et 1879 © MAE, fonds iconographique, coll. Le Myre de Vilers [A000774]. P. 48 : Émile Gsell, Premier poste de Pavillons-Noirs au Tonkin, entre 1866 et 1879, © *ibidem* [A001602] ; Tunique des Pavillons-Noirs © musée des Troupes de marine, Fréjus. P. 51 : Émile Gsell, Laotiens avec leur chef, entre 1866 et 1879 © MAE, fonds iconographique, coll. Le Myre de Vilers [A001479]

### Un explorateur de légende

P. 50 : Anonyme, Le sergent Malamine, sans date © ASOM. P. 51 : Anonyme, première expédition de P. Savorgnan de Brazza, sans date © BNF/SG [We 9]. P. 52 : Paul Nadar, Savorgnan de Brazza, sans date © CAOM [Pa/16/IX.4] ; Rapport de mission de Savorgnan de Brazza sur son expédition dans l'Afrique-Équatoriale (août 1875-novembre 1878), © BNF/SG [Carton Ogooué, n° 856, n° 1bis]. P. 53 : Anonyme, L'agence Fraissinet à Libreville, sans date © CAOM [Pa/16/IX.3] ; Boussole, fin XIXe © musée des Troupes de Marine, Fréjus. P. 54-55 : Anonyme, Marché d'ivoire, sans date © CAOM [Pa/16/IX.3]. P. 56 : Anonyme, deuxième expédition de P. Savorgnan de Brazza, mars 1880 © ASOM ; Relevé des distances dans l'Ogooué © BNF/SG [Carton Bor-Bu, 129, n° 124]. P. 59 : Anonyme, île des Perroquets, sans date © CAOM [Pa/16/IX.2]. P. 58 : Anonyme, en haut : Rigail de Lastour ; en bas : Jacques de Brazza, Pierre de Brazza, Pelices, sans date © CAOM [Pa/16/IX.4]. P. 59 : Lettre de Jules Ferry à Pierre de Savorgnan de Brazza, 26 juin 1883 © MAE [MD Afrique, vol. 88, fol. 55-60]. P. 60 : Lettre de Pierre Savorgnan de Brazza à Jules Ferry, 2 octobre 1883 © *ibidem* [fol. 160] ; Jumelles, fin XIXe siècle, © musée des Troupes de marine, Fréjus. P. 61 : Anonyme, Transport par caravane du vapeur *Léon-XIII*, sans date © CAOM [Pa/16/IX.3].

### Les commandants du Haut Fleuve

P. 62 : Anonyme, Le colonel Gustave Borgnis-Desbordes et le docteur Martin-Dupont, 1882, © MAE, Fonds iconographique, Série P-Afrique [A009093]. P. 63 : Anonyme, Archinard, commandant la compagnie d'ouvriers d'artillerie de marine, et deux lieutenants, lors de la construction du fort de Kita, 1881, © SHAT, cabinet des dessins, des estampes et de la photographie, fonds privé Lecomte [1 K 108]. P. 64 : Anonyme, montage de la première canonnière sur le Niger à Bamako, 1884 © *ibidem*. P. 65 : Anonyme, Kita, mars 1881, retour de captivité à Nango (État d'Ahmadou) : le docteur Toutain, le lieutenant Pietri, le capitaine Gallieni, le lieutenant Vallière © CMIDOM, Fréjus, albums personnels du général Archinard ; mission Gallieni, combat de Dio, 1881 © SHAT [5 H 154, dossier 3] ; Extrait du rapport du lieutenant-colonel Borgnis-Desbordes sur une reconnaissance faite sur le Niger en février 1882 © *ibidem* [5 H 154, dossier 3]. P. 66 : Anonyme, Pont de 30 m de portée jeté sur le Badinko (campagnes 1883-1884) © CMIDOM, Fréjus, albums personnels du général Archinard. P. 67 : Anonyme, Premiers ateliers à Bamako, 1882-1883 © *ibidem.* P. 68 : Traité entre le Bélédougou et la France, signé à Mamakomo le 26 octobre 1881, entre le docteur Bayol et Mamadi © MAE [MD Afrique, vol. 50, fol. 301-302] ; Attribué à Gustave Borgnis-Desbordes, Abdulaye Diack, interprète, 1882 © MAE, fonds iconographique, série P-Afrique [A009104]. P. 69 : [Attribué à Gustave Borgnis-Desbordes], Campement de Foukara, vers 1881 © *ibidem* [A009130] ; Anonyme, Kita, 22 mai 1891 : Aguibou, frère d'Ahmadou et roi du Dinguicaye, remet ses États à la France © CMIDOM, Fréjus, albums personnels du général Archinard. P. 70-71 : Reproductions de dessins d'Ernest Noirot (mission du docteur Bayol dans le Fouta-Djalon et le Bambouk, 1881), Intérieur d'une case habitée par la mission à Donhol-Fella © BNF/SG [We 13.25] ; Route sur le flanc du Fello-Sako © *ibidem* [We 13.12] ; Pont sur le Dolonqui © *ibidem* [We 13.8] ; Panorama de la chaîne de Donhol-Fella © *ibidem* [We 13.24] ; Campement sur le plateau de Pompo © *ibidem* [We 13.2] ; Pont suspendu sur la Kanta © *ibidem* [We 13.40].

### Le regard d'un naturaliste

P. 72 : Capitaine du Barry, Groupe d'Arabes, Khan Cheikh Khoun, 1881 © BNF, département des estampes et de la photographie, mission scientifique de M. Ernest Chantre, sous-directeur du Muséum de Lyon, dans la Haute-Mésopotamie, le Kurdistan et le Caucase, 1881 [Ua 51, 4, tome 1 (G 132 860)]. P. 74 : Capitaine du Barry, Chameaux prêts à s'embarquer pour traverser l'Euphrate à Biredjick (Haute-Mésopotamie), 1881 © *ibidem* [Ua 51, 4, tome III (G 132 891)] ; Capitaine du Barry, Campement de MM. Chantre et du Barry aux portes de Djarbékir, 1881 © *ibidem* [Ua 51, 4, tome III (G 132 919)]. P. 75 : Capitaine du Barry, Une porte de la ville de Homs, 1881 © *ibidem* [Ua 51, 4, tome I (G 132 853)]. P. 76-77 : Capitaine du Barry, Barques servant à la traversée de l'Euphrate à Biredjick (Haute-Mésopotamie), 1881 © *ibidem* [Ua 51, 4, tome III (G 132 890)]

### Avec les Indiens du bout du monde

Nota : sauf indication contraire, les photographies de ce chapitre sont des épreuves sur papier albuminé, tirées d'après les prises de vues de Doze ou Payen, les deux photographes de la mission.

P. 78 : Anse Banner, île Picton, Inscription d'Allen Gardiner © SHM, Albums de la mission scientifique du cap Horn, 1882-1883 [AL 4° 20-23, n° 263]. P. 79 : Les officiers de la mission, photographie d'après négatif au gélatino-bromure d'argent © Photothèque du musée de l'Homme, mission scientifique du cap Horn ; La *Romanche* dans l'anse de la Mission (baie d'Orange) © SHM, Albums de la mission scientifique du cap Horn, 1882-1883 [AL 4° 20-23, n° 228]. P. 80 : Instructions du ministre des Affaires étrangères au ministre de France à Santiago du Chili, 28 avril 1882 © MAE [CCC Santiago, vol. 13, fol. 27] ; Tente du campement © SHM, Albums de la mission scientifique du cap Horn, 1882-1883 [AL 4° 20-23, n° 20] ; Abri météorologique © *ibidem* [n° 16]. P. 81 : Lapatchinéntsis, Chaloufyéntsis et Chayatakara Kipa, enfants fuégiens © *ibidem* [n° 110 ]. P. 82 : Pirogue hâlée sur la plage © *ibidem* [n° 121] ; La *Romanche.* Vent arrière © *ibidem* [n° 161]. P. 83 : Carte dressée par la mission : port et passes d'Oushuaïa © EPSHOM, Brest. P. 84 : Oucipici et Cham-outa-Kara-Kipa © SHM, Albums de la mission scientifique du cap Horn, 1882-1883 [AL 4° 20-23, n° 136] ; Indiens fuégiens, photographie d'après négatif au gélatino-bromure d'argent, photothèque du

Principales abréviations :
CADN : Centre des archives diplomatiques de Nantes ; CNAM : Conservatoire national des Arts et Métiers ; MAE : Archives du ministère des Affaires étrangères ; BNF : Bibliothèque nationale de France ; AN : Archives nationales ; CAOM : Centre des archives d'outre-mer ; ASOM : Académie des sciences d'outre-mer ; SHAT : Service historique de l'Armée de terre ; SHM : Service historique de la Marine ; CMIDOM : Centre militaire d'information et de documentation sur l'outre-mer ; SG : Société de géographie ; CCC : Correspondance consulaire et commerciale ; CP : Correspondance politique ; MD : Mémoires et documents ; NS : Nouvelle série ; PA-AP : Papiers d'agent – Archives Privées.

musée de l'Homme, mission scientifique du cap Horn [n° 2677]. P.85 : Marégraphe, le tube © SHM, Albums de la mission scientifique du cap Horn, 1882-1883 [AL 4° 20-23, n° 17].

LE GLOBE-TROTTER ET LE MISSIONNAIRE RÉPUBLICAIN

P. 86 : Charles Wiener, mission péruvienne d'Iquitos, près des mines d'or de Chachapoyas, 1881 © MAE, Fonds iconographique, coll. Wiener. P. 87 : Charles Wiener, mission péruvienne d'Iquitos, près des mines d'or de Chachapoyas, 1881 © *ibidem*.
P. 88-90 : Charles Wiener, jangada en amont d'Iquitos, 1881 © *ibidem*. P. 92 : dépêche de Charles Wiener au ministre de France au Pérou, datée de Moyobamba, le 29 juin 1881 © MAE [CP Pérou, vol. 53, fol. 357 et s.] ; Marcel Monnier, campement au bord du Rio Huacamayo, 4 et 5 octobre 1886 © BNF/SG [Wf 106 / 3] ; Marcel Monnier, premier campement sur le versant amazonien (sommet de la cordillère orientale), 26 septembre 1886 © *ibidem* [Wf 106 / 1]. P. 91 : Marcel Monnier, Ma balsa sur le haut Huallaga, 1886 © *ibidem* [Wf 106 / 6]. P. 92 : Marcel Monnier, passage du rio Pedernal (Cordillère orientale), 3 octobre 1886 © *ibidem* [Wf 106 / 2]. P. 93 : Marcel Monnier, pont construit sur le rio Huacamayo, 4 et 5 octobre 1886 © *ibidem* [Wf 106 / 5].
P. 94 : Marcel Monnier, de Pernambuc à l'embouchure du San Francisco, une jangada sur la plage de Coruripe, 1886 © *ibidem* [Wf 108/1] ; Marcel Monnier, Paulo Affonso, fragment de la cataracte, côté sud, 1886 © *ibidem* [Wf 108 / 7]. P. 95 : Marcel Monnier, Barque du San Francisco, 1886 © *ibidem* [Wf 108/3].

## 2. LE CHOC DES EMPIRES

P. 96-97 : Anonyme, Marchands sur le fleuve Rouge, à Hanoï, non daté © MAE, fonds iconographique P. 99 : Journal de marche d'Auguste Pavie © MAE, Papiers Auguste Pavie [PA-AP 136]

L'EXPLORATEUR AUX PIEDS NUS

P. 100 : Pavillons et bannières des corps de troupes qui accompagnent l'empereur d'Annam lors de ses sorties © MAE [MD Asie, vol. 83, fol. 148 et s. Documents joints à la dépêche du résident supérieur au Cambodge, 3 juin 1892].
P. 101 : Anonyme, La mission Pavie en 1893 © *ibidem* [MD Asie, vol. 90, fol. 193] ; Auguste Pavie, Mon compagnon Launey (de Krochmar à Tay-ninh), vers 1879 © BNF/SG [Wd 27/44].
P. 102 : Rivière, Dans le rapide de Heng-Nou, photographie illustrant le journal de voyage du lieutenant Rivière à Cam Mon, 5 janvier-12 mars 1891) © MAE, Papiers Auguste Pavie [PA-AP 136, vol. 40]. P. 103 : Anonyme, Rivière Noire : le paysage ! vu de l'intérieur d'une pirogue, entre 1889 et 1895 © Coll. Julien ; Anonyme, Rivière Noire : embarquement de la mission à Cho-Bo, entre 1889 et 1895 © *ibidem*. P. 104 : Anonyme, Rivière Noire : observation astronomique à Laï-Chau, entre 1889 et 1895 © *ibidem*. P. 105 : Anonyme, Mékong : débarcadère de Pah-Ta, entre 1889 et 1895 © *ibidem* ; Anonyme, Rivière Noire : pirogues remontant le rapide de Hat-Neng, entre 1889 et 1895 © *ibidem*. P. 106 : Joseph de Malglaive, photographie illustrant le journal de marche de Pierre Cupet, du 18 janvier au 15 avril 1891 © MAE Papiers Auguste Pavie [PA-AP 136, 41] ; Pavillons et bannières des corps de troupes qui accompagnent l'empereur d'Annam lors de ses sorties © MAE [MD Asie, vol. 83, fol. 148 et s. Documents joints à la dépêche du résident supérieur au Cambodge, 3 juin 1892]. P. 107 : Carte du Me-Nam Khong, non datée © MAE, Papiers Auguste Pavie [PA-AP 136, vol. 47, fol. 73]. P. 108 : Anonyme, Luang Prabang, fête donnée par le roi : MM. Lefebvre-Pontalis et Caillat [1894] © Coll. Julien ; Anonyme, Luang Prabang, le vieux roi [1894] © *ibidem*. P. 109 : Anonyme, Luang Prabang : le vieux roi, le chef des bonzes,1894 © *ibidem* ; Sceau de Luang Prabang © MAE, ADP, Indochine. P. 110-111 : Anonyme, Luang Prabang : pagode de Wat-Vin-Soune [1894] © Coll. Julien. P. 112 : Rivière, Les bonzes de Na-Huang, journal de marche du capitaine Rivière au Cam Mon, 5 janvier-12 mars 1891 © MAE, Papiers Auguste Pavie [PA-AP 136, vol. 40, fol. 45] ; Attribué à Joseph de Malglaive, Sauvages en armes, journal de marche de Pierre Cupet, 18 janvier au 15 avril 1891 © *ibidem* [PA-AP 136, vol. 41, fol. 314] ; Jarre pour l'alcool de riz © *ibidem* [PA-AP 136] © Joseph de Malglaive, Types de laotiennes, journal de marche de Pierre Cupet, 18 janvier au 15 avril 1891 © *ibidem* [PA-AP 136, vol. 41]. P. 113 : Pavillons et bannières des corps de troupes qui accompagnent l'empereur d'Annam lors de ses sorties © *ibidem* [MD Asie, vol. 83, fol. 148 et s. Documents joints à la dépêche du résident supérieur au Cambodge, 3 juin 1892] ; Alexandre Yersin, Rapport sur son voyage de Nha-Trang à Stung-Treng (Annam), mars 1892 © *ibidem* [MD Asie, vol. 83, fol. 183 et s.]. P. 114 : Corneille Trumelet-Faber, Poste de Chao-Trang (Tonkin) : sentinelle au saillant nord-ouest, [1890], tirage argentique original © SHAT, cabinet des dessins, des estampes et de la photographie [albums du commandant Trumelet-Faber, n° 2 et 3, pl. 67, n° 190]. P. 115 : Corneille Trumelet-Faber, Massif de Cho Trang (Tonkin) : Une halte dans la forêt vierge [1890], tirage argentique original © *ibidem* [pl. 76, n° 212].

LA CHUTE DE TOMBOUCTOU

P. 116 : Anonyme, Lieutenant Ben Zaïan, lieutenant Laperrine et lieutenant Noël [Algérie], 1889 © CAOM, album « Sahara, Laperrine, 1er régiment de spahis, 1879-1902 » [8 Fi / 136]. P. 117 : Anonyme, Interrogatoire d'un rôdeur peul, région de Tombouctou, 1896 © *ibidem* [8 Fi / 122, n° 3] ; Anonyme, Ma « maison civile » : Maka Kamara, cuisinier ; Sory Koniate, valet de chambre ; Maboulou, marmiton, 1896 © *ibidem* [8 Fi / 122, n° 57]. P. 118 : Anonyme, Sainte-Marie de Tombouctou, 1er janvier 1903 © MAE, fonds iconographique, coll. Gouraud ; Plan du fort de Tombouctou (colonne Joffre, 1894) © SHAT [5H 192 Soudan 7 Dossier 1]. P. 119 : Anonyme, Les Iguadaghem discutant le prix du mouton, non daté © MAE, fonds iconographique, coll. Gouraud ; Anonyme, Tombouctou, mosquée de Sidi Ayia, non daté © *ibidem* ; Rapport du capitaine Migote sur les opérations de la colonne Bonnier, 5 mars 1894 © MAE [PA-AP Gouraud]. P. 120 : Anonyme, Passage du Niger, 1896 © ASOM, albums de Laperrine [B 215] ; Anonyme, Sur le Niger, 1896 © *ibidem*. P. 121 : Anonyme, Passage du tunnel du défilé d'Iguiel, 1896 © *ibidem* [B 216]. P. 122 : Anonyme, Méharistes dans le désert, 1896 © CAOM, album « Sahara, Laperrine, 1er régiment de spahis, 1896-1897 » [8 Fi/122, n° 62] ; Anonyme, Méharistes dans le désert, 1896 © *ibidem* [8 Fi/122 , n° 59].
P. 123 : Anonyme, Mirador du poste de Raz el-Mâ, 1896 © *ibidem* [8 Fi / 122].

LE BÂTISSEUR D'EMPIRE

Nota : toutes les photographies de ce chapitre ont été prises en 1892 par Marcel Monnier, avec le photosphère, fourni par la Compagnie française de photographie, qui réalisa les agrandissements.
P. 124 : Le capitaine Binger © CAOM [37 Fi Binger]. P. 125 : À Elima, les membres de la mission photographiés avec les employés de la factorerie © *ibidem* [37 Fi Binger, 43].
P. 126-127 : Arbre tombé, forêt de Sanwi © Ibidem [22 / 283]. P. 18 : Passerelle sur un marigot, aux environs de N'Gakin © *ibidem* [3 / 106]. P. 129 : Halte des porteurs dans une clairière © *ibidem* [8/296]. P. 130 : Lecture des dernières dépêches (camp d'Attiébentékrou) © *ibidem* [9 / 305]. P. 131 : Hutte des Sénégalais au camp d'Attiébentékrou © *ibidem* [9 / 309] ; Le camp d'Attiébentékrou © *ibidem* [8/299]. P. 132 : Noirs de Krinjabo, au service de la mission © *ibidem* [2/64] ; Sous la tente © *ibidem* [9/328]. P. 133 : Salle à manger du camp d'Attiébentékrou © *ibidem* [9/301]. P. 134-135 : Le camp à Dibi (Sanwi) © *ibidem* [4/75]. P. 136 : Traité signé entre le capitaine Binger et le roi de Diamala, 24 juin 1892 © MAE [MD Afrique, vol. 127, fol. 315-316] ; Le chef de Yacassé © CAOM [37 Fi Binger, 8/289] ; Porteurs au repos © *ibidem* [4/263]. P. 137 : Extrait du rapport de mission du capitaine Binger © CAOM [SG Côte d'Ivoire III, 3 rapports Binger] ; L'arbre des palabres à Zaranou © *ibidem* [37 Fi Binger, 6/221]. P. 138 : Une rue de Kong © *ibidem* [19/631] ; femmes faisant la lessive © *ibidem* [22/1] ; Peseurs d'or © *ibidem* [22/312]. P. 139 : La foule dans les rues de Kong © *ibidem* [19/625] ; Jeu de trictrac © *ibidem* [7/232].

LES DERNIERS JOURS DE SAMORY

P. 140 : Attribué au lieutenant Gaden ou à M. Hostalier, Samory, non daté, cyanotype © MAE, fonds iconographique, coll. Gouraud.
P. 141 : Anonyme, Gouraud au Dahomey, non daté © *ibidem*. P. 142 : Anonyme, porteurs de la colonne (brèche de Sikasso), 1898 © SHAT, cabinet des dessins, des estampes et de la photographie [album Prise de Samory provenant de la succession du général de Lartigue] ; Anonyme, batterie traversant un marigot, 1898 © *ibidem* ; Petit canon de l'armée de Samory © musée des Troupes de marine, Fréjus.
P. 143 : Anonyme, Mission Blondiaux (colonne de Sikasso) : au village de Mari, encerclé par plusieurs centaines de guerriers, qu'observe une sentinelle. L'attaque a eu lieu vers six heures du soir, soit deux heures après ce cliché, avril 1898 © MAE, fonds iconographique, coll. Gouraud ; Anonyme, Traversée d'un marigot par la cavalerie de la colonne Audéoud, en route vers Sikasso, avril 1898 © *ibidem*. P. 144 : Anonyme, planche de l'album Prise de Samory, 1898 © SHAT, cabinet des dessins, des estampes et de la photographie [album Prise de Samory].
P. 145 : Anonyme, planche de l'album Prise de Samory, 1898 © *ibidem* ; Rapport sur la prise de Samory, par le capitaine Gouraud, 17 octobre 1898 © MAE [PA-AP Gouraud].
P. 146: Anonyme, Samory, prisonnier du capitaine Gouraud, 1898, tirage argentique original © MAE, fonds iconographique, coll. Gouraud ; Anonyme, Samory prisonnier, 1898, tirage argentique original © *ibidem* ; Bracelet de cheville © coll. particulière. P. 147 : Anonyme, Prisonniers de Samory, 1898 © SHAT, cabinet des dessins, des estampes et de la photographie [album Prise de Samory]. P. 148-149 : Anonyme, Eléphant tué par le commandant de Lartigue. Sur le dos de l'éléphant, le lieutenant Joalland, non daté, cyanotype © Ibidem.
P. 150 : Anonyme, Chasse à la panthère, non daté © *ibidem* ; Anonyme, Anthropophages, 1898, tirage argentique © MAE, fonds iconographique, coll. Gouraud.
P. 151 : Anonyme, planche de l'album Prise de Samory, 1898 © SHAT, cabinet des dessins, des estampes et de la photographie [album Prise de Samory].

UNE BLESSURE FRANÇAISE

Nota : les photographies reproduites dans ce chapitre sont des tirages argentiques anonymes pour le plupart.
P. 152 : Palmier sur la route de Kimbédi (dessin) © coll. Marc Michel, carnet du capitaine Baratier. P. 153 : La mission Marchand, 1899 © AN [99 AP 7, fonds Baratier].
P. 154 : Portraits en pied de Marchand, Baratier, sergent Bernard, sergent Venail, Mangin, Largeau, docteur Émily © AN [99 AP 7, fonds Baratier, album 1, fol. 161 à 67].
P. 155 : La forêt vierge dans le Mayombé © *ibidem* [album 1, fol. 88]. P. 156-157 : Pont de la N'Gami © *ibidem* [album 2, fol. 335]. P. 158 : Pharmacie de campagne © musée des Troupes de marine, Fréjus ; Pirogues banziri © AN [99 AP 7, fonds Baratier, album 1]. P. 159 : Attribué à Georges Bruel, Pagayeurs de la mission Marchand dormant sous la véranda de M. Bruel (Mobaye), 25 avril 1897 © ASOM, fonds Bruel [B-208-49] ; Anonyme, mission Marchand, une visite médicale en plein

air, du docteur Émily, Tamboura, août 1897 © CMIDOM, Fréjus [dossier « mission Marchand, mission Arnaud-Cortier, mission Lamy »]. P. 160 : Attribué à Georges Bruel, Le vapeur *Faidherbe*, photographié à Mobaye le 18 août 1896 © ASOM, fonds Bruel [B-208-25] ; Indigènes aidant à haler le *Faidherbe* (photographie prise dans la vallée de la Sobat), décembre 1898 © AN [99 AP 7, fonds Baratier, album 3, fol. 681].
P. 161 à 165 : série de photographies sur les mouvements du *Faidherbe* © *ibidem* [album 3, fol. 686 à 697]. P. 166 : Attribué à Georges Bruel, Tam-tam sango chez Koundji (Mobaye, 1897) © ASOM, fonds Bruel [B-208-35] ; Ouverture de la route dans la brousse © AN [album 2, fol. 324]. P. 167 : Attribué à Georges Bruel, Le village de Djemandjoumé détruit par le feu, en répression au meurtre de Colo Maïssa, 1897 © ASOM, fonds Bruel [B-208-53].
P. 168 : Dans les marais du Bahr el-Ghazal © AN [99 AP 7, fonds Baratier, album 2, fol. 496]. P. 169 : Tirailleurs frayant la route aux bateaux © *ibidem* [album 2, fol. 497] ; Carte du Bahr el-Ghazal © *ibidem* [album 2].
P. 170 : Chasse à l'éléphant © *ibidem* [album 2, fol. 402] ; Dépeçage de l'éléphant © *ibidem* [album 2, fol. 429]. P. 171 : Chasse au lion © Ibidem [album 2, fol. 465] ; Antilopes (dessins) © *ibidem* [album 2, fol. 312].
P. 172-173 : Massacre d'hippopotames © *ibidem* [album 2, fol. 381].
P. 174 : Renseignements sur la situation de la mission à Fachoda © MAE [NS Afrique, vol. 17, fol. 213] ; Construction du fort de Fachoda © AN [99 AP 7, fonds Baratier, album 3, fol. 536] ; Vue panoramique du fort de Fachoda © *ibidem* [album 3, fol. 535]. P. 175 : Arbre de Fachoda © *ibidem* [album 3, fol. 535].
P. 176 : Télégramme de Delcassé, ministre des Affaires étrangères, au capitaine Marchand © MAE [NS Afrique, vol. 17, fol. 236] ; Kitchener © AN [99 AP 7, fonds Baratier, album 3] ; L'entassement dans la baleinière © *ibidem* [album 3, fol. 675]. P. 177 : Attribué au commandant Stanton, rencontre franco-britannique sur le Nil, 19 septembre 1898 © CMIDOM, Fréjus [dossier « mission Marchand, mission Arnaud-Cortier, mission Lamy »].

## 3. LE TEMPS DES RÊVES

P. 178-179 : Anonyme, mission Gouraud dans l'Adrar, 1908-1909 © MAE, fonds iconographique, coll. Gouraud.
P. 181 : Anonyme, mission dybowski © CAOM [8 Fi 85].

### Un consul solitaire

Nota : toutes les photographies reproduites dans ce chapitre sont d'Auguste François. Il s'agit de tirages argentiques originaux, conservés par l'association Auguste-François, ou de tirages réalisés d'après les négatifs sur verre au gélatino-bromure d'argent, conservés au musée Guimet. P. 182 : Appareil photographique ; boîtes de plaques de verre © Coll. association Auguste-François. P. 183 : Retraite du Yunnan au Tonkin, juin 1900 © *ibidem* ; Carnet d'Auguste François © *ibidem*. P. 184-185 : Navigation à la perche sur la jonque d'Auguste François (fleuve Rouge) © Ibidem. P. 186 : Le fleuve dans un passage de falaises rocheuses (Kuang-Si), non daté © Ibidem ; La jonque du consul (Kuang-Si), 1900 © *ibidem*. P. 187 : Baromètre de poche d'Auguste François © *ibidem* ; Observations astronomiques à Lieou-Tchéou-Fou, 1898 © *ibidem*. P. 188 : Panorama de Wou-Tchéou-Fou (Kuanxi), 1899 © Ibidem ; Toilette à bord de la jonque, non daté © Ibidem. P. 189 : Album de photographies d'Auguste François (Hong-Kong, Singapour, Wou-Tchéou-Fou), non daté © Ibidem. P. 190 : Coolie hâlant une embarcation sur le Fleuve Rouge, non daté © Musée Guimet – RMN ; Lettres d'Auguste François à Jean-Baptiste Beau © MAE [PAAP 10 – Beau, vol. 12].
P. 19 : Femmes Tchouang à la rivière © Coll. Association Auguste François.
P. 192-193 : Pont de Lou-Tin-kiao, non daté © musée Guimet - RMN.

### Le savant sur le toit du monde

Nota : toutes les photographies reproduites dans ce chapitre sont des tirages argentiques originaux de prises de vues faites par Charles-Eudes Bonin.
P. 194 : Passeport chinois de Charles-Eudes Bonin (détail) © MAE [PAAP - Bonin, vol. 20, fol. 392]. P. 195 : Route de la soie, rencontre avec Sven Hedin, 1899 © MAE, fonds iconographique, coll. Bonin ; Passeport chinois de Charles-Eudes Bonin © MAE [PAAP - Bonin, vol. 20, fol. 392] ; Sables du Tarim, 1899 © *ibidem*, fonds iconographique, coll. Bonin. P. 196-197 : Région du Tarim, 1899 © *ibidem*. P. 198 : Portraits des pères des missions étrangères de Paris : Genestier, Mussot et Soulié, non datés © *ibidem*.
P. 199 : Télégramme de Tchong-King, 9 novembre 18989 © MAE [PAAP - Bonin, vol. 8, fol. 260] ; Jugement d'un voleur tibétain par le délégué chinois au Tchantoui © *ibidem*, fonds iconographique, coll. Bonin

### Un voyage sans retour

Nota : toutes les photographies reproduites dans ce chapitre sont des tirages argentiques originaux de prises de vues faites par Eugène Brussaux ou Étienne Muston, les deux photographes de la mission Moll (1906-1917).
P. 201 : Une palabre (dans le N'Biémou) © CAOM, mission Moll, portfolio dédié au ministre Milliès-Lacroix [8 Fi 347/n° 8] ; Vanneuse moundang © MAE, fonds iconographique, coll. Gouraud. P. 202 : Porteurs Toubouris © CAOM [8 Fi 347/n° 235]. P. 203 : Planche consacrée au Pays de Léré © *ibidem* [8 Fi 347/n° 152-159].

### L'impossible voie

P. 204 : Boîte de plaques de verre de la mission Gentil-Robillot © Musée des Troupes de Marine, Fréjus. P. 205 : Départ de la mission, 1891 © CAOM, mission Dybowski [8 Fi/85] ; Anonyme, M. Chabot, M. J. Dybowski, M. Briquez préparant un oiseau. Halte dans le Mayombé, 1891 © *ibidem*. P. 206-207 : Photographies de la mission Dybowski © *ibidem*. P. 208 : Anonyme, M. Dybowski et M. Dauzavillier, au retour, près de Brazzaville, 1892 © *ibidem*. P. 209 : Journal de marche de Clozel, mission Maistre © MAE/CADN, papiers Clozel ; Attribué à Georges Bruel, Fort-Crampel : Émile Gentil, 1900 © ASOM, fonds Bruel [B-209-26]. P. 210 : Anonyme, Fort-Archambaut, femmes se baignant dans le Chari, non daté © CMIDOM, Fréjus [mission Gentil-Robillot, 1899-1901, tirages par contact d'après les négatifs originaux] ; Journal de marche du lieutenant Kieffer (mission Gentil-Robillot) © musée des Troupes de marine, Fréjus ; Anonyme, Kieffer, non daté © CMIDOM, Fréjus [Mission Gentil-Robillot, 1899-1901, tirages par contact d'après les négatifs originaux]. P. 211 : attribué à Georges Bruel, Fort-Crampel, 1900, arrivée d'une caravane de porteurs à Gribingui © ASOM, fonds Bruel [B-209-56] ; Anonyme, Sur le Chari, non daté © CMIDOM, Fréjus [mission Gentil-Robillot, 1899-1901, tirages par contact d'après les négatifs originaux].

### Les rêveurs du Sahara

Nota : les photographies reproduites dans ce chapitre sont des tirages argentiques anonymes.
P. 212 : Lampe utilisée par les Français dans le Sahara © musée des Troupes de marine, Fréjus.
P. 213 : Anonyme, Mare d'Aïn Taïba (palmier planté par Flatters lors de sa première mission), octobre-novembre 1898 © BNF/SG [We 434/59]. P. 214 : Anonyme, Hamada de Tinghert, Foureau prenant un repère, 15 novembre 1898 © Ibidem [We 434/99] ; Télégramme de Ouargla, 2 février 1899 © MAE [NS Afrique occidentale, vol. 1, fol. 22].
P. 215 : Photographie illustrant le rapport de mission « Travaux de reconnaissance et de pénétration saharienne exécutés dans le Sud-Constantinois par le cercle de Touggourt », 1905-1906 © *ibidem* [NS Afrique Occidentale, vol. 64] ; Anonyme, Agadès, la poste, non daté © MAE, fonds iconographique, coll. Gouraud.
P. 216 : Anonyme, Algériens et Soudanais, non daté © *ibidem* ; Projet de budget d'une mission transsaharienne par Foureau, 1885 © MAE [ADP Afrique, carton 13, dossier 12].
P. 217 : Extraits du rapport de mission « Travaux de reconnaissance et de pénétration saharienne... © *ibidem* [NS Afrique-Occidentale, vol. 64].
P. 218-219 : Zinder, le Birni (vers 1900) © *ibidem*, fonds iconographique, coll. Gouraud.
P. 220 : Extraits du rapport de mission « Travaux de reconnaissance et de pénétration saharienne... © *ibidem* [NS Afrique-Occidentale, vol. 64]. P. 221 : Capitaine de Bussy, Sur la Hamada de Sidi Maabed à Imoulay, non daté © CAOM, album de vues prises par le capitaine de Bussy, chef de l'annexe d'el-Oued, au cours de sa reconnaissance sur les confins de Tripolitaine [8 Fi/257] ; Anonyme, Campement à Bélahérim (nord-ouest de Béduaram), non daté © MAE, fonds iconographique, coll. Gouraud.
P. 222 : Anonyme, Dibbéla (route de Bilma), non daté © *ibidem* ; Capitaine de Bussy, Dans l'erg de Ghourd el-Ouadat, non daté © CAOM, album de vues prises par le capitaine de Bussy, chef de l'annexe d'el-Oued, au cours de sa reconnaissance sur les confins de Tripolitaine [8 Fi/257]. P. 223 : Photographie et dessin illustrant le rapport de mission « Travaux de reconnaissance et de pénétration saharienne... © MAE [NS Afrique Occidentale, vol . 64].

### Le soldat de l'empire

Nota : les photographies reproduites dans ce chapitre sont des tirages argentiques anonymes.
P. 224 : Le commandant Gouraud « en tenue de bureau » (campagne de l'Adrar), 1909 © MAE, fonds iconographique, coll. Gouraud.
P. 225 : L'abreuvoir du peloton du Trarza (Aubert, Berthomé et la silhouette du sergent Arna Samgaré), 1909 © *ibidem*, coll. Gouraud [album Mauritanie – Adrar] ; Maures de l'Adrar (photographiés lors de la mission Coppolani), vers 1903-1905 © SHAT, cabinet des dessins, des estampes et de la photographie [Portfolio réalisé pour l'exposition coloniale de Vincennes].
P. 226 : Lettre du colonel Gouraud à sa mère, 26 février 1908 © MAE [PA-AP général Gouraud] ; La colonne dans l'Akchar, 1909 © *ibidem*, fonds iconographique, coll. Gouraud [album Mauritanie – Adrar]. P. 228 : Une colonne dans les dunes de l'Akchar, 1909 © *ibidem* ; Boutilimit : Brahim, le jeune fils du Cheick Sidya, mars 1908 © *ibidem*.
P. 229 : Goumiers maures, 1908 ou 1909 © *ibidem*. P. 230 : Descente de la barrière nord du Tagânt, route d'Arlembitt à Nouachid, mars 1908 © *ibidem*. P. 21 : Lettre du colonel Gouraud à sa mère, 14 novembre 1909 © MAE [PA-AP Général Gouraud] ; Le colonel Gouraud et le général Lyautey en haut de la dune de Béchar, 23 mars 1910 © *ibidem*, fonds iconographique, coll. Gouraud [album de photographies, fol. 101] ; Fin de la campagne de l'Adrar : on lave les chevaux dans l'océan © *ibidem* [album Mauritanie – Adrar].

## 4. LA FIN D'UN MONDE

P. 232-233 : Louis et Gustave Gain au Turkestan © mindi. P. 235 : Un douanier russe © mindi.

### Le gentleman du pôle

Nota : Toutes les photographies créditées © mindi sont des tirages argentiques, à partir de prises de vues réalisées par Louis Gain.
P. 236 : La côte antarctique, photo Louis Gain © mindi. P. 237 : L'équipage du *Pourquoi-Pas ?* © mindi ; L'étrave du *Pourquoi-Pas ?* © *ibidem*.
P. 238-239 : Photographies de l'expédition du *Français* © Coll. particulière. P. 240 : Le

*rançais* toutes voiles dehors © *ibidem*. P. 241 : Le *Français* © *ibidem*; L'étrave du *Pourquoi-Pas ?* © *ibidem*. P. 242 : Escale du *Pourquoi-Pas ?* à Punta Arenas © mindi ; Charcot © Coll. particulière ; © Le pavillon du *Pourquoi-Pas ?* © mindi ; Télégramme de Charcot © BNF/SG. P. 243 : Le *Pourquoi-Pas ?* © mindi. P. 244-245 : L'apéritif sur la banquise © Coll. Particulière. P. 246 : Le carnaval © mindi ; Le traîneau mécanique © Coll. Particulière. P. 247 : Album de photographies de Louis Gain © mindi ; Les manchots © mindi. P. 248-249 : L'hivernage © mindi. P. 250-250 : pages illustrées du livre de bord de Louis Gain © mindi. P. 252 : Album de photgraphies de Louis Gain © mindi. P. 253 : Photos du 14 Juillet © mindi. P. 254-255 : Photographies de manchots tirées de l'Album de Louis Gain © mindi ; un relevé topographique © Coll. particulière ; Un igloo © Coll. particulière.

L'explorateur des hautes terres

Nota : toutes les photographies reproduites dans ce chapitre sont des tirages argentiques d'après les prises de vue faites par Bouillane de Lacoste. P. 257 : Passage du col des Sables, septembre 1909 © BNF/SG [Wd 175/69] ; Une des deux tombes en forme de cuve du Iché Nor, 29 juillet 1909 (musée Guimet, albums de la mission Bouillane de Lacoste en Mongolie, 1909) © RMN. P. 258 : Campement de la mission, rive droite du Bouksin Gol, août 1909, (musée Guimet, albums de la mission Bouillane de Lacoste en Mongolie, 1909) © RMN. P. 259 : Texte d'une conférence prononcée par le commandant Bouillane de Lacoste, non daté © BNF/SG [colis n° 12 (2404), p. 27] ; Zabieha, le dressage d'une grue, 15 juin 1909, (musée Guimet, albums de la mission Bouillane de Lacoste en Mongolie, 1909) [n° 4] © RMN. P. 260 : Les chevaux de la mission, musée Guimet, albums de la mission Bouillane de Lacoste en Mongolie, 1909 © BNF/SG ; Texte d'une conférence prononcée par le commandant Bouillane de Lacoste, non daté © *ibidem* [colis n° 12 (2404), p . 28] ; Le grand *obô* qui domine Ouliassoutai au nord, 26 août 1909 (musée Guimet, albums de la mission Bouillane de Lacoste en Mongolie, 1909, n° 16) © RMN. P. 261 : Zabieha et le docteur devant la tente, au confluent du Ghaltzo Mouren et du Bouksin Gol, 4 août 1909, (musée Guimet, albums de la mission Bouillane de Lacoste en Mongolie, 1909 n° 13) © RMN. P. 262 : Kobdo, nos chameaux au repos, 28 septembre 1909, (musée Guimet, albums de la mission Bouillane de Lacoste en Mongolie, 1909, n° 25) © RMN. P. 263 : Kobdo, jeunes filles mongoles et notre nouveau chamelier, 27 septembre 1909, (musée Guimet, albums de la mission Bouillane de Lacoste en Mongolie, 1909, n° 24) © RMN ; Uliasutaï, 29 août 1909 : le gouverneur général de Mongolie, avec à ses côtés le docteur et Zabieha, (musée Guimet, albums de la mission Bouillane de Lacoste en Mongolie, 1909, n° 17) © RMN. P. 264-265 : Campement de l'Altaï, au pied du col de Tachounto, 16 octobre 1909 (– 29° C), (musée Guimet, albums de la mission Bouillane de Lacoste en Mongolie, 1909, n° 29) © RMN ; Passage du Kobdo Gol, en parti gelé, 13 octobre 1909 (– 19° C), (musée Guimet, albums de la mission Bouillane de Lacoste en Mongolie, 1909, n° 28) © RMN. P. 266 : Altaï supérieur : nous descendons en *tarentass* la vallée de la Tchou, 26 octobre 1909, © BNF/SG [Wd 175/93]. P. 267 : Notre cuisinier casse la glace qui va nous servir de boisson pendant trois jours, 13 octobre 1909, © BNF/SG [Wd 175/89] ; Kobdo : Nos hommes font provision de bois, près du Kobdo Gol, 12 octobre 1909 © BNF/SG [Wd 175/87].

La route des stèles

Nota : les photographies reproduites dans ce chapitre sont, pour celles qui sont conservées à la Bibliothèque nationale de France (fonds Segalen) des tirages argentiques originaux de prises de vue faites par Victor Segalen ou Augusto Gilbert de Voisins au cours de la mission de 1914. Celles de la collection Segalen sont des tirages postérieurs à la mission.
P. 268 : Cheval et coolie au cours d'une ascension © Coll. Segalen. P. 269 : Temple de Confucius (Sichuan), 15 avril 1914 © BNF, département des estampes et de la photographie ; Pékin, sur les marches du Temple du Ciel © Coll. Segalen. P. 270 : Gilbert de Voisins, Victor Segalen et Jean Lartigue dans une grotte © Coll. Segalen. P. 271 : Lettre de Victor Segalen © BNF, département des estampes et de la photographie ; Descente d'un temple (non identifié) par la mission © Coll. Segalen ; Passage d'un bac (lieu non identifié) © Coll. Segalen. P. 272-273 : Sépulture de l'empereur Tang Gao Zong (Shaanxi) : la licorne déterrée par la mission, avec Gilbert de Voisins, 4 mars 1914) © BNF, département des estampes et de la photographie [Cliché 25]. P. 274 : Porteurs, mules et bagages pendant une halte, 1914 © *ibidem* [cliché 483] ; Tombe de Bao Sanniang (Sichuan) pendant les travaux de déblaiement : Segalen, Gilbert de Voisins et le sous-préfet de Zhaohua xian, 2 avril 1914 © Ibidem [cliché 470]. P. 275 : Cheval nu dominant un barbare Hiong-nou du tombeau de Huo K'iu-ping © BNF, département des estampes et de la photographie [cliché 7]. P. 276 : Tumulus de Tsin Che Houang, face sud (Shaanxi), 16 février 1914 © *ibidem* [cliché 4] ; Auberge en terre jaune, Lingbao, passe de Hangu Guan (Henan), 7 février 1914 © *ibidem* [cliché 402]. P. 277 : Tombe de Bao Sanniang, Zhaohua xian (Sichuan) : les trois Anciens, 3 avril 1914 © *ibidem* [cliché 439].

Deux frères en quête d'uranium

Nota : Toutes les photographies créditées © mindi ont été prises par Gustave Gain. P. 278 : caravane Kirghize dans la vallée du Koch-Sou © mindi; Louis Gain à la frontière de Chine. P. 279 : un thé au col de Tanguys Bay © mindi. P. 280 : un village au Turkestan, stéréogramme © mindi ; Enfants sartes et kirghiz, autochrome © mindi. P. 281 : Enfants sartes et kirghiz © mindi. P. 282 : cartes postales © mindi ; stéréogramme © mindi. P. 283 : Campement à Baïmat-Tasch, autochrome © mindi. P. 284 : Un douanier russe, autochrome © mindi ; Prospection, stéréoscope © mindi. P. 285 : carte, plaque de verre © mindi ; femmes russes, autochrome © mindi. P. 286 : Scène de rue à Samarkand, autochrome © mindi. P. 287 : Samarkand, stéréogrammes © mindi. P. 288 : Le sommeil du musulman, autochrome © mindi ; Une cellule de mollah, autochrome © mindi. P. 289 : Un minaret à Samarkand, autochrome © mindi. P. 290-291 : Le khan d'Ouch-Kourgan et son secrétaire, autochrome © mindi. P. 292 : Scène de rue à Samarkand © mindi. P. 96 : Corneille Trumelet-Faber, Massif de Cho Trang (Tonkin) : Une halte dans la forêt vierge [1890], Tirage argentique original © SHAT, cabinet des dessins, des estampes et de la photographie [pl. 76, n° 212]. P. 100 : le *Français* au pôle Sud © Coll. particulière. P. 101 : mission Gouraud en Mauritanie © MAE, fonds iconographique.

# Bibliographie sélective


Récits d'explorateurs et de voyageurs

On trouvera quantité de récits dans la revue illustrée *Le Tour du monde* et de reportages dans le magazine *L'Illustration*.

Capitaine BINGER, *Du Niger au golfe de Guinée, par le pays de Kong et le Mossi (1887-1889)*, Paris, Hachette, 1892 (2 tomes).

BONIN, Charles-Eudes, *Les Royaumes des neiges (États himalayens)*, Paris, Armand Colin, 1911.

BOUILLANE DE LACOSTE, Henry de, *Au pays sacré des anciens Turcs et des Mongols*, Paris, éd. Emile-Paul, 1911.

GALLIENI, Joseph, *Voyages au Soudan français*, Hachette, 1885.

GENTIL, Émile, *La Chute de l'empire de Rabah*, 1902.

GOURAUD, général Henri, *Mauritanie, Adrar: souvenirs d'un Africain*, Paris, Plon, 1945.

MAISTRE, Casimir, *À travers l'Afrique centrale, du Congo au Niger*, Paris, Hachette, 1895.

MONNIER, Marcel, *Des Andes au Pará (Équateur, Pérou, Amazonie)*, Paris, 1890.

MONNIER, Marcel, *France noire (Mission Binger, Côte d'Ivoire et Soudan)*, Paris, Plon, 1894.

NEY, Napoléon, *Conférences et lettres de Pierre Savorgnan de Brazza sur les trois explorations dans l'ouest africain, de 1875 à 1886*, Paris, Maurice Dreyfous éd., 1887.

NOIROT, Ernest, *À travers le Fouta-Djalon et le Bambouc (Soudan occidental)*, Paris, Flammarion, s. d.

PAVIE, Auguste, *Au royaume du million d'éléphants: exploration du Tonkin et du Laos, 1887-1895*, édition présentée par Chantal Édel, Paris, L'Harmattan, 1995.

Ouvrages sur les voyages d'exploration et l'expansion européenne du XIX^e siècle

BROC, Numa, dir., *Dictionnaire illustré des explorateurs et grands voyageurs français du XIX^e siècle*, I. Afrique, II. Asie, III. Amérique, Paris, éditions du C.T.H.S., 1988, 1992, 1999.

COMTE, Gilbert, *L'Empire triomphant, 1871-1936*, I. Afrique occidentale et équatoriale, Paris, Denoël, 1989.

CORNEVIN, Robert, dir., *Hommes et Destins, dictionnaire biographique d'outre-mer*, Académie des sciences d'outre-mer, à partir de 1975.

DE LA GUERINIERE, Jean , *Exploration de l'Afrique noire*, Paris, éd. du Chêne, 2002.

DUROU, Jean-Marc, *L'Exploration du Sahara*, Paris, Actes Sud, 1993.

FREMAUX, Jacques, *L'Afrique à l'ombre des épées*, Paris, SHAT, 1996.

GUILLEN, Pierre, *L'Expansion, 1881-1898*, Paris, Imprimerie nationale, 1984.

HEIMERMANN, Benoît, JANICHON, Gérard, *Charcot, le gentleman des pôles*, Ouest-France, 1991.

HUGON, Anne, *Vers Tombouctou, L'Afrique des explorateurs*, Paris, Gallimard, coll. Découvertes, 1994.

MARTIN, Jean, *L'Empire triomphant, 1871-1936*, II. Maghreb-Indochine-Madagascar-îles et comptoirs, Paris, Denoël, 1990.

MICHEL, Marc, *La Mission Marchand*, Paris, 1972.

TAILLEMITE, Étienne, *Dictionnaire des marins français*, Rennes, Éd. maritimes et d'outre-mer, 1992.

WESSERLING, Henri, *Le Partage de l'Afrique, 1880-1914*, Denoël, 1996.

Ouvrages et catalogues d'exposition sur l'iconographie du voyage et les voyageurs photographes

*Au pays sacré des anciens Turcs – Eski Türklerim Kutsal Ülkesinde*, musée Guimet-Réunion des musées nationaux, Yapi Krédi Yayinlari, Istanbul, 1995 (catalogue de l'exposition présentée à Istanbul, Ankara et Izmir, octobre 1995-janvier 1996).

BANCEL, Nicolas, BLANCHARD, Pascal, GERVEREAU, Laurent, dir. *Images et Colonies: iconographie et propagande coloniale sur l'Afrique française de 1880 à 1962*, Paris, BDIC-Achac, 1993.

*De la mer de Chine au Tonkin, photographies, 1886-1904*, musée Labit, Toulouse-Paris, éd. Somogy, 1996.

*Des photographes en Indochine, XIX^e siècle*, Paris, éd. Marval, musée Guimet-Réunion des musées nationaux, 2001.

DUPAIGNE, Bernard, *Visages d'Asie*, Paris, Hazan, 2000.

FOURNIÉ, Pierre, GERVEREAU, Laurent, *Regards sur le monde, trésors photographiques du Quai d'Orsay, 1860-1914*, Paris, Somogy, 2000.

*Cap Horn, 1882-1883, rencontre avec les Indiens Yahgan, collection de la Photothèque du musée de l'Homme*, Paris, éd. La Martinière-Muséum national d'histoire naturelle, photothèque du musée de l'Homme, 1995.

*La Route de Samarcande: l'Asie centrale dans l'objectif des voyageurs d'autrefois*, Olizane, 2000.

*Les Voyageurs photographes et la Société de géographie, 1850-1910, cahiers d'une exposition*, n° 30, Paris, Bibliothèque nationale de France, 1998.

*Le Bassin du Mékong, images du passé*, Paris, Inalco, Diagonale, 1996.

LIABEUF, Dominique, SVARTZMAN, Jorge, *L'Œil du consul, Auguste François en Chine (1896-1904)*, textes rassemblés par Pierre Seydoux, Paris, Chêne-musée Guimet, 1989.

*Scènes et types*, actes du colloque organisé par l'Achac à Marseille les 9, 10 et 11 février 1995, Paris, Sodis, 1996.

BERN, Mauricette, dir., *Victor Segalen, voyageur et visionnaire*, Bibliothèque nationale de France, 1999.

CET OUVRAGE
A ÉTÉ IMPRIMÉ
EN SEPTEMBRE 2003
SOUS LA DIRECTION
DE LUIGI ZANETTI
SUR LES PRESSES
DE L'IMPRIMERIE
ARTEGRAFICA
À VÉRONE
EN ITALIE.

Dépôt légal septembre 2003